国学经典释读

李学勤 主编

译解荀子

叶玉麟 选释

生活·读书·新知 三联书店

Copyright © 2021 by SDX Joint Publishing Company.
All Rights Reserved.
本作品版权由生活·读书·新知三联书店所有。
未经许可，不得翻印。

图书在版编目(CIP)数据

译解荀子/叶玉麟选释.—北京：生活·读书·
新知三联书店,2021.9
(国学经典释读)
ISBN 978-7-108-06750-0

Ⅰ.①译… Ⅱ.①叶… Ⅲ.①儒家②《荀子》-注释
③《荀子》-译文 Ⅳ.①B222.6

中国版本图书馆 CIP 数据核字(2020)第 021220 号

责任编辑 赵 炬 陈丽军
封面设计 米 兰
出版发行 生活·讀書·新知 三联书店
　　　　　(北京市东城区美术馆东街22号)
邮　　编 100010
印　　刷 常熟高专印刷有限公司
版　　次 2021年9月第1版
　　　　　2021年9月第1次印刷
开　　本 650毫米×900毫米 1/16 印张20.75
字　　数 186千字
定　　价 68.00元

出版说明

这是一套写给普通读者的国学经典释读丛书。

"国学"之名,始自清末。当时欧美学术涌入中国,被称为"新学"或"西学",相应的,学界就将中国传统学问命名为"旧学"或"国学"。广义的"国学"包含范围广泛,从哲学、史学、宗教学到考据学、中医学、建筑学等等,本丛书之"国学经典"主要是指先秦诸子百家的著作。这些经典博大精深,是中国传统文化的精髓,是中华民族共同的血脉和灵魂,是连接炎黄子孙的血脉之桥、心灵之桥,吸引一代代中国人阅读、阐释、传承,至今熠熠生辉。

民国时期虽然新学昌盛,但对国学经典的研究和普及并未中断,甚至在二十世纪三十年代掀起出版国学经典的热潮,比如商务印书馆出版的"学生国学丛书"、世界书局的《四书读本》、广益书局的"白话译解经典"系列等等。

今天,出于继承和弘扬中国优秀传统文化的需要,我们精选了民国时热销的经典释读版本,并做适当的加工处理,以适应今日之读者。本丛书收录《广解论语》《广解大学·中庸》

《广解孟子》《译解荀子》《译解韩非子》《译解孙子兵法》《译解庄子》《译解战国策》《译解国语》《译解墨子》《译解道德经》《国学讲话》十二种。这些国学经典释读的编者兼具旧学与新学功底,语言通俗易懂,译解贴近现代。

这次重新出版,我们主要做了五项工作:

第一,为了读者阅读的方便,改竖排为横排,标点符号也随之改为现代横排的规范样式。

第二,变繁体字为简化字,在繁简转换的过程中,对有可能产生意义混淆的用字,做了合理的处理。

第三,采用今天所见较好的古籍版本对原书的选文进行了审校,订正了文句的错、讹、脱、衍。

第四,原书选篇保持不变。

第五,对原书的注释进行了修润,使注释更加准确、易懂。

我们期望,本丛书的出版能够为普通读者提供一个更亲近的读本,也希望以此为契机,对弘扬中国传统文化、普及国学知识起到积极的促进作用。

"国学经典释读"是李学勤先生生前主编的最后一套丛书,李先生在病榻上撰写了总序。2019年2月,先生遽归道山。如今,此丛书顺利出版,是对先生的缅怀。

生活·读书·新知三联书店

总　序

　　大家了解，人类的许多认知和见解，有时可以在历史发展的某些时段得到重合或认同。20世纪三四十年代悄然掀起的国学教育运动，恰恰与现今对中国传统文化的重视与重拾极为相似，其因果大体也是经历由怀疑、批判、否定，到重视、回归并再造这样的过程。

　　20世纪前半叶，可谓中西文化大碰撞、大交融的时代，最为鲜明的是西方文化对于中国传统文化的巨大冲击。清末的"中体西用"，尚有"存古学堂"保存国粹，使国学还占有一席之地，而到了民国初年，特别是"壬戌学制"的颁布，主要采用当时美国一些州已经实行了十多年的"六三三制"，标志着中国近代以来的学制体系建设的基本完成，以美国为代表的西方教育在中国占据了相当大的地位。此后中国现代化教育每发生一次变化，西方的教育形式与内容就会有所进入，中国传统文化的教育也就有所丧失，中国传统文化的价值体系遭受着越来越多的质疑或否定。对此，一部分具有强烈忧患意识的教育家、文化名流忧心忡忡，并由担心逐渐转而采取行动挽救国学。但是,真正产生影响并引起国人震动的却是国际联盟教育考察团的到访。1931年,当时的南京国民政府鉴于欧美的教育对中国日益增大的影响,邀请以欧洲国家为主体的教育考察团来华考察。考察团用了一年多的时间,考察了中国教育的诸多重镇及学校,提交了《中国教育之改进》的报告书。报告书指出:"外国文明对于中国之现代化是必要的,但机械的模仿却是危险的。"该报告书主张中国的教育应构筑在中国固有的文化基础上,对外来文化,特别是美国文化的影响,进行了不客气地批评:"现代中国最显著的特征,即为一群人所造成的某种外国文化的特殊趋势,不论此趋势来自美国、法国、德国,或其他国家。影响最大的,要推美国。中国有许多青年知识分子,只晓得摹仿美国生活的外表,而不了解美国主义系产生于美国所特有的情状,与中国的迥不相同。""中国为一文化久长的国家。如一个国家而牺牲它历史上整个的文化,未有不蒙着重大的祸害。"报告书切中时弊的评估,使中国知识界与教育界在极大的震动中警醒并反思。随即具有强烈社会责任感的教育界、学术界人士,采取了行之有效的国学教育推行举措,掀起国学教育的声势和热潮,使国学教育得到落实,国学经典深入学校的课堂,进入学生使用的书本,并被整合进学生的知识结构中去。

关于20世纪三四十年代的国学教育的热潮,有两种情况值得关注:一是诸如王国维、梁启超、章太炎、陈寅恪、黄侃、刘师培、顾颉刚、钱穆、吕思勉等大家利用新的研究方法,潜心研究,整理国故,多有建树,推出了一大批国学研究成果,将国学的归结、分类、条理化、学科化的阐述达到了空前的清晰,对当时及后世影响深远;与此同时,教育界、学术界将国学通过渗透的办法,镶嵌入中小学的课程,设立了各个学级的国语必修课和必读书,许多大家列出书单,推介国学典籍的阅读。二是当时出版界向民众普及国学典籍,主要体现在对国学的通俗释读方面,以适应书面语言不断白话的情形。

对于前者,1949年以后,特别是改革开放以来,重新出版了一些相关著作,但后者几乎被忽视或遗忘了,极少再度面世。其实后者在当时的普及和重版率相当高,影响更为深广。

生活·读书·新知三联书店这次整理出版的正是后者。这不仅是因为在那之后均没有重现,重要的是这些通俗释读的书非常适合当今书面语言彻底白话了的读者需求,特别是当读古文和诠释古文已经成为专门家的事情的今天,即便有较高学历的非专业的读者读古文也为之困惑,这类通俗释读国学典籍的书的出版就显得更为迫切。这些书的编撰者文言文功底深厚,又受到白话文运动的洗礼,对文白对应的把握清晰准确。这些书将国学典籍原文中的应该加以注释说明的元素融入在白话释读之中,不再另行标注,使阅读连贯流畅,其效果与今天的白话阅读语境基本吻合,可见那时对于国学的通俗普及还是做了些实事的。

这的确是一些为我们有所忽视的好东西,以致可查到的底本十分稀缺,大多图书馆都没有藏品,坊间也难觅得。生活·读书·新知三联书店在千方百计中找到了选用的底本,使得旧时通行的用白话释读经典的读本得以再现。

　　值得一提的是,这是当时的出版人专门组织出版的一批面向一般民众的国学释读的读本,影响甚大,使得国学经典走入初等文化程度的群体。然而,这些产生过较大影响的读本之所以后来为人所遗忘,其原因可能是出版界推崇名家著述或看重对传统典籍的校勘和注疏。以王缁尘为例,虽然其人名不见经传,但他所编著的关于国学经典释读的一系列的图书,在当时却十分抢手,曾不断重印了十几版。这主要是当时的世界书局看中了他在清末就创办白话报的经历和对国学典籍把握的功力,使其栖身"粹芬阁",为世界书局专事著述国学通俗释读的书籍。列入本套丛书的《广解四书读本》(今将其分为《广解论语》《广解大学·中庸》《广解孟子》),曾被认为是当时国学出版的盛典,是当时通俗释读国学的代表。"国学经典释读"选择20世纪三四十年代的国学通俗的释读书籍,整理为简体横排进行出版,为当今读者学习国学经典提供了很好的阅读范本,是一件大有助益的好事。

　　还应该提及的是,出版此套书不仅是为方便读者理解经典,还在于让读者通过这样的阅读,了解当时人们对中华民族和中国意义的认同史。那时的国学教育和学习的热潮,几乎与抗日战争同行,而对中华民族的现代认识,正是在这期间形成的;国学的教育和普及,使国人了解并认同了中国的历史悠久和文化的博大精深,更将几千年来的人们对国家的意识,从以皇室朝廷为中心的概念中分离出来,完成了从"君国"到"国族"的转变。"中国"代表着中华民族全体,是各族人民联合御侮和实现伟大复兴的精神图腾。

李学勤

2018 年 12 月 10 日

目 录

叶玉麟序 ………………………………………… 1
朱太忙序 ………………………………………… 1
劝学 ……………………………………………… 1
修身 ……………………………………………… 12
不苟 ……………………………………………… 22
荣辱 ……………………………………………… 32
非相 ……………………………………………… 45
非十二子 ………………………………………… 56
儒效 ……………………………………………… 65
王制 ……………………………………………… 87
富国 ……………………………………………… 109
王霸 ……………………………………………… 131
君道 ……………………………………………… 155
臣道 ……………………………………………… 174
议兵 ……………………………………………… 182

强国	201
天论	214
正论	224
礼论	243
乐论	263
解蔽	272
成相	288
法行	295
性恶	299

序

圣贤经籍,辞旨精微,遭秦燹烬,残缺讹脱,学者循诵綦难,由是章句笺注义疏之学兴焉。先哲宏词奥旨,类此阐明,亦后儒参稽考证之功也。凌夷洎今,争鸣异学,有寻绎注疏,仍不能通其意者,则又籍俚语释之,非得已也。荀氏书,旧惟杨倞注,清王益吾祭酒,捃摭诸家之论,汇为《集解》,视杨注为胜。兹录荀书至精者二十二篇,附以浅释,为学人示途径,虑未悉当也。夫微眇之旨,而以俚言释之,渊懿之辞,而以俗谚通之,讵能发荀氏之蕴乎?且圣哲崇议,皆两间至文,本非谫学谀词所能达者也。方今学校科目繁赜,计晷程功,焉得余闲,从实探讨?而先秦诸子,得天独厚,几与欧洲哲学先进瞑心孤造者相辉映,故其文理精辞约,未易钻研。兹编乃以里巷委谈,显著书旨,俾读者览之畅然。惜抱先生论治古文辞云:"学者之于古人,必始而遇其粗,中而遇其精,终则御其精者,而遗其粗者。"异日者,循是而研几极深焉,则以是为刍狗之陈焉可矣。

叶玉麟

序

诸子中,惟《荀子》一书,持论最为醇正,故独归之儒家;史公以孟、荀并称,洵有见也。性善性恶之说,古人辨之已详,徒为词费。缘所云:"人之性恶,其善者伪也。"不识伪之通为,致多谬解。又不知荀子之生,为何世乎?论世而不知人,固不可,知人而不论世,更乌乎可?荀子不幸生于战国大乱之世,专尚权谋,污漫成风,目睹游说之士,谲诈夸诞,贪利罔法,巧言惑世,舞智御人。荀卿意中,愤慨已深,故疑人性岂果尽恶欤?不然,何明王之不可遇,败类侥恶之徒,天下竟若是之多也?此盖偏激所发,嫉刺浊世而言,宋儒不察,断断辩难,遂谓荀卿以礼义为伪,等于老、庄之滑稽乱世,不明时代,不详训诂,以词害意,诬蔑古人,可谓陋矣!予尝惜李斯、韩非,俱为荀卿门人,而慕势趋时,不守师训,卒致身败名裂,辱没门墙,为天下僇笑。此可知化性之难,所以有性恶之说也。《非十二子》篇,《韩诗外传》所引,止作十子,当以《韩诗》为正,桀犬吠尧,邪人害正,子思、孟子,允为其门人李、韩所加无疑。信陵号为好士,只得之于毛公、薛公,而独失于荀卿;此信陵之所以为信陵，而荀卿人品，自高于毛、薛之上，故信陵不能识焉。春申君虽能用荀卿，胜于信陵，而用之不专，厉怜王之讽，莫悟其意，卒遭棘门之祸，犹之未曾用，未曾识耳。说齐相章，荀卿正谏湣王矜功，五国将谋伐齐之时。湣王乃不听，旋五国果伐齐，湣王奔莒被杀。由此观之，则儒者谋国，竟能睹于未形，天下形势，了如指掌，倘重用之，其信不能有益于人国耶？昔秦昭王独谓儒者无益人国，荀卿子特著《儒效》篇以论之曰："儒者法先王，隆礼义，谨乎臣子，而致贵其上者也。人主用之，则势在本朝而宜，不用，则退编百姓而悫，必为顺下矣。虽穷困冻馁，必不以邪道为贪；无置锥之地，而明于持社稷之大义；呜呼而莫之能应，然而通乎财万物养百姓之经纪。势在人上，则王公之材也；在人下，则社稷之臣、国君之宝也！虽隐于穷檐漏屋，人莫不贵之，道诚存也。"又曰："儒者在本朝则美政，在下位则美俗。夫其为人下也如彼，其为人上也如此，何谓其无益于人之国也？"儒者非特有益，其效之足计也如是，昭王虽善之，终不能用。因知秦国无儒，即可谓秦国无人，秦国无宝，此秦之所短。故荀卿曰："秦国四世有胜，非幸也，数也！"予亦曰："今儒者困厄冻馁，隐于穷檐漏屋，人莫不贱之者，非不幸也，数也！"盖读荀卿书，早知昭王以儒为无益于人国矣，夫复奚言？荀子之称孙卿子，前人不遑尊，后人尊之，非由避讳也。近世王益吾《荀子集解》，金称注本之綦详者；然吾侪读书，无有止境，《劝学》篇所云"学不可已"一语，予最服膺。凡无论何人所著之书,皆不能包罗无余,既有《集解》为之基本,复思于各家著述中,寻扯撅拾,益扩见闻。莫为古人所限,当为古人所畏,斯则予与读者所宜共勉者也!近阅《南漘楛语》,见有数则,堪补是编所未备。如谓《儒效》篇解果其冠,即《淮南子·本经训》冠无觚嬴之理,解为觚之误。《正论》篇今人或入其央渎,渎即窦字,央渎室内水窦,猪彘可经过出入者,不得谓之沟也。《王制》篇审诗商,谓周以木德,商声属金,金克木,故大司乐祭祀之乐,不用商声。《富国》篇一本数以盆鼓,一本犹一概,礼云:"献米者操量鼓。"《管子·地数》篇,武王立重泉之戍,今曰:"民自有百鼓之粟者,不行。"盖十二斛为一鼓。吾乡于香草先生著有《荀子校稿》,未刊,尤多阐明,惜限于篇幅,不能胪列。设稍获余暇,穷搜而排比成一书,虽不能出是编范围,未必为古人所畏,亦古今人所共喜也夫?荀子有《集解》,美矣,《集解》后,再附以白话译解,则愈美矣!叶先生译解,既明白如话,又要言不繁,惜墨如金,疏通畅达,爽朗非常,读之增快。非比寻常白话注解,拖泥带水,泄泄沓沓,令人见之生厌,未读而目已欲昏,头已欲胀也。此予之所以不喜语体,若叶先生之译解,尚远胜于今人之文言,何害为白话?

民国廿四年四月中浣南汇朱太忙谨识

劝学

《劝学》这篇,是劝勉人们勤学的意思。人类的本性,完全是同样的,所以有好有坏,全由学与不学两项所造成。作者于这篇文字开头,用青、蓝、冰、水来比喻,便是来表明他这个主旨。并且《劝学》这篇,我们可以作为全书的纲领读。

君子曰:学不可以已。青,取之于蓝,而青于蓝;冰,水为之,而寒于水。木直中绳,𫐓以为轮,其曲中规,虽有槁暴,不复挺者,𫐓使之然也。故木受绳则直,金就砺则利,君子博学而日参省乎己,则知明而行无过矣。

故不登高山,不知天之高也;不临深溪,不知地之厚也;不闻先王之遗言,不知学问之大也。干、越、夷、貉之子,生而同声,长而异俗,教使之然也。《诗》曰:"嗟尔君子,无恒安息。靖共尔位,好是正直。神之听之,介尔景福。"神莫大于化道,福莫长于无祸。

吾尝终日而思矣,不如须臾之所学也;吾尝跂而望矣,不如登高之博见也。登高而招,臂非加长也,而见者远;顺风而呼,声非加疾也,而闻者彰。假舆马者,非利足也,而致千里;假舟楫者,非能水也,而绝江河。君子生非异也,善假于物也。

南方有鸟焉,名曰蒙鸠,以羽为巢而编之以发,系之苇苕,风至苕折,卵破子死。巢非不完也,所系者然也。西方有木焉,名曰射干,茎长四寸,生于高山之上,而临百仞之渊。木茎非能长也,所立者然也。蓬生麻中,不扶而直。白沙在涅,与之俱黑。兰槐之根是为芷,其渐之滫,君子不近,庶人不服,其质非不美也,所渐者然也。故君子居必择乡,游必就士,所以防邪辟而近中正也。

物类之起,必有所始;荣辱之来,必象其德。肉腐出虫,鱼枯生蠹;怠慢忘身,祸灾乃作。强自取柱,柔自取束;邪秽在身,怨之所构。施薪若一,火就燥也;平地若一,水就湿也。草木畴生,禽兽群焉,物各从其类也。是故质的张而弓矢至焉,林木茂而斧斤至焉,树成荫而众鸟息焉,醯酸而蚋聚焉。故言有招祸也,行有招辱也,君子慎其所立乎!

积土成山,风雨兴焉;积水成渊,蛟龙生焉;积善成德,而神明自得,圣心备焉。故不积跬步,无以至千里;不积小流,无以成江海。骐骥一跃,不能十步;驽马十驾,功在不舍。锲而舍之,朽木不折;锲而不舍,金石可镂。蚓无爪牙之利,筋骨之强,上食埃土,下饮黄泉,用心一也。蟹六跪而二螯,非蛇蟮之穴无可寄托者,用心躁也。是故无冥冥之志者,无昭昭之明;无惛惛之事者,无赫赫之功。行衢道者不至,事两君者不容。目不能两视而明,耳不能两听而聪。螣蛇无足而飞,鼫鼠五技而穷。《诗》曰:"尸鸠在桑,其子七兮。淑人君子,其仪一兮。其仪一兮,心如结兮。"故君子结于一也。

昔者,瓠巴鼓瑟而流鱼出听,伯牙鼓琴而六马仰秣。故声无小而不闻,行无隐而不形。玉在山而草木润,渊生珠而崖不枯。为善不积邪,安有不闻者乎?

学恶乎始?恶乎终?曰:其数则始乎诵经,终乎读礼;其义则始乎为士,终乎为圣人。真积力久则入,学至乎没而后止也。故学数有终,若其义则不可须臾舍也。为之,人也;舍之,禽兽也。故《书》者,政事之纪也;《诗》者,中声之所止也;《礼》者,法之大分,类之纲纪也。故学至乎《礼》而止矣!夫是之谓道德之极。《礼》之敬文也,《乐》之中和也,《诗》《书》之博也,《春秋》之微也,在天地之间者毕矣。

君子之学也,入乎耳,箸乎心,布乎四体,形乎动静,端而言,蠕而动,一可以为法则。小人之学也,入乎耳,出乎口,口耳之间则四寸耳,曷足以美七尺之躯哉?

古之学者为己,今之学者为人。君子之学也,以美其身;小人之学也,以为禽犊。故不问而告,谓之傲;问一而告二,谓之囋。傲,非也,囋,非也,君子如响矣。

学莫便乎近其人,《礼》《乐》法而不说,《诗》《书》故而不切,《春秋》约而不速。方其人之习君子之说,则尊以遍矣,周于世矣。故曰:学莫便乎近其人。

学之经莫速乎好其人,隆礼次之。上不能好其人,下不能隆礼,安特将学杂识志,顺《诗》《书》而已耳,则末世穷年,不免为陋儒而已。将原先王,本仁义,则《礼》正其经纬蹊径也。若挈裘领，诎五指而顿之，顺者不可胜数也。不道《礼》宪，以《诗》《书》为之，譬之犹以指测河也，以戈舂黍也，以锥餐壶也，不可以得之矣。故隆礼，虽未明，法士也；不隆礼，虽察辩，散儒也。

问楛者，勿告也；告楛者，勿问也；说楛者，勿听也；有争气者，勿与辩也。故必由其道至，然后接之，非其道则避之。故礼恭而后可与言道之方，辞顺而后可与言道之理，色从而后可与言道之致。故未可与言而言，谓之傲；可与言而不言，谓之隐；不观气色而言，谓之瞽。故君子不傲，不隐，不瞽，谨顺其身。《诗》曰："匪交匪舒，天子所予。"此之谓也。

百发失一，不足谓善射；千里跬步不至，不足谓善御；伦类不通，仁义不一，不足谓善学。学也者，固学一之也。一出焉，一入焉，涂巷之人也；其善者少，不善者多，桀、纣、盗跖也；全之尽之，然后学者也。

君子知夫不全不粹之不足以为美也，故诵数以贯之，思索以通之，为其人以处之，除其害者以持养之，使目非是无欲见也，使耳非是无欲闻也，使口非是无欲言也，使心非是无欲虑也。及至其致好之也，目好之五色，耳好之五声，口好之五味，心利之有天下，是故权利不能倾也，群众不能移也，天下不能荡也，生乎由是，死乎由是，夫是之谓德操。德操然后能定，能定然后能应，能定能应，夫是之谓成人。天见其明，地见其光，君子贵其全也。

【译解】

　　君子说:学问之道,是不可以画境自止的,必定要向前探讨与研究。好比青颜色,是从蓝颜色提取出来的,青色比蓝色,反更加深;冰是水凝结成的,反比水寒冷。树木的直度,本合乎墨线,如果把它弯曲做成圆车轮,也可以合乎圆规。虽等到这木头枯槁干缩之后,再不能挺直,这是因为弯曲造成的。所以木头要受过墨线就极直;金属东西,用矿石来一磨,就极快利;君子必定要多去学习,每天再能有三次省察自己身心动作,照这样做去,就可以智慧明辨,所做的事,也不会有错误。

　　所以不登顶高山,就不知道天有多高;不站在深溪边,就不知道地有多厚;不听见先王留下来的言语,就不知道学问的广大。干、越、夷、貉四国的小孩子初生时,啼哭声音同是一样;长大之后,风俗全不相同,这就是因为学问教化的缘故。《诗经》上说:"可赞叹的君子啊! 不要常想安逸,恭敬你的职位,爱好正直的教化,神人鉴听,当赐与你极大的幸福。"渴望神圣,莫大于与道相化;希求福佑,莫长于没有祸事。

　　我曾经从早到晚用脑力来想象,而结果反不如片刻求学的收获;我曾经踮着脚来瞭望,反不如登上极高地方看得广大。登在高地方招手,手臂并没有加长,而极远的人可以看见;顺着风一叫,声音并没有加速,而远方的人,亦能听到音响。依赖着车马的,非是他自身有极快捷的脚,而能够到千里之外;依赖着船和桨的,非是他个性能耐水,而能够渡过江河。

5

君子生性并非奇异，与众人不同，而是他会依赖学问来辅助。

南方有一种鸟，名叫蒙鸠，它用羽毛做巢，用头发编起来，用苇苕拴着；大风一来了，苕被风吹折断，鸟卵打破，小鸟跌死。它所做的巢，并不是不完密，因为拴这巢的东西不牢。西方有一种树木，名叫射干，树茎只有四寸长，生在高山之上，下面靠着六十余丈的深渊；这树茎并没有多长，因为它生在高山之上，下面是深渊，所以觉得很长。蓬草是不很直的，要是生在麻丛中，用不着扶持，它自会很直。白芷是兰槐的根子，如果把它浸渍在便溺里面，那君子也不接近它，人们也不用它来挂在身上。白芷的体质，不是不香美，因为浸在便溺中了。所以君子住处，必定要挑选合适的方向，交游必定要接近读书人，这样才能防备邪僻，靠近中正。

不论哪一件事的发起，必定有其原始；荣幸、侮辱之所以来，是人一生言行的写照。肉必腐烂，才会生出虫；鱼必枯干，才会生出蠹。怠惰傲慢，遗弃自己，灾祸就来了。刚强是自找断折，柔弱是自找束缚，污秽不正的事在你自身，怨恨必来结聚。将木柴散布得一样平均，那火焰总倾向干燥的烧；在一块平整的地上，水总趋向那低处流去；草木分类生长，禽兽成群居住，都各自寻找自己的同类。所以箭靶一挂，弓箭就来了；林木茂盛，斫它的斧头就到了；树木成荫，就有很多鸟雀来栖息；醋变了味，就有蚊蚋来聚集。所以言语会找来祸患，行为会招致侮辱，君子必定要谨慎去求学。

堆土成山,自然就起了风雨;聚水成深渊,自然就会成为蛟龙的所居;储积美善,通贯道德,自然会通于神明,而神圣的思想,也完备了。所以不由半步聚积起来,不能到千里;不由小的流水聚积起来,不会聚成江海。骐骥虽是极品的马,它一跳也不过十步;最下等的劣马,它驾十天的车子,也总可以及上骐骥的一跳,功夫是在乎不放弃、不停止。用刀来刻东西,如想一蹴而就,那么虽是朽烂的木头,也不能立刻断掉;永远不停地雕刻,那虽是坚硬的金石,也可以成为艺术品。蚯蚓虽没有犀利的爪牙,坚强的筋骨,它可以以身边的尘埃泥土充饥,饮地下的泉水,这就是因为它用心专一;螃蟹有八只脚,两只大螯,没有蛇蟺的洞,就没有地方居住,这就是因为它秉性暴躁。所以一个人要没有幽深的志愿,不会有光大明显的一日;没有沉默的事迹,不会成就盛美的功业。同时要走两条道路,一条也不能达到;同时事奉两个君主,一个也不能容纳。眼睛不能一同看两样东西而极明晰;耳朵不能同时听两种声音而极清楚。螣蛇没有脚而能飞,鼫鼠有五种技能,倒反穷困,就因为它不能像螣蛇有专一的技能。《诗经》上说:"一个布谷鸟在桑树上,它有七个孩子,它早上从上面喂过去,晚上从下面喂上来,它对这七个孩子,同一公平爱护。善人君子,其执义也应当如布谷鸟的公平专一,执义专一,则用心坚固。"所以君子的心,要坚固一律。

　　从前瓠巴一弹瑟,而沉潜在水底的鱼,全游到水面来听;

伯牙一弹琴,而皇帝的六匹马,全仰起头来吃草料,听伯牙的琴声。所以声音无论如何小,总听得出;行为无论如何隐藏,总可以看得见。玉在山上,而这山上的草木,全都连带着润泽;深渊里生了珠子,而这崖岸连带着不会枯燥。为善的人,全由不知积善,果能积善,绝不会不成就的。

有人问道,学问由什么起始,什么终止?答道:求学的法术,开始要读《诗经》《书经》等,末了要读《曲礼》;求学的意义,就是先做一个读书人,最后变成圣人。只要诚心用力去做,久而久之即可以入于学;人们的求学,一直要到死了才可停止,活着时绝不可怠惰。并且求学的法术,是有终止;它的意义,是不能片刻舍弃的。求学修身者,就是人;舍弃学问的,就是禽兽。所以《书经》是记载政事的,《乐经》是节制声音适中而止,不使它过度,《礼经》是分别制度和典法的纲纪。所以学到了《礼经》,可以终止,这就是道德的极致。《礼经》讲动作谦让之恭敬,车服的等级,《乐经》使人得中和愉悦。《诗经》《书经》的广博,记述土地、风俗、鸟、兽、草、木,以及当时的政事。《春秋》的深微,含有褒贬劝沮,毕罗天地之间的形态。这五种书的体系,可以算极完备了。

君子的学问,是从耳朵听进佳言,存在心里,散布在四体,表现于动作之静默;所以君子细微的言语,细微的动作,皆可以为人们的模范。小人的学问,是从耳朵听进佳言,立刻就从嘴里说出来;嘴同耳朵,仅有四寸的距离,虽听见佳言,又哪能够有美于他七尺的躯体?

　　古时的学者,是为自己的修养;现在的学者,是为做给人看。君子的学问,是用来美他自身;小人的学问,是道听途说,所以不能美他自身,终究是对牛弹琴。一个人没有来问,而你就告诉他,这叫作急躁;问一件而告诉他两件,这叫作琐碎。急躁是不对的,琐碎也是不对的。君子的说话,是你问一件,答一件,如同击东西一样,击得一响,就有一次的回声。

　　求学最简便的方法,是接近贤人。《礼经》《乐经》上虽有大法则,而没有详细的解说。《诗》《书》是讨论从前的故事,并不切近于当下之事。《春秋》的文义,又极隐约,不能骤然明了它的用意。当一个人近习君子的学说,则可以通晓遍知古今的道理,对于世事,也可以周知了。所以说学问最简便的方法,是接近贤人。

　　学问的路径最捷速的,是爱好贤人;如果不能得到贤人,次一等的方法,是以礼教来检束自身。假使不能如上等的爱好贤人,又不能如次一等的以礼教来检束自身,只是学些乱杂的知识,只知道顺着《诗》《书》照本宣科,照这样就是学到老,也不过仍是一个固陋的读书人。如果想要推原从前君主的法则,根本于仁义,必定要用礼来作路径经纬。就如同提起一件皮衣的领子,弯曲五个手指来一抖,那皮衣的毛,平顺的就不计其数。做事不由礼法,用《诗》《书》去代替实际,就像是以手指来测量河的深浅,以尖锐的戈来舂黍,以锥子代替筷子来吃饭,这是绝不可能的。所以用礼教来检束自身,即使做不到十分明了,也可算是好礼之士;不以礼教检束自身,即使再精明辨给,也是个散漫的读书人。

以坏的事情来问你的,不要告诉他;告诉你坏的事情的,不要再问他。对你谈说坏的事情的,不要去听他;有争竞气的人,不要同他辩论。所以一个人如果是遵从义理而来,才可以接近他;不遵从义理的,就避开他。礼貌恭敬的,可以同他讲大道的方略;言辞谨顺的,可以同他讲大道的原则,表情温和的,而后可以同他讲大道的终极。所以不应当同他说话,去同他说话,这叫作焦躁;可以同他说话,而不同他说,这叫作隐默。不看人的神情而说话的,这叫作盲人。唯有君子,不焦躁,不隐默,也不像盲人,谨慎自身,顺着道理去做。《诗经》上说:"不侮慢,不懈怠,所以能受天子的赐与。"就是这个意思。

发一百箭,有一箭不中,不足以称为善射;走一千里路,有半步不能达到,不足以称为善于驾驶;各类的礼法,不能全通晓,仁义不能执守专一,不足以称为善学。学问是要能执守专一,如一时好一时坏,那是市井的俗人;好的少,不好的多,那是桀、纣、盗跖。所以要全面地学习之后,才能称得上学者。

君子知道不完全,不纯粹,不足以称为美,所以习诵《诗》《书》,以贯穿了解;思想探讨,以通知它的意义;取古人佳言美行,照着去做;铲除自己不良的行为,再加以修养。使得眼睛非正道不愿看见,耳朵非正道不愿听见,嘴里非正道不愿说出,心里非正道不愿思虑,就是众人可极爱好的,看了也全无动于心。到了通晓礼义时,如人们的眼睛好看五色,耳朵好听五声,嘴巴好吃五味,心里面想有天下;这样一来,就是重权也不能倾侧你,群众也不能移易你,天下都不能动荡你。死生必由学问正道,这才是能持守道德。持守道德,然后能有所止定;能止定,然后能随事因应。心里能止定专一,外面又能随事因应,这样的人,可算是大成之人了。天显出他的高明,地显出他的博大,君子贵乎道德完备纯粹。

修 身

　　《修身》这篇,是讲修养身心的,篇中"治气养身"四字,就是全章的主意。并且作者以为要求治气养生的方法,莫外乎从礼义上去做。

　　见善修然,必以自存也;见不善愀然,必以自省也。善在身介然,必以自好也;不善在身灾然,必以自恶也。故非我而当者,吾师也;是我而当者,吾友也;谄谀我者,吾贼也。故君子隆师而亲友,以致恶其贼,好善无厌,受谏而能诫,虽欲无进,得乎哉?小人反是,致乱而恶人之非己也,致不肖而欲人之贤己也,心如虎狼,行如禽兽,而又恶人之贼己也。谄谀者亲,谏争者疏,修正为笑,至忠为贼,虽欲无灭亡,得乎哉?《诗》曰:"噏噏呰呰,亦孔之哀。谋之其臧,则具是违;谋之不臧,则具是依。"此之谓也。

　　扁善之度,以治气养生则后彭祖,以修身自名则配尧、禹。宜于时通,利以处穷,礼信是也。凡用血气、志意、知虑,由礼则治通,不由礼则勃乱提僈。食饮、衣服、居处、动静,由礼则和节,不由礼则触陷生疾;容貌、态度、进退、趋行,由礼则雅,不由礼则夷固僻违、庸众而野。故人无礼则不生,事无礼则不成,国家无礼则不宁。《诗》曰:"礼仪卒度,笑语卒获。"此之谓也。

以善先人者谓之教,以善和人者谓之顺。以不善先人者谓之谄,以不善和人者谓之谀。是是、非非谓之知,非是、是非谓之愚。伤良曰谗,害良曰贼。是谓是,非谓非,曰直。窃货曰盗,匿行曰诈,易言曰诞。趣舍无定,谓之无常,保利弃义,谓之至贼。多闻曰博,少闻曰浅。多见曰闲,少见曰陋。难进曰偍,易忘曰漏。少而理曰治,多而乱曰秏。

治气养心之术:血气刚强,则柔之以调和;知虑渐深,则一之以易良。勇胆猛戾,则辅之以道顺;齐给便利,则节之以动止;狭隘褊小,则廓之以广大;卑湿、重迟、贪利,则抗之以高志;庸众驽散,则劫之以师友;怠慢僄弃,则照之以祸灾。愚款端悫,则合之以礼乐,通之以思索。凡治气养心之术,莫径由礼,莫要得师,莫神一好,夫是之谓治气养心之术也。

志意修则骄富贵,道义重则轻王公,内省而外物轻矣。《传》曰:"君子役物,小人役于物。"此之谓矣。身劳而心安,为之;利少而义多,为之,事乱君而通,不如事穷君而顺焉。故良农不为水旱不耕,良贾不为折阅不市,士君子不为贫穷怠乎道。

体恭敬而心忠信,术礼义而情爱人,横行天下,虽困四夷,人莫不贵。劳苦之事则争先,饶乐之事则能让,端悫诚信,拘守而详,横行天下,虽困四夷,人莫不任。体倨固而心势诈,术顺墨而精杂污,横行天下,虽达四方,人莫不贱。劳苦之事则偷儒转脱，饶乐之事则佞兑而不曲，辟违而不悫，程役而不录，横行天下，虽达四方，人莫不弃。

行而供翼，非渍淖也；行而俯项，非击戾也；偶视而先俯，非恐惧也。然夫士欲独修其身，不以得罪于比俗之人也。

夫骥一日而千里，驽马十驾，则亦及之矣。将以穷无穷，逐无极与？其折骨绝筋，终身不可以相及也。将有所止之，则千里虽远，亦或迟或速，或先或后，胡为乎其不可以相及也？不识步道者，将以穷无穷、逐无极与？意亦有所止之与？夫坚白同异，有厚无厚之察，非不察也，然而君子不辩，止之也。倚魁之行，非不难也，然而君子不行，止之也。故学曰，迟彼止而待我，我行而就之，则亦或迟或速，或先或后，胡为乎其不可以同至也？故跬步而不休，跛鳖千里；累土而不辍，丘山崇成。厌其源，开其渎，江河可竭；一进一退，一左一右，六骥不致。彼人之才性之相悬也，岂若跛鳖之与六骥足哉？然而跛鳖致之，六骥不致，是无他故焉，或为之，或不为尔。

道虽迩，不行不至；事虽小，不为不成；其为人也多暇日者，其出入不远矣。

好法而行，士也；笃志而体，君子也；齐明而不竭，圣人也。人无法，则伥伥然；有法而无志其义，则渠渠然；依乎法而又深其类，然后温温然。

礼者，所以正身也；师者，所以正礼也。无礼，何以正身？无师，吾安知礼之为是也？礼然而然，则是情安礼也；师云而云,则是知若师也;情安礼,知若师,则是圣人也。故非礼,是无法也;非师,是无师也;不是师法而好自用,譬之是犹以盲辨色,以聋辨声也,舍乱妄无为也。故学也者,礼法也。夫师,以身为正仪,而贵自安者也。《诗》云:"不识不知,顺帝之则。"此之谓也。

端悫顺弟,则可谓善少者矣。加好学逊敏焉,则有钧无上,可以为君子者矣。偷儒惮事,无廉耻而嗜乎饮食,则可谓恶少者矣。加惕悍而不顺,险贼而不弟焉,则可谓不详少者矣,虽陷刑戮可也。

老老而壮者归焉,不穷穷而通者积焉,行乎冥冥而施乎无报,而贤不肖一焉,人有此三行,虽有大过,天其不遂乎?

君子之求利也略,其远害也早,其避辱也惧,其行道理也勇。

君子贫穷而志广,富贵而体恭,安燕而血气不惰,劳倦而容貌不枯,怒不过夺,喜不过予。君子贫穷而志广,隆仁也;富贵而体恭,杀势也;安燕而血气不惰,柬理也;劳倦而容貌不枯,好交也;怒不过夺,喜不过予,是法胜私也。《书》曰:"无有作好,遵王之道;无有作恶,遵王之路。"此言君子之能以公义胜私欲也。

【译解】

看见美善,必定要整饬省察自身,有没有这种美善;看见不善的,必定要忧惧回顾自身,有没有这种过处?有这种善处,必定要坚固地爱好,使它不要失去;有这种过处,必定要能自挺立,极恶恨它,使它消灭。所以论我过错而恰当的,那是我的先生;论我的好处而恰当的,那是我的朋友;谄谀我的,那是我的仇贼。君子要尊崇他的先生,亲近他的朋友,厌恶谄谀他的仇贼。好善没有厌止的时候,受别人的谏劝,而能自己警诫,照这样做,即使不愿进步,也绝不能够了。小人是全然相反的,昏乱而恨人说他不对,不好而想人说他贤美;心如同虎狼,行为如同禽兽,而又恨人说他乱贼。亲近谄谀他的人,疏远谏诤他的人;正直的人,他反非笑,以为不好;忠厚的人,他反以为是奸贼。这样子,虽不想灭亡,也绝不能够了。《诗经》上说:"附和坏人,诋毁好人,这种人也很可哀叹啊!好计划即违背不听,坏点子就依从去做。"这几句诗,即是说的前面这种小人。

  君子人是无往而不善的,他用礼来治气养生,虽不能如彭祖的高寿,但是他修身自强,这美名也可以同尧、禹并传不朽。处通达的时期,无往而不通;处在贫困的时期,不会遭遇危害,只有用礼信去做,可以如此。大凡用血气志意智虑,顺着礼做去就平顺;不顺着礼去做,就悖乱不顺。饮食衣服,居处动静,顺着礼,就会和适;不顺着礼,触犯寒暑,就会生出疾病。容貌态度,进退趋走,顺着礼就和雅;不顺着礼,就倨傲凡庸,如一般之人一样粗野。所以人没有礼,就不能生存;做事没有礼,就不能成功;国家没有礼,就不能安宁。《诗经》上说:"礼义威仪,尽合法度;喜笑说话,全极相宜。"就是这个意思。

对人首先以善提倡的,这叫作教导;以善附和人的,这叫顺从。首先以不善提倡的,这叫引人学坏;以不善附和人的,这叫当面恭维。能辨明是为是,非为非,叫聪敏;以非为是,以是作非,叫愚笨。毁伤良好的人,叫谗佞;残害良好的人,叫奸贼。是就说是,非就说非,叫正直,做假的叫欺诈,信口胡说的,叫荒诞。宗旨不定的,叫无永久性;保守利益,舍弃道义的,叫大贼。见闻多的,叫博雅;见闻少的,叫浅俗。见识得多,叫闲习;见识得少,叫固陋。很难有进步的,叫弛缓;容易忘记的,叫作漏——说他的记忆力不强,如同漏水一般——做事能举其大要,而有条理的,叫明治;事务多了就杂乱的,叫昏乱。

大凡治气养心的法术,血气刚强的,就柔服他以调和;智虑阴深的,就专一他以平易温良。勇猛有胆气,和暴戾的,就辅佐他顺从道理;疾速便捷的,就节制他以举动安徐,气量狭隘褊小的,就扩充他以广大;谦恭迟缓,而有贪利的,就提高他的意志。凡庸懦弱的,就让他以先生为朋友;怠慢轻身的,就告示他以祸灾之降临。愚鲁端庄诚实之人,就以礼乐来调剂他,以思索来贯通他。凡治气养心的方法,最捷速的,莫外乎由礼;最要紧的,莫外乎得到良师;最神明的,还是由于专一的好善,这就是治气养心的方法。

志向美好,就可以傲慢富贵;有高深的道义,就可以藐视王公。心里明察,有高深的道义,所以外界的一切,觉得极其轻微。传闻上说:"君子能够役使一切,小人被一切所役使。"就是这个意思。大凡一件事,身体上虽烦劳,而心灵上可以安逸的,可以去做;利益虽少,而有道义的,可以去做。事暴乱的君主,违背道理而显达,不如事小国的君主,顺行道理。良好的农人,不因为水旱就不耕种;良好的商人,不因为廉价就不做交易;士君子不因为贫穷,就懈怠道义。

有恭敬的容仪,忠信的心,有礼仪的约束,仁爱的情感,这样可以横行天下,虽穷处四夷,也没有一个人不贵重他的。劳苦的事就争先去做,轻松快乐的,就能让人,端庄诚实,恭谨审慎,这样可以横行天下,虽穷处四夷,没有一个人不愿意任用他的。有倨傲鄙固的容仪,奸诈的心,有慎到、墨翟的法术,乱杂污浊的情感,这样不可以横行天下,虽处四方,没有一个人不以他为轻贱的。劳苦的事就偷懒避免,轻松快乐的事,就委曲诌佞,以求得到,乖违常道,而不诚信,徒逞一己私欲,急惰而不检束,这样不可以横行天下,虽处四方,没有一个人不遗弃他的。

走路疾速恭敬,是应当的容仪,并不是怕走到烂泥里去。走路低着头,并不是怕碰到东西。两人视线同时接触,而先低下头去,并不是害怕。君子是想独自修养身心,并不是要与众不同。

良马一天可以走千里,坏马十天也可以追及它,虽有快慢先后,可以同样到达目的地。但如果是走极远的路,劣马永无止境地追逐，那虽是跑得折骨断筋，也难以追及良马。如果能有终点，就是千里那么远，走起来或者有快有慢，有先有后，也不是会追上的。不知道那行远路的，是要走得遥遥无期，还是能有到达的那一刻呢？公孙龙、惠施讲坚白同异、有厚无厚的主义①。他们这种主义，并不是毫无价值，然而君子却不去辩论它，不把它当成问题。奇特狂怪的行为，非不难能可贵的，然而君子何以没有这种行为，因为他不去做。所以说，人们的求学，虽也如走路的有快有慢，但是前面走的人，停下来等，我就应当极快地追上去，即使有快慢先后，也可以同一时间到达目的地。所以半步半步地走，而不休息，跛鳖可以走到千里；用土累积而没有停止，一座山也可以形成。塞了来源，开了水闸，再大的江河，也要流得干竭。一个前进，一个后退，一个向左，一个向右，即使是六骥良马，也不能并行于道路。人们的才性悬隔，绝不会像跛鳖同六骥。然而跛鳖能走到，六骥不能，这并不是有其他缘故，因为一个走得不休息，一个停止不走。

　　虽极近的路，不走总不会到；虽极小的事，不做总不能成。

---

① 谓用眼睛来看石头，但看见是白色的，不能知道它性质是坚硬，所以就只能称作白石；用手来触石头，但觉得坚硬，不能知道是白色的，就只能称作坚石。万物同生在天地之间，同一样地生长，这可以叫作大同。然而人有耳目口鼻，草木有枝叶花果，一类一样，没有重样的，这可以叫作异。有厚只不过是一种物件，人们可以增减它的厚薄。无厚就好像天地的高大无穷，是无法增损它的厚薄的。

一个人有太多闲暇的日子,胜过人的地方,也就有限得很了。

爱好礼法,而能行的,这是士人;志向坚固,言出必行,这是君子;齐圣明敏,而无穷尽,这是圣人。人没有礼法,就伥伥无所之,手脚无所措;有礼法,而不知道它的意义,就不能有专一的宗旨;能顺从礼法,又那类的事都能了解,然后可以算温厚的君子。

礼法可以矫正人身的弊端,良师是能告示礼法的人。没有礼法,用什么来矫正自身?没有良师,我从何知道礼法?礼当如此就如此,这是性情安于礼法;师如何说,就如何做,这是知道顺从先生;知道顺从先生,安于礼法,即是圣人了。所以以礼为非的,是狂妄无法的人;以先生为不对的,是心目中没有先生;既不听从师法,而自以为是,就像是瞎子去分辨颜色,聋子来辨别声音,除非乱妄的人,绝不会做这种事。所以学问是要从先生学礼法,来纠正自己的仪容,使本性安于礼法,就像我原有的。《诗经》上说:"不明了,不知道,而能与上天的法则相合。"就是这个意思。

端庄诚实,敬事长上,可算是善的少年;加之以好学谦逊,敏捷于学,有公平的心,没有傲上人的意思,就可以算是君子了。懦弱怠惰,没有廉耻,只好吃喝,可算是恶少年;加之以放荡凶悍而不和顺,险贼而不敬长上,那就变成不祥的少年了。这种人虽被刑罚诛戮,也是应当的。

敬重老者,而少壮的人,也全来归服;不使穷困的人更加穷困,通达之人也会汇聚起来。一个人要有这三种行为,即使有大的灾祸,天也不会让灾祸降临于他。

君子对于利益,并不关心,而能远离祸害,不启祸端。规避侮辱之来,内心是惶恐的;做有道理的事,是很勇敢的。

君子贫穷而志气广大,富贵而礼貌恭敬,安燕而血气平和,劳倦而不现衰容。发怒的时候,没有过分强取的事;喜悦的时候,没有过分赐与的事(因为当发怒同喜悦之时,会变更本来的爱恶)。君子贫穷而志气广大,是富有仁爱的心;富贵而礼貌恭敬,是不愿以盛势自处。安燕而血气平和,是明白事理;劳倦而不现衰容,是好礼。发怒时不过分强取,喜悦时不过分地赐予,是能以礼法平衡他的私欲。《书经》上说:"不要有过多的喜悦,当顺从正大的道;不要有过多的嫌恶,当顺从正大的路。"这说的是君子能用公义平衡他的私欲。

不苟

《不苟》这一篇,是告示我人处世立言,不可苟且随便,也可以说是立身求学的基础。

君子行不贵苟难,说不贵苟察,名不贵苟传,唯其当之为贵。故怀负石而赴河,是行之难为者也,而申徒狄能之,然而君子不贵者,非礼义之中也。山渊平,天地比,齐、秦袭,入乎耳,出乎口,钩有须,卵有毛,是说之难持者也,而惠施、邓析能之,然而君子不贵者,非礼义之中也。盗跖吟口,名声若日月,与舜、禹俱传而不息,然而君子不贵者,非礼义之中也。故曰:"君子行不贵苟难,说不贵苟察,名不贵苟传,唯其当之为贵。"《诗》曰:"物其有矣,惟其时矣。"此之谓也。

君子易知而难狎,易惧而难胁,畏患而不避义死,欲利而不为所非,交亲而不比,言辩而不辞,荡荡乎其有以殊于世也。

君子能亦好,不能亦好;小人能亦丑,不能亦丑。君子能则宽容易直,以开道人,不能则恭敬繜绌,以畏事人;小人能则倨傲僻违,以骄溢人,不能则妒嫉怨诽,以倾覆人。故曰:"君子能则人荣学焉,不能则人乐告之;小人能则人贱学焉,不能则人羞告之。"是君子小人之分也。

君子宽而不僈,廉而不刿,辩而不争,察而不激,寡立而不胜,坚强而不暴,柔从而不流,恭敬谨慎而容,夫是之谓至文。《诗》曰:"温温恭人,惟德之基。"此之谓矣。

君子崇人之德,扬人之美,非谄谀也;正义直指,举人之过,非毁疵也;言己之光美,拟于舜、禹,参于天地,非夸诞也;与时屈伸,柔从若蒲苇,非慑怯也;刚强猛毅,靡所不信,非骄暴也,以义变应,知当曲直故也!《诗》曰:"左之左之,君子宜之;右之右之,君子有之。"此言君子能以义屈信变应故也。

君子,小人之反也。君子大心则天而道,小心则畏义而节;知则明通而类,愚则端悫而法;见由则恭而止,见闭则敬而齐;喜则和而理,忧则静而理;通则文而明,穷则约而详。小人则不然:大心则慢而暴,小心则淫而倾;知则攫盗而渐,愚则毒贼而乱;见由则兑而倨,见闭则怨而险;喜则轻而翾,忧则挫而慑;通则骄而偏,穷则弃而儑。传曰:"君子两进,小人两废。"此之谓也。

君子治治,非治乱也。曷谓邪?曰:礼义之谓治,非礼义之谓乱也。故君子者,治礼义者也,非治非礼义者也。然则国乱将弗治与?曰:国乱而治之者,非案乱而治之之谓也,去乱而被之以治;人污而修之者,非案污而修之之谓也,去污而易之以修。故去乱而非治乱也,去污而非修污也。治之为名,犹曰君子为治而不为乱,为修而不为污也。

君子洁其身,而同焉者合矣,善其言,而类焉者应矣。故马鸣而马应之,非知也,其势然也。故新浴者振其衣,新沐者弹其冠,人之情也。其谁能以己之潐潐,受人之掝掝者哉?

君子养心,莫善于诚,致诚则无它事矣。唯仁之为守,唯义之为行。诚心守仁则形,形则神,神则能化矣。诚心行义则理,理则明,明则能变矣。变化代兴,谓之天德。天不言而人推高焉,地不言而人推厚焉,四时不言而百姓期焉,夫此有常以至其诚者也。君子至德,嘿然而喻,未施而亲,不怒而威,夫此顺命以慎其独者也。善之为道者,不诚则不独,不独则不形。不形则虽作于心,见于色,出于言,民犹若未从也,虽从必疑。天地为大矣,不诚则不能化万物;圣人为知矣,不诚则不能化万民。父子为亲矣,不诚则疏;君上为尊矣,不诚则卑。夫诚者,君子之所守也,而政事之本也,唯所居以其类至,操之则得之,舍之则失之。操而得之则轻,轻则独行,独行而不舍,则济矣;济而材尽,长迁而不反其初,则化矣。

君子位尊而志恭,心小而道大;所听视者近,而所闻见者远,是何邪?则操术然也。故千人万人之情,一人之情是也。天地始者,今日是也;百王之道,后王是也;君子审后王之道,而论于百王之前,若端拜而议。推礼义之统,分是非之分,总天下之要,治海内之众,若使一人。故操弥约而事弥大,五寸之矩,尽天下之方也。故君子不下室堂,而海内之情举积此者,则操术然也。

有通士者,有公士者,有直士者,有悫士者,有小人者。上则能尊君,下则能爱民,物至而应,事起而辨,若是则可谓通士矣。不下比以暗上，不上同以疾下，分争于中，不以私害之，若是则可谓公士矣。身之所长，上虽不知，不以悖君，身之所短，上虽不知，不以取赏，长短不饰，以情自竭，若是则可谓直士矣。庸言必信之，庸行必慎之，畏法流俗，而不敢以其所独甚，若是则可谓悫士矣。言无常信，行无常贞，唯利所在，无所不倾，若是则可谓小人矣。

公生明，偏生暗，端悫生通，诈伪生塞，诚信生神，夸诞生惑。此六生者，君子慎之，而禹、桀所以分也。

欲恶取舍之权，见其可欲也，则必前后虑其可恶也者；见其可利也，则必前后虑其可害也者。而兼权之，孰计之，然后定其欲恶取舍，如是则常不失陷矣。凡人之患，偏伤之也。见其可欲也，则不虑其可恶也者；见其可利也，则不顾其可害也者。是以动则必陷，为则必辱，是偏伤之患也。

人之所恶者，吾亦恶之；夫富贵者，则类傲之；夫贫贱者，则求柔之。是非仁人之情也，是奸人将以盗名于晻世者也，险莫大焉！故曰："盗名不如盗货。"田仲、史䲡，不如盗也。

【译解】

君子的行为，不贵乎求难做的事，说话不贵乎求敏察捷辩，声名不贵乎求传留后世，但看他当时背景，是否符合时宜。譬如怀抱大石去投河，这是万难做到的事，而申徒狄他竟做了，不过君子并不加称许，因为这是不合于礼义轨道的。山高渊深,天远地卑,如果说山同渊平,天地一齐,那么虽一东一西的齐、鲁两处地方,也可以视为一国了。从耳边听来的,即从嘴里说出去,女子有胡须,蛋里面是早已有毛的,这是多么难信的话,但惠施同邓析二人,便会说这类的话,不过君子并不称许他们捷辩,是因为这不是合乎礼义的。盗匪他是杀人越货的能手,但他的声名,偏如同日月一样,能使人人知晓,同古代最仁爱的君主尧、舜一般地传之久远,不过君子并不贵乎这样,是因为他是不合乎礼义的。所以说君子行为不贵乎求难做的事,说话不贵乎求敏捷辩给,声名不贵乎求传留后世,但要看当时背景,是否符合时宜。《诗经》上说:"这些全是有的,但看他的时机如何。"便是这个道理。

君子容易接近,而不可以轻侮;容易使他惧怕,但不能威胁。因为他虽是怕祸患,而不怕合乎礼义的死;虽是想福利,而不肯背叛他平素的主义去得来。同人交好而不勾结,辩白事理而不骋才使气,他的胸怀宽广,高出常人,而可以俯仰自得了。

君子有才情,是优秀的;即使没有,也是优秀的。小人有才情,是丑陋的;没有才情,也是丑陋的。因为君子有才情,他便用那宽厚、蔼然、平凡、整肃的态度来教育人;没有才情,他便恭顺自处,小心谨慎来同人交往。小人则不同,有了才情,就自狂自大,处处自以为是,侮慢不如他的人;要是没有才情,那更妒忌人家,怨恨地诅咒,来处处使坏。因此君子有才情,则人们都以学他为光荣;没有才情的君子,人们也乐意讽谏他。小人即使有才情,人们也以学他为可耻;没有才情的小人,那人们更不肯讽谏他,免得他有才能,像模像样起来。所以要明了君子同小人的分别,只要从这相反的两方面去考察,就可以了解。

君子宽厚不傲慢,方正而不刻薄,辨析事理,而不争论,观察方略,而不激切;砥砺他特立独行的精神,涵养他的浩然之气,而并不与不如他的人争胜;柔美易与,而不与世俯仰,十分克制,而留有余地,这便叫作最美好。《诗经》上说:"宽柔温良的人,这是道德典范所以形成的基础。"就是这个道理。

君子尊仰人家的道德,称扬人家的美好,并不是向人献媚;以正义指摘人家的过失,并不是毁谤别人;说自己同舜、禹一样美好,同天地一般高厚,并不是自夸自大。迎合潮流,柔顺得同蒲苇一样,并不是怯懦;刚直不阿,果敢不屈,并不是骄心盛气,君子能用合适的想法来处置一切。《诗经》上说:"向左去,君子是合适的;向右去,君子也没有什么不可。"就是说君子能用合适的想法,来处置一切。

君子小人的不同,是君子将他的心放大,则敬顺昊天而合乎道,小心地谨守礼义,而合乎理。君子如果聪敏,则触类旁通;没有天分,则恭谨端正,而守法度。见用于当世,并不敢放纵,而止于礼义;不见用于当世,更能谨慎小心而不埋怨。喜悦则平和有条节,忧愁却不过于烦恼而能幽静。国家能用他,只平凡地去做，而他的道便彰明；国家不用他，便隐约地修身，躬行他的学识，也能详明，使人人知晓。小人就不这样了，将他的心放大，则傲慢欺人，小心也不免荒淫谄媚。有智识，则贪得没有止时；没有智识，愚蠢则无所惧怕，无恶不作。见用于世，则倨傲凌下；不见用于世，则怨恨在上，而常想阴谋去害他。喜悦的时候，则轻佻而狂妄；忧愁的时候，则退缩不前，处处畏惧。国家用他，则骄傲自大；国家不用他，则卑鄙失志，不求上进。古传上说："君子不论得志与不得志，都在追求进步；小人无论得志与不得志，都会自甘堕落。"就是这个道理。

君子只治理能治理的国家，不去管混乱至极的地方，这又是怎么说呢？有礼有义，这叫作治；没有礼义，就会导致混乱。君子是治礼义的人，不管没有礼义的国家，那么，国家混乱就不去整治吗？国家混乱了而加以治理，并不是说在混乱的基础上治理，是去除混乱，然后重新规则。譬如人要洗净他的不洁，并不是先要将他弄成不洁，再来洗净的；洗去脏物，便变成清洁。所以说是祛尽混乱，而不是治理混乱；洗净不洁，变成清洁，而不是消灭不洁。治的名字，就如同说，君子管理治，而不治理乱；整顿清洁，只能消灭不洁。

君子以清洁持身，而有智慧的人，便来同他交游；所说的都是有哲理的话，那有美好的人，虽在远处，也来响应。所以马一叫，而别的马也随着它叫，这并不是它的智慧，乃是环境造成这样的。因此刚洗过澡，必定要抖抖衣服；刚洗过头，必定整新帽子,这是人之常情。谁能让自己的清白,去受别人的污染呢?

　　君子修养个性,不外乎真诚,要能用真诚,则没有外务,终日心里都是仁爱,行为依从义法。心中都是仁爱,则美好便在行为上表现出来,精神焕发;人能精神焕发,那就可以用你的仁义,去教育感化别人了。以真诚之道推行义理,则事有条理,有条理则明易,明易则可以变化气质,能变能化,则合于天。天绝不自称高远,而人人推尊天的高远;地不自称阔厚,而人人推崇地的阔厚;四时称颂自己的功德,而百姓年年期许季节的变换,这是由于真诚而有常道。君子的美德,不用称说,而人也能明了;不用施惠,而人都去亲近;不用发怒,而自有威,使人不敢犯,便是顺从天理,以谨慎独处得来的。善的道理,不用真诚,则不能谨慎独处;不能谨慎独处,则其美德不能外显。美德不能外显,则虽终日存心,而表现于颜色,溢表于言语,人也不肯随从他,即使能随从他,也是不免有疑虑的。天地虽然高厚,但是没有真诚,则不能化育。圣人是人类中最有才情智慧的,要是不用真诚,则不能使民众受到感化;父子是那么亲近,然而不真诚地相处,长久也就生疏了;君主是极尊贵的,如果对下没有真诚,尊严也就失去了。所以诚字是君子立身的根本,并且也是政治的根本。只有平素善存养,才能迎来真诚的回报。保持这种真诚,则能得到上天的厚待;丢掉这种真诚,上天的恩遇也会消灭。拥有上天的厚遇,则办事轻松;独自承担而不变初心,事情就能成功;事情成功而勇气未竭,继续前进而不悔其志,就进入了圣人的境界。

  君子的人格,是纯洁尊贵的,而遇人接物,仍是恭敬不敢怠慢,思维极其细谨,而道德依然广大。所听所见,虽然是近的,而远处的见闻,他也能抽象地了解。这是为什么呢?这是他所操持的智慧,使他这样的。要晓得千万人的性情,只要观察一人的性情;要晓得天地原始的形象,只要看今日的;要晓得古代百王施行的法度,只要看当今的后王。君子审察了解了后王的施行,而回想到百王之前,不过如端正拱手而述说。推广礼义的本统,分别是非的当否,总领天下的要道,抚治四海的民众,就如同使用一个人一般。所以说他操办得愈细,而所从事的愈大,五寸的尺,可以量尽天下之大。因此君子不用出室堂之外,而四海以内的事情,都能了解,这是他操持的智慧,使他这样的。

  有通达的君子,有公正的君子,有刚直的君子,有谨愿的君子,有不知礼义的小人。在上能忠其君,在下能仁爱民众,物至而能应付,事变起而能治办,这样便是通达的君子。不同列比党,以欺掩君上,不苟合于君上,以嫉暴在下,事情的纷争,绝不以私意来武断,这样便是公正的君子。自己的美好,君上不能知察,并不愤怨;自己的短处,君上因不知道,而来嘉赏,不去接受;不自夸长处,不偏护短处,便是刚正的君子。一句极平常的话,必求信实,一件极平凡的事,必求谨慎无过,虽不愿迎合潮流,而也不敢夸大自己的优点,便是谨愿的君子。说话没有信用,行为没有礼义,只要于己有利,就尽全力去做,便是无耻的小人。

公正则生聪敏,偏僻则生昏暗,谨愿则生通达,诈伪则生穷塞,诚信则生神明,矜夸妄诞,则生贪惑。这六条善恶之路,君子是常常慎重去取的,这也是禹王和夏桀之所以成圣成恶的区分。

要知晓什么可以取？什么不可以取？应当在见了需要之物的时候,先仔细想一想得到之后的坏处,见了可欲之物的时候,仔细想一想得到之后的祸患。将这两事加以权衡,再加以深思的考虑,然后再决定可取及不可取,就不会违背礼义了。大凡人的毛病,都是偏见造成的,见了需要的,并不考虑其坏处,见了可欲的,也不顾虑其祸患,所以每一动作,都失于礼义,而为人所讪笑,这就是偏见造成的。

人所厌恶的,我也厌恶。假使见了富贵的人,就傲慢他,见了贫贱的人,就怜惜安慰他,这并不是君子所取的。这是许多欺世盗名的人,戕逆他的本性,矫揉造作,用以欺世盗名的勾当,这是多么险贼啊！所以说欺世盗名的人,还不及杀人越货的盗匪,像於陵田仲、史鳛这类人,真是连强盗都不如啊！

荣辱

《荣辱》这一篇的主旨,是告示我人之所以有荣有辱,都是从个人平素行为上良好和无耻得来的。篇中说:"先义而利后者荣,先利而后义者辱。"就是这个道理。

憍泄者,人之殃也;恭俭者,偋五兵也;虽有戈矛之刺,不如恭俭之利也。故与人善言,暖于布帛;伤人之言,深于矛戟。故薄薄之地,不得履之,非地不安也,危足无所履者,凡在言也。巨涂则让,小涂则殆,虽欲不谨,若云不使。

快快而亡者,怒也;察察而残者,忮也;博而穷者,訾也。清之而俞浊者,口也;豢之而俞瘠者,交也。辩而不说者,争也;直立而不见知者,胜也;廉而不见贵者,刿也;勇而不见惮者,贪也;信而不见敬者,好剸行也。此小人之所务,而君子之所不为也。

斗者,忘其身者也,忘其亲者也,忘其君者也。行其少顷之怒,而丧终身之躯,然且为之,是忘其身也。室家立残,亲戚不免乎刑戮,然且为之,是忘其亲也。君上之所恶也,刑法之所大禁也,然且为之,是忘其君也。忧忘其身,内忘其亲,上忘其君,是刑法之所不舍也,圣王之所不畜也。乳彘触虎,乳狗不远游,不忘其亲也。人也,忧忘其身,内忘其亲,上忘其君,则是人也,而曾狗彘之不若也。

凡斗者,必自以为是,而以人为非也。己诚是也,人诚非也,则是己君子而人小人也,以君子与小人相贼害也。忧以忘其身,内以忘其亲,上以忘其君,岂不过甚矣哉?是人也,所谓以"狐父之戈钃牛矢"也。将以为智邪?则愚莫大焉!将以为利邪?则害莫大焉!将以为荣邪?则辱莫大焉!将以为安邪?则危莫大焉!人之有斗,何哉?我欲属之狂惑疾病邪?则不可,圣王又诛之。我欲属之鸟鼠禽兽邪?则不可,其形体又人,而好恶多同。人之有斗何哉?我甚丑之!

有狗彘之勇者,有贾盗之勇者,有小人之勇者,有士君子之勇者。争饮食,无廉耻,不知是非,不辟死伤,不畏众强,恈恈然唯利饮食之见,是狗彘之勇也。为事利,争货财,无辞让,果敢而振,猛贪而戾,恈恈然唯利之见,是贾盗之勇也。轻死而暴,是小人之勇也。义之所在,不倾于权,不顾其利,举国而与之,不为改视,重死持义而不桡,是士君子之勇也。

鯈𫚔者,浮阳之鱼也,胠于沙而思水,则无逮矣;挂于患而欲谨,则无益矣。自知者不怨人,知命者不怨天,怨人者穷,怨天者无志,失之己,反之人,岂不迂乎哉!

荣辱之大分,安危利害之常体。先义而后利者荣,先利而后义者辱。荣者常通,辱者常穷。通者常制人,穷者常制于人,是荣辱之大分也。材悫者常安利,荡悍者常危害,安利者常乐易,危害者常忧险,乐易者常寿长,忧险者常夭折,是安危利害之常体也。

　　夫天生蒸民,有所以取之。志意致修,德行致厚,智虑致明,是天子之所以取天下也。政令法,举措时,听断公,上则能顺天子之命,下则能保百姓,是诸侯之所以取国家也。志行修,临官治,上则能顺上,下则能保其职,是士大夫之所以取田邑也。循法则、度量、刑辟、图籍,不知其义,谨守其数,慎不敢损益也。父子相传,以持王公,是故三代虽亡,治法犹存,是官人百吏之所以取禄秩也。孝弟原悫,軥录疾力,以敦比其事业,而不敢怠傲,是庶人之所以取暖衣饱食,长生久视,以免于刑戮也。饰邪说,文奸言,为倚事,陶诞突盗,惕悍憍暴,以偷生反侧于乱世之间,是奸人之所以取危辱死刑也。其虑之不深,其择之不谨,其定取舍楛僈,是其所以危也。

　　材性知能,君子小人一也。好荣恶辱,好利恶害,是君子小人之所同也,若其所以求之之道则异矣。小人也者,疾为诞而欲人之信己也,疾为诈而欲人之亲己也,禽兽之行,而欲人之善己也。虑之难知也,行之难安也,持之难立也,成则必不得其所好,必遇其所恶焉。故君子者,信矣,而亦欲人之信己也;忠矣,而亦欲人之亲己也;修正治辨矣,而亦欲人之善己也。虑之易知也,行之易安也,持之易立也,成则必得其所好,必不遇其所恶焉。是故穷则不隐,通则大明,身死而名弥白。小人莫不延颈举踵而愿曰:"知虑材性,固有以贤人矣。"夫不知其与己无以异也,则君子注错之当,而小人注错之过也。故孰察小人之知能，足以知其有余，可以为君子之所为也。譬之越人安越，楚人安楚，君子安雅，是非知能材性然也，是注错习俗之节异也。

仁义德行，常安之术也，然而未必不危也。污僈突盗，常危之术也，然而未必不安也。故君子道其常，而小人道其怪。

凡人有所一同，饥而欲食，寒而欲暖，劳而欲息，好利而恶害，是人之所生而有也，是无待而然者也，是禹、桀之所同也。目辨白黑美恶，耳辨声音清浊，口辨酸咸甘苦，鼻辨芬芳腥臊，骨体肤理辨寒暑疾养，是又人之所常生而有也，是无待而然者也，是禹、桀之所同也。可以为尧、禹，可以为桀、跖，可以为工匠，可以为农贾，在执注错习俗之所积耳。是又人之所生而有也，是无待而然者也，是禹、桀之所同也。为尧、禹则常安荣，为桀、跖则常危辱。为尧、禹则常愉佚，为工匠农贾则常烦劳。然而人力为此而寡为彼，何也？曰：陋也。尧、禹者，非生而具者也。夫起于变故，成乎修，修之为，待尽而后备者也。

人之生固小人，无师无法，则唯利之见耳。人之生固小人，又以遇乱世，得乱俗，是以小重小也，以乱得乱也。君子非得执以临之，则无由得开内焉。今是人之口腹，安知礼义？安知辞让？安知廉耻隅积？亦呥呥而噍，乡乡而饱已矣。人无师无法，则其心正其口腹也。今使人生而未尝睹刍豢稻粱也，惟菽藿糟糠之为睹，则以至足为在此也。俄而粲然有秉刍豢稻粱而至者，则瞲然视之曰："此何怪也？"彼臭之而无嗛于鼻，尝之而甘于口，食之而安于体，则莫不弃此而取彼矣。今以夫先王之道，仁义之统，以相群居，以相持养，以相藩饰，以相安固邪？以夫桀、跖之道，是其为相县也，几直夫刍豢稻粱之与糟糠尔哉？然而人力为此而寡为彼，何也？曰：陋也。陋也者，天下之公患也，人之大殃大害也。故曰："仁者好告示人。"告之示之，靡之儇之，铄之重之，则夫塞者俄且通也，陋者俄且儇也，愚者俄且知也。是若不行，则汤、武在上曷益？桀、纣在上曷损？汤、武存则天下从而治，桀、纣存则天下从而乱。如是者，岂非人之情，固可与如此，可与如彼也哉！

　　人之情，食欲有刍豢，衣欲有文绣，行欲有舆马，又欲夫余财蓄积之富也，然而穷年累世，不知不足，是人之情也。今人之生也，方知蓄鸡狗猪彘，又蓄牛羊，然而食不敢有酒肉；余刀布，有囷窌，然而衣不敢有丝帛；约者有筐箧之藏，然而行不敢有舆马，是何也？非不欲也，几不长虑顾后，而恐无以继之故也。于是又节用御欲、收敛蓄藏以继之也，是于己长虑顾后，几不甚善矣哉！今夫偷生浅知之属，曾此而不知也。粮食大侈，不顾其后，俄则屈安穷矣，是其所以不免于冻饿，操瓢囊，为沟壑中瘠者也。况夫先王之道，仁义之统，《诗》《书》《礼》《乐》之分乎！彼固天下之大虑也。将为天下生民之属，长虑顾后，而保万世也，其汜长矣，其温厚矣，其功盛姚远矣，非孰修为之君子，莫之能知也。故曰："短绠不可以汲深井之泉，知不几者，不可与及圣人之言。"夫《诗》《书》《礼》《乐》之分，固非庸人之所知也。故曰："一之而可再也,有之而可久也,广之而可通也,虑之而可安也,反鈆察之而俞可好也。"以治情则利,以为名则荣,以群则和,以独则足,乐意者其是邪?

夫贵为天子,富有天下,是人情之所同欲也。然则从人之欲,则势不能容,物不能赡也。故先王案为之制礼义以分之,使有贵贱之等,长幼之差,知愚、能不能之分,皆使人载其事而各得其宜,然后使悫禄多少厚薄之称,是夫群居和一之道也。

故仁人在上,则农以力尽田,贾以察尽财,百工以巧尽械器,士大夫以上至于公侯,莫不以仁厚知能尽官职,夫是之谓至平!故或禄天下而不自以为多,或监门、御旅、抱关、击柝而不自以为寡。故曰:"斩而齐,柱而顺,不同而一,夫是之谓人伦。"《诗》曰:"受小共大共,为下国骏蒙。"此之谓也。

【译解】
骄傲怠慢,是人生最有祸害的;恭敬勤俭,可以帮我避开兵器的伤害;虽有戈与矛的尖锋,也不及有恭敬勤俭的品行好。与人家讲好话,比送人家布帛还要温暖;伤害人家一句,比用利器伤人还要利害。所以四海之大的地方,尚且不能立足的,并不是地不平稳,是因为他出言不慎,自害其身,如同侧足立在地上一般。大道虽是烦攘,而它是稳当的;小道虽是快捷,而多危殆。走在大道上,即使想弃大就小,冥冥中也好像有谁在说,这不可以。

不顾自己而失去生命的,是由于愤怒;洞察一切而被害者,是因为被妒忌;言词辩博,而见穷蹙,是因为遭到毁谤。想做君子而更成小人,是因为只知口说,不能实践;愈想友好,而愈生疏,是因为他的交往方式不当。能言善辩而不能取悦于人,是因为好争;耿介自立,而不见知于人,是因为好胜人;廉隅自持,而不见贵于人,是因为好贬损人;勇敢而不见畏于人,是因为好贪利;信实而不见敬于人,是因为好独断专行。这些都是小人喜欢做,而君子不屑做的。

　　争斗的人是忘记了自身,忘记了亲属,忘记了君上。不能忍耐片刻之怒,而牺牲了躯体,然且不顾地去做,是忘记了自身。家室毁坏,亲戚被连累,也不顾地去做,是忘记了亲属。君上所恨恶,刑罚所禁止,也不顾一切地去做,是忘记了君上。忘了自身,忘了亲属,忘了君上,这都是法律所不能赦免,圣王所不能容养的。母猪因为保护小猪,而去同老虎抵抗,老狗因为乳养小狗,而不肯远游,这是不忘它的所亲,像有人类的心灵。假使人忘记了自身,忘记了亲属,忘记了君上,这样的人,真是连猪狗都不如。

　　好争斗的人,是因为他总觉得自己正确,人家不对。自己正确,人家不对,则是自己是君子,而人家是小人,内心里君子同小人相交战,使他忘了自身,忘了亲属,忘了君上,那不是太过了吗?这样人可说是,用狐父地方出产的名贵的戈,来戳在牛粪上。要说他聪明,那真是愚笨极了!要说他是为利益,那真是有大祸害的！要说他是为求得荣耀，招致的全是侮辱！要说他很安稳，其实是危险时刻存在！那么人为什么要争斗呢？我想说他有精神病，但是不能够，对于精神病，圣王是要来责罚的；我想说他是乌鼠，是禽兽，他又明明是人的形体，好恶也同人一样。他为什么好斗呢？我真认为丑陋极了！

有猪狗一般的勇敢，有奸商一般的勇敢，有小人的勇敢，有君子的勇敢。争夺饮食，不顾廉耻，不问是非，不顾死伤的多少，不怕众人的强力，只知道争夺饮食，这便是猪狗的勇敢。做一件事前要算计有没有利益，争夺钱财，毫不辞让，果敢而剽悍，争先夺利而暴戾，只知道争抢利益，这便是奸商的勇敢。虽不怕牺牲，但暴虐而不问他的牺牲是否合乎礼义，这便是小人的勇敢。只看这件事是不是合乎礼义，不为权势所倾移，不顾自己的利益，就是将整个国家送给他，也不能改变他的视线，不轻易去牺牲，操持礼义，而不为世情所曲折，这才是君子的勇敢。

鲦鲱是浮在水面上游的鱼，假使去沙失水，再想求水，也来不及了。人也是这样，等到已经有了祸患，再来想谨慎小心，也没有用处了。自己能了解自己的，绝不会怨恨人比自己好；能明了凡事是有一定命运的，绝不会怨恨天待他不好。怨恨人的人多穷困，怨恨天的人多没有志气；自己不好，反去怨恨别人，那不是不通极了吗？

荣辱的大略，和安危利害之道，就是先有礼义而再获利，才是光荣；只知求利而不顾礼义，便是侮辱。光荣的人，永久是教人尊重而通达；鄙贱的人，永久是教人看不起而穷困。通达的人管理人，穷困的人被人管理，这便是荣辱的大略。谨愿的人时常安逸，蛮悍的人时常不安；安逸的人多快乐，不安的人多忧愁危险；快乐的人多高寿，忧愁的人多早夭，这便是安危利害之道。

天生众人，有做君主的，有卑贱的，这都是人自己取得的。志向意气能修养，德行能培植，智虑能运用，这是君主所以能够有天下的原因。政令有法度，用人不误时机，听断讼事，能大公无私，在上能服从天子的命令，在下能保护民众，这是诸侯能有一国地方的原因。意志品行能修养，做官能安治地方，在上能服从，在下能不玩忽职守，这是士大夫能有田邑的原因。遵循法度，度量刑辟法典，即使不能了解其意义，但能认真持守其规模，谨慎小心，不敢损益改革，父子相传，可以奉持王公，所以夏、商、周三代虽已亡国，而其义法仍旧存在，这是后世文武百官取得禄位的原因。用孝顺友爱、谨愿恭谨来辛苦谋生，永不懈怠，这是平民百姓能够衣食饱暖、终身安逸、不受法律制裁的原因。用邪说来文饰他的言语，用奸言来文饰他的言辞，专作偏倚不正的事，诌媚妄诞，不顺事理，以偷安反侧偷生于乱世，这是奸邪之人每每自取侮辱、自投法网的原因。对于每件事，不深加考虑，不加拣择去取，而粗枝大叶，这是人生多危险的原因。

大凡人的材性智能，君子小人是一样的。喜欢光荣，不喜欢侮辱，喜欢美好，不喜欢祸患，是君子小人所同处，但他们去求光荣美好的法子，就不同了。小人极力去做妄诞的事，而偏想人相信他；极力去做奸诈的事，偏想人去亲近他；自身的行为如禽兽一般，偏想人同他交好；考虑一件事，不能透彻；做起事来，又不能心安；预计要做的事，没有耐心等待；就算成功了也不能享受成果，必定遇到祸害。君子是信实的，亦想人家相信自己；自己是忠诚的，也想人家亲近他；能办好所有的事，也想人家同他交好；考虑一件事，能够透彻；所做之事，都能心安；预计所做之事，不急不躁；事情成功，能长享其乐，必不会遇到祸害；即使穷困，也不会使他的名声不显，一旦得志，则分外光明显大，死了以后，名声更长留世间。人纷纷称颂他的智虑才情，真是有过人之处，而不知君子和小人是没有分别的，只是君子能将才情措置得当，小人措置不得当罢了。所以只要熟察小人的智识能力，即可以了知他们也可以做君子的事业。譬如越国人安居于越国，楚国人安居于楚国，君子则在华夏之地安居乐业，这并不是他们的智能材性使之如此，是因为他们各自措身于不同的地方，受这些地方不同的习俗规范罢了。

能有德行固然是安逸的，但未始不危险；污僈无耻，固然是常有危患，但未始不安逸。君子恪守常道，小人行险傲幸。

人类是有同性的，饿了想吃，冷了想暖，累了想休息，喜欢好，不喜欢坏，这是人类生来便有的，不用告诉就知道的，虽是禹同桀也是这样的。眼睛能分辨颜色的黑白美丑，耳朵能分别声音的高低，嘴能分辨酸、咸、甜、苦，鼻子能分别香、臭、腥、燥,身体皮肤能辨别冷、暖、寒、暑,健康疾病,这也是人类生来便有的,不用告诉就知道的,虽是禹同桀也是这样的。做人可以做到同尧、舜一样,又可以同桀、盗一样,可以做工匠,可以做农、商,这都是习惯养成的。做人像尧、禹,便可以安逸光荣;做人像桀、盗,便多危险羞辱。做尧、禹会舒服快乐,做工匠农、商,会忧烦劳苦,但是人往往不肯做尧、禹,而甘心做桀、盗和工匠农商,这是为什么呢?是因为没有见识。尧、禹所以能成圣人,并不是生来就有美好的道德,是因为他多经大事,能修养,能懂得物理,所以能成圣王。

一个人在初生的时候,心性多是同小人一样,没有可以法则的,只知道要好的。人的秉性已是小人,又遇到乱世,遭遇乱欲,那就小上加小,不好更不好了。君子非有所凭借,必不能开导小人的心性,而纳之于善道。今人对于口腹饮食,哪里知道礼义、辞让、廉耻,就如同随意地吃下饮食,也觉得饱了;一个人没有师法,一味任性地做,正如同口腹的求食欲一般。假使人从生下来,并没有见过猪、狗、稻粱,只看见菽、藿、糟糠,他也便以为美足了。等到看见有以猪、狗、稻粱当食物的,他必定要惊异说:"这是什么?"他闻闻觉得很香,尝尝又很好吃,吃下去又不觉不舒服,必定要抛弃菽、藿、糟糠,去吃猪、狗、稻粱。是去用先王的仁义大道,和所以生聚民众、持养藩蔽、文饰安存的策略,还是去推行桀、跖之道?这岂不较拿菽、藿、糟糠,同猪、狗、稻粱比较,相距更遥远吗?但是人每喜欢吃菽、藿、稻粱，而不肯效法先王的仁义，是什么缘故呢？这是他个性的鄙陋。鄙陋这两字，真是天下的大患，并也是人生的残害。唯仁爱的人，乐意告诉人礼义，谆谆戒示，循循善诱，因此蔽塞的人，也给他开导变通达了，鄙陋的人，也给他开导变娴雅了，愚笨的人，也给他开导变智慧了。假使有仁爱的人，也不能开导他变了气质，那么虽然有汤、武在上做君主，也没有用处；虽是桀、纣在上做君主，也没有什么害处。所以有汤、武在上位，天下就太平，桀、纣在上位，天下就混乱。这不正表明人情可以塑造成这样，也可以塑造成那样吗？

　　人类的常情，多是喜欢吃好的，穿好的，出去有车子坐，又想集聚很多的钱财，而仍旧穷年累月，不知满足，人情多是这样的。今人有知道蓄养猪狗鸡子，又蓄养牛羊，但仍是不敢喝酒吃肉；有很多的钱财装进仓廪，也不敢穿绸缎；箱箧里面藏了贵重的东西，出去也不敢坐车子，是什么缘故呢？他并不是不想如此，实在是恐怕以后穷了，不能如此，所以省吃俭用收藏着，使财富常常有余。这样地深思厚虑，不是很好吗？不过那些苟安寡谋的人，连这事也不知道，胡乱地用去，绝不想到日后如何，这样做去，要不了几时就穷了。所以他不能免去冻饿，拿着瓢钵去做乞丐，辗转地死在沟壑中间。他们连正常的日子都过不了，又怎会明了先王的大道、仁义的正统、诗书礼乐的根本呢？那真是天下大可虑的事。如果要替民众深思厚虑，开创万世太平，那源流真长了，那蕴积真厚了，那功德真遥远了，但不是甚有修为的君子，是不能知道的。如果绳索太短，绝不能汲深井里的水；如果修为不够，绝够不上通晓圣人的大道。诗书礼乐的根本，固然不是庸人所能知道的，知道了一件，就可以求知第二件，得到的东西就不容易失去。对于事情，就可以广博通晓，可以心安理得；反复思量，乐在其中。用它来调节情绪，能够适当；用它来求名，也可以得到光荣；用它来与人群相处，也可以和睦；用它来独处，也可以自得其乐。这样，君子心中的快乐，不可言说。

大凡一个人都想贵为天子，富有天下的财富，这是人情共同的欲望，但是要想满足这种欲望，其势不可，天下的财富也是不够的。所以先王用礼义来分别上下，使得有贵贱的等级，有长幼的辈分，有聪明和愚笨、能干和不能干的分别；让每个人去做与其能力相称的事，看他能否胜任，然后再给他相应的薪俸。大众群居在一起，是要融为一体的。

所以有仁爱的人在上位，那农人便可以全力种田，商人便可以明察盈亏地去做买卖，工匠们便可以展示自己的技巧去制造器械，读书人同那些大小官吏，也没有一个不用仁厚智能来负责做事，这便是最公平的。所以食禄于天下的人，也不自夸比别人多，替人看门打更的，也不自惭比别人少。所以说，不齐才能达到齐，不直才能变成直，道不同一的，终久成为同一，这便是人类的常道。《诗经》上说："接受小法与大法，即能大厚于国家。"就是这个说法。

非相

　　《非相》这篇,是说人生的事业,泰半是从努力挣扎来的,绝不是靠着相貌生得好,坐在家里做信天翁,便可以为所欲为了。现代的学者,常说:"理想为成功之母。"是要你先有理想,而后依着理想去做,不论有任何阻碍,你也要同环境来奋斗,终久你总可以战胜的。所以我们要想发展个性,是不应当存有相貌好坏之心,要立定意志,和大无畏的精神,向前去谋出路。

　　相人,古之人无有也,学者不道也。
　　古者有姑布子卿,今之世梁有唐举,相人之形状颜色,而知其吉凶妖祥,世俗称之,古之人无有也,学者不道也。
　　故相形不如论心,论心不如择术,形不胜心,心不胜术。术正而心顺之,则形相虽恶,而心术善,无害为君子也;形相虽善,而心术恶,无害为小人也。君子之谓吉,小人之谓凶。故长短小大,善恶形相,非吉凶也,古之人无有也,学者不道也。
　　盖帝尧长,帝舜短,文王长,周公短,仲尼长,子弓短。昔者卫灵公有臣曰公孙吕,身长七尺,面长三尺,焉广三寸,鼻目耳具,而名动天下。楚之孙叔敖,期思之鄙人也,突秃长左,轩较之下,而以楚霸。叶公子高微小短瘠,行若将不胜其衣,然白公之乱也,令尹子西、司马子期皆死焉。叶公子高入据楚,诛白公,定楚国,如反手尔,仁义功名,善于后世。故事不揣长,不挈大,不权轻重,亦将志乎尔。长短小大,美恶形相,岂论也哉!

且徐偃王之状,目可瞻焉;仲尼之状,面如蒙倛;周公之状,身如断菑;皋陶之状,色如削瓜;闳夭之状,面无见肤;傅说之状,身如植鳍;伊尹之状,面无须麋;禹跳汤偏,尧、舜参牟子。从者将论志意,比类文学邪?直将差长短,辨美恶,而相欺傲邪?

古者桀、纣长巨姣美,天下之杰也,筋力越劲,百人之敌也,然而身死国亡,为天下大僇,后世言恶,则必稽焉。是非容貌之患也,闻见之不众,论议之卑尔。

今世俗之乱君,乡曲之儇子,莫不美丽姚冶,奇衣妇饰,血气态度,拟于女子,妇人莫不愿得以为夫,处女莫不愿得以为士,弃其亲家而欲奔之者,比肩并起。然而中君羞以为臣,中父羞以为子,中兄羞以为弟,中人羞以为友。俄则束乎有司而戮乎大市,莫不呼天啼哭,苦伤其今而后悔其始。是非容貌之患也,闻见之不众,议论之卑尔。然则从者将孰可也?

人有三不祥:幼而不肯事长,贱而不肯事贵,不肖而不肯事贤,是人之三不祥也。人有三必穷:为上则不能爱下,为下则好非其上,是人之一必穷也。乡则不若,偝则僈之,是人之二必穷也。知行浅薄,曲直有以相县矣,然而仁人不能推,知士不能明,是人之三必穷也。人有此三数行者,以为上则必危,为下则必灭。《诗》曰:"雨雪瀌瀌,宴然聿消,莫肯下隧,式居屡骄。"此之谓也。

人之所以为人者何已也?曰:"以其有辨也。"饥而欲食,寒而欲暖,劳而欲息,好利而恶害,是人之所生而有也,是无待而然者也,是禹、桀之所同也。然则人之所以为人者,非特以二足而无毛也,以其有辨也。今夫狌狌形笑,亦二足而毛也,然而君子啜其羹,食其胾。故人之所以为人者,非特以其二足而无毛也,以其有辨也。夫禽兽有父子,而无父子之亲,有牝牡,而无男女之别。故人道莫不有辨。

辨莫大于分,分莫大于礼,礼莫大于圣王。圣王有百,吾孰法焉?故曰:"文久而息节,族久而绝。"守法数之有司,极礼而褫。故曰:"欲观圣王之迹,则于其粲然者矣,后王是也。"彼后王者,天下之君也,舍后王而道上古,譬之是犹舍己之君,而事人之君也。故曰:"欲观千岁,则数今日;欲知亿万,则审一二;欲知上世,则审周道;欲知周道,则审其人,所贵君子。"故曰:"以近知远,以一知万,以微知明。"此之谓也。

夫妄人曰:"古今异情,其以治乱者异道。"而众人惑焉。彼众人者,愚而无说,陋而无度者也,其所见焉犹可欺也,而况于千世之传也?妄人者,门庭之间,犹可诬欺也,而况于千世之上乎?

圣人何以不可欺?曰:"圣人者,以己度者也。"故以人度人,以情度情,以类度类,以说度功,以道观尽,古今一度也。类不悖,虽久同理,故乡乎邪曲而不迷,观乎杂物而不惑,以此度之。五帝之外无传人,非无贤人也,久故也。五帝之中无传政,非无善政也,久故也。禹、汤有传政,而不若周之察也,非无善政也,久故也。传者久则论略,近则论详,略则举大,详则举小。愚者闻其略而不知其详,闻其详而不知其大也,是以文久而灭,节族久而绝。

凡言不合先王,不顺礼义,谓之奸言,虽辩,君子不听。法先王,顺礼义,党学者,然而不好言,不乐言,则必非诚士也。故君子之于言也,志好之,行安之,乐言之,故君子必辩。凡人莫不好言其所善,而君子为甚。故赠人以言,重于金石珠玉;观人以言,美于黼黻文章;听人以言,乐于钟鼓琴瑟,故君子之于言无厌。鄙夫反是,好其实不恤其文,是以终身不免埤污佣俗。故《易》曰:"括囊,无咎无誉。"腐儒之谓也。

凡说之难,以至高遇至卑,以至治接至乱,未可直至也。远举则病缪,近世则病佣。善者于是间也,亦必远举而不缪,近世而不佣,与时迁徙,与世偃仰,缓急嬴绌,府然若渠匽檃栝之于己也,曲得所谓焉,然而不折伤。

故君子之度己则以绳,接人则用抴;度己以绳,故足以为天下法则矣;接人用抴,故能宽容,因求以成天下之大事矣。故君子贤而能容罢,知而能容愚,博而能容浅,粹而能容杂,夫是之谓兼术。《诗》曰:"徐方既同,天子之功。"此之谓也。

谈说之术：矜庄以莅之，端诚以处之，坚强以持之，分别以喻之，譬称以明之，欣驩芬芗以送之，宝之珍之，贵之神之。如是，则说常无不受，虽不说人，人莫不贵，夫是之谓为能贵其所贵。传曰："唯君子为能贵其所贵。"此之谓也。

君子必辩。凡人莫不好言其所善，而君子为甚焉。是以小人辩言险，而君子辩言仁也。言而非仁之中也，则其言不若其默也，其辩不若其呐也。言而仁之中也，则好言者上矣，不好言者下也，故仁言大矣。起于上，所以道于下，正令是也。起于下，所以忠于上，谋救是也。故君子之行仁也无厌，志好之，行安之，乐言之，故君子必辩。小辩不如见端，见端不如见本分。小辩而察，见端而明，本分而理，圣人士君子之分具矣。

有小人之辩者，有士君子之辩者，有圣人之辩者。不先虑，不早谋，发之而当，成文而类，居错迁徙，应变不穷，是圣人之辩者也。先虑之，早谋之，斯须之言而足听，文而致实，博而党正，是士君子之辩者也。听其言，则辞辩而无统，用其身则多诈而无功，上不足以顺明王，下不足以和齐百姓，然而口舌之均，噡唯则节，足以为奇伟偃却之属，夫是之谓奸人之雄，圣王起，所以先诛也，然后盗贼次之。盗贼得变，此不得变也。

【译解】

相面这件事，是上古时期没有的，而学者也不去称道。

在近古时代，才有姑布子卿，今天的梁国有唐举，看了人

49

的形象、气色、言语,就能知道吉凶妖祥。世俗人都爱称道他,不过古代是没有的,而学者也不称道的。

相人的形貌,不如细察他的心术;细察他的心术,不如观察他为人处世的方法;形貌不能胜心性,心性不能胜道术。要是能选择正确的路而顺从之,虽是形貌丑恶,而内心端正,并不妨害他为君子;形貌虽好而居心不良,也不妨害他为小人。君子称为吉祥的,小人即说是凶。所以人的形貌,生的长短、大小、美丑,与此人的吉祥凶险,是没有关系的。相面之事,古代是没有的,而学者是不称道的。

帝尧身长,帝舜身短,文王身长,周公身短,仲尼身长,子弓身短。从前卫灵公有个臣子叫公孙吕,他身长七尺,面长三尺,耳目鼻子虽同人一样,而相距很远,因此天下人都晓得他。楚国的孙叔敖,是期思地方的郊野人,头发短而秃,左脚长,站在轩车上,个头还不及车箱的横木,但他却让楚国称霸天下。叶公子高短小瘦弱,走起路来,衣服飘飘的,好像不胜他的衣服一样。但是在白公子建作乱的时候,令尹子西同司马子期都死了,而他却能够领兵到楚国,杀了白公子建,安定楚国,如同反手掌一样的容易,他的仁义功名,最终传留后世。所以对于士人不是以身量的长短、大小、轻重来评价的,也只是看他有没有圣人之志啊!那相貌的长短、大小、美恶,哪里算得上标准呢?

而且徐偃王的眼睛,可以看见前额。仲尼的面孔好像蒙上了一个驱鬼面具,周公的相貌如同折断的枯树一样。皋陶的面色,好像削掉皮的瓜,闳夭的脸上鬓髯多得看不见皮肤。傅说的身体像树立之柱,伊尹没有眉毛胡须,禹的步伐不稳,汤走路偏向一边,舜有两个瞳人。信从相面之人,是考察他们的志向,根据学问来评价他们呢?还是比较他们的相貌美丑,自欺欺人呢?

古代的桀王与纣王魁伟美好,是天下最美的人,筋力轻劲过人,可以抵敌百人,然而身被人杀死,国家被人破灭,给天下人笑话,后世人也要诅咒他们,但凡说到不好的事,总要拿他们来质证,但这并不是容貌的过错。讨论相面的人闻见不广,所以见解不够高明啊!现如今的作乱者,和乡间的轻薄男子,他们衣着美丽,体态妖冶,模仿妇人的装饰,无论已婚还是未婚的女人,都愿以身相许,不惜抛弃了家庭,抛弃了一切,去与他们相爱。但是平庸的君主,不肯要他称臣,平凡的兄长,不肯认他为弟,平凡的人,不肯同他做朋友,不多时受了法律的裁判,上了断头台,重新再来悔过,忏悔他的既往,已经来不及了。这并不是容貌害他的,是他所听所见的不广,见识低下,所以致此的。

人生有三不祥:年幼而不肯服从尊长;职位卑贱,而不肯服从职位高贵的;愚笨而不肯尊事贤人。这便是人生的三不祥。人生又有三必穷:在上位而不肯仁爱在下的,在下位喜欢毁谤在上的,这是一必穷;当面顺从,背后毁骂,这是二必穷;知能德行浅薄,曲直不明,又不肯推尊仁人智士,这是三必穷。

人要有了这三不祥、三必穷,在上位必定有危险,在下位必定要绝灭。《诗经》上说:"雨雪虽是下得猛,太阳一出来,也就消融了;人不自己谦让,反而更加骄傲。"就是这个道理。

人类所以能成为人,是什么道理呢?是因为有区别性,饿了想吃,冷了想暖,累了想休息,要好的不乐意坏的,是人生来就知道的,不待学习就明白的,即便是禹、桀也是一样的。那么人之所以成为人,并不是因为两只脚而没有毛,是因为能有分别。如果不是这样的话,那猩猩的形体,不也是两只脚,也没有毛吗?但猩猩却被人做成食物。所以人之为人,不是因为两只脚而没有毛,是因为有分别罢了。禽兽也有父子,但没有分别,也有牝牡,但没有男女的礼别。所以人道是有分别的。

辨别是要首先有上下亲疏的等分,要有等分,是要首先知道礼义;治礼义的,莫过于圣王。古代的圣王很多,那么谁可以作为法则呢?大凡礼文制度,长久了就会失去本真;长久流传的音乐,会被人忘记;守礼法的官,长久就会越发错乱。所以说要知道圣王的理想,则须要观察圣王之中的卓荦有成者,那看今天的后王就明白了。后王是现代的君主,舍去后王而去效法先王,譬如是舍去自己的主人,而去事奉别人的主人。所以看千年的事,就看现在;要晓得千千万万的事物,只要对少数事物细加观察就可以了;要明了上世,只要观察周天子的治国之道;要观察周王的治国方略,只要近距离观察周天子尊重的士人。所以说用近处的道理,可以知道远,用一可以知道万,从微处去默察,可以明达,说的就是这个。

那些胡说八道的人,喜欢说古今情况不同,治乱的法子也不同。大家都被他们说糊涂了。众人的心理,愚陋无识,不辨真伪,日常可见之事尚且可以欺骗他,何况几千年前的传闻呢?那些胡说八道的人,门庭内外,尚且不肯说实话,何况几千年以上呢?

但是圣人何以不受欺骗呢?圣人是用自己去揣度世界,用今人的情况去揣度古人的情况,用这类事物去揣度古代的同类事物,用言语去揣度功业,用大道来观览万物,古今万物从来一体。事物的种类不曾变化,虽是长远了,它的道理还是一样的。所以即便趋向于邪曲之道,也不会迷惘;纵观杂物,也不会被炫惑。五帝没有传人,并不是没有可传的人,是年久了没有人知道;五帝没有传政,并不是没有可传的善政,是因为年久失传了;禹、汤虽是有传政,但总不及周代的明显,并不是禹、汤没有可传的政,是因为年久失传了。凡是一件事,年久了就不明显,离现在近的才能被人记住;不明显的从大处说,明显的从小处说。不智之人,听见大的,不能推知小的,听见小的,不能推详大的,所以礼乐制度,长久就消灭了。

凡是言语不合乎先王,不顺乎礼义的,叫作奸言,虽然辨析正确,君子必不听他。法于先王,顺于礼义,晓悟学者,而不喜欢称说他所崇尚,也不算是好善的君子。君子对于礼义,中心欢喜,躬行不倦,乐道其善,所以君子喜欢明辨。人没有不喜欢称说他所好的,而君子尤其喜欢如此。所以赠送人家一句好话,比送人家金石珠玉还要好;把这好话解说给别人听,比锦绣文章还要美;把这好话当下做出来,比钟鼓琴瑟的声音还要乐,所以君子对于言语的修习,是没有厌烦的。鄙陋之人不是这样的,仅能好质地而不知文饰,是以终身不免鄙陋凡庸。《易经》上说:"扎紧袋口没有祸事,也没有福德。"这是腐儒之风。

说话的难处,是把境界高深的话,说给境界低下的人听,用完整的治道,来整肃最纷乱的思想,那是不可以直说的——说得时间太远,便嫌迂阔荒谬;说得时间太近,又嫌不够典雅。会说的人,说远的不嫌迂阔,说近的能够典雅。顺着时世的趋向,迎合潮流的澎湃,随机应变,仿佛那拦水的渠坝、矫木的器具一样,能够自我调整,委曲传达其真义,而不伤害其道。

所以君子正己像工匠用墨线取直,待人像船夫用舟楫来载客。正己以绳墨,是以能作为人的法则;接人用舟楫,是以能宽厚容物,而可以做天下的大事。君子贤明而能容纳贫弱,聪明而能容纳不明,博赡而能容纳肤浅,纯粹而能洗净驳杂,这便是君子的兼容并蓄。《诗经》上说:"徐州能来归化,是天子的功勋。"就是这个说法。

谈话的态度,是要有庄重的仪容,诚正的理数,坚强的操守,各种各样的譬喻,引譬百端的开导;用和颜悦色的神情去接近,让自己的话语显得宝贵、珍异、重要、神妙。如此地做去,则所说的绝不会得不到赞同;即便不取悦他人,他人也会珍重,这叫作能让自己所贵重的受到珍视。古书上说:"只有君子能够让心中宝贵的变得尊贵。"就是指此而言。

君子能言善辩,大凡人都好称赞自己喜欢的东西,而君子更好如此。小人能言善辩,用心险恶;君子能言善辩,用心宽仁。言语要不合乎仁爱,不如不说,口齿伶俐,不如默讷。言语要是合于仁爱的,则好言就是好事,不好言反而不好,合于仁爱之言是伟大的!在上位用它来治下,就有良好的政令;在下位用它来事上,就可以谏救君上的过失。君子体行仁义,是没有停歇的,中心欢喜,躬行不倦,乐道其善,所以君子必辩,争辩细见,不如寻出端绪,寻出端绪,不如直探本源。争辩细节可以明了,寻出端绪则能通达,直探本源则见到了问题的根本,那圣人和士君子的德行,就初具了。

有小人的明辨,有士君子的明辨,有圣人的明辨。事先不思虑,不筹划,做出去而能适当,有条理而处置得宜,举动措置,没有穷竭,这是圣人的明辨。事先考虑,早先筹划,随便说出的话也有可观之处,有文采而能合乎实际,广博而合乎正道,这是士君子的明辨。听他的言语,虽华彩,但没有根本,用他来做事,则多诈伪,而没有实功,在上不能顺事贤明的君上,在下不能使民众群居和睦,而他言语偏能娓娓动听,适足以让他高出群伦,这是所谓奸人中的枭雄,要有圣王在上,必首先将他除灭,然后才来消灭匪患。因为盗匪尚可以变化本性,这类的人,是永远不会自新的。

非十二子

上古世纪的人事少,世情朴质,所以尧、舜土阶三尺,而治天下。后世人口逐日地繁多,人们的接触,也逐日地繁缛,世情当然也跟着倾向欺诈险巇。在这种状况下,那些专会盗名暗世的,便没一个不利用这时机,来鼓吹邪说,互相炫异,诱惑那些非智识阶级,来给他利用。盲从了一世,牺牲了人生,为识者所齿冷,为法律所不容,是多么可忧悯啊!《非十二子》这篇,就是揭穿他们那些掩耳盗铃的把戏,指示我人礼义的大道。学者啊!人生是有指归的,莫要再盲从吧!不过作者诅咒子思、孟轲,却不是正论,这是作者的偏见,学者应当注意的。

假今之世,饰邪说,文奸言,以枭乱天下,欺惑愚众,矞宇嵬琐,使天下混然,不知是非治乱之所存者,有人矣。

纵情性,安恣睢,禽兽行,不足以合文通治;然而其持之有故,其言之成理,足以欺惑愚众,是它嚣、魏牟也。忍情性,綦溪利跂,苟以分异人为高,不足以合大众,明大分;然而其持之有故,其言之成理,足以欺惑愚众,是陈仲、史䲡也。不知壹天下,建国家之权称,上功用,大俭约,而僈差等,曾不足以容辨异,悬君臣;然而其持之有故,其言之成理,足以欺惑愚众,是墨翟、宋钘也。尚法而无法,下修而好作,上则取听于上,下则取从于俗,终日言成文典,反纠察之,则倜然无所归宿,不可以经国定分;然而其持之有故,其言之成理,足以欺惑愚众,是慎到、田骈也。不法先王,不是礼义,而好治怪说,玩琦辞,异之奇甚,察而不惠,辩而无用,多事而寡功,不可以为治纲纪;然而其持之有故,其言之成理,足以欺惑愚众,是惠施、邓析也。略法先王而不知其统,犹然而材剧志大,闻见杂博,案往旧造说,谓之五行,甚僻违而无类,幽隐而无说,闭约而无解,案饰其辞而祗敬之,曰:"此真先君子之言也!"子思唱之,孟轲和之,世俗之沟犹瞀儒,嚾嚾然不知其所非也,遂受而传之,以为仲尼、子游为兹厚于后世,是则子思、孟轲之罪也。

若夫总方略,齐言行,壹统类,而群天下之英杰,而告之以大古,教之以至顺,奥窔之间,簟席之上,敛然圣王之文章具焉,佛然平世之俗起焉,六说者不能入也,十二子者不能亲也;无置锥之地,而王公不能与之争名,在一大夫之位,则一君不能独畜,一国不能独容,成名况乎诸侯,莫不愿以为臣,是圣人之不得势者也,仲尼、子弓是也。一天下,财万物,长养人民,兼利天下,通达之属,莫不从服,六说者立息,十二子者迁化,则圣人之得势者,舜、禹是也。

今夫仁人也,将何务哉?上则法舜、禹之制,下则法仲尼、子弓之义,以务息十二子之说,如是则天下之害除,仁人之事毕,圣王之迹著矣。

信信,信也;疑疑,亦信也。贵贤,仁也;贱不肖,亦仁也。言而当,知也;默而当,亦知也。故知默犹知言也。故多言而类,圣人也;少言而法,君子也;多少无法而流湎然,虽辩,小人也。故劳力而不当民务,谓之奸事;劳知而不律先王,谓之奸心;辩说譬谕,齐给便利,而不顺礼义,谓之奸说。此三奸者,圣王之所禁也。知而险,贼而神,为诈而巧,言无用而辩,辩不惠而察,治之大殃也。行辟而坚,饰非而好,玩奸而泽,言辩而逆,古之大禁也。知而无法,勇而无惮,察辩而操僻,淫大而用之,好奸而与众,利足而迷,负石而坠,是天下之所弃也。

兼服天下之心,高上尊贵,不以骄人,聪明圣知,不以穷人;齐给速通,不争先人,刚毅勇敢,不以伤人;不知则问,不能则学,虽能必让,然后为德;遇君则修臣下之义,遇乡则修长幼之义,遇长则修子弟之义,遇友则修礼节辞让之义,遇贱而少者,则修告导宽容之义;无不爱也,无不敬也,无与人争也,恢然如天地之包万物,如是则贤者贵之,不肖者亲之。如是而不服者,则可谓妖怪狡猾之人矣!虽则子弟之中,刑及之而宜。《诗》云:"匪上帝不时,殷不用旧,虽无老成人,尚有典刑,曾是莫听,大命以倾。"此之谓也。

古之所谓仕士者,厚敦者也,合群者也,乐富贵者也,乐分施者也,远罪过者也,务事理者也,羞独富者也。今之所谓士仕者,污漫者也,贼乱者也,恣睢者也,贪利者也,触抵者也,无礼义而唯权势之嗜者也。

古之所谓处士者,德盛者也,能静者也,修正者也,知命者也,著是者也。今之所谓处士者,无能而云能者也,无知而云知者也,利心无足,而佯无欲者也,行伪险秽,而强高言谨悫者也,以不俗为俗,离纵而跂訾者也。

士君子之所能不能为,君子能为可贵,不能使人必贵己;能为可信,不能使人必信己;能为可用,不能使人必用己。故君子耻不修,不耻见污;耻不信,不耻不见信;耻不能,不耻不见用。是以不诱于誉,不恐于诽,率道而行,端然正己,不为物倾侧,夫是之谓诚君子。《诗》云:"温温恭人,维德之基。"此之谓也。

士君子之容,其冠进,其衣逢,其容良;俨然,壮然,祺然,蕼然,恢恢然,广广然,昭昭然,荡荡然,是父兄之容也。其冠进,其衣逢,其容悫;俭然,恀然,辅然,端然,訾然,洞然,缀缀然,瞀瞀然,是子弟之容也。

吾语汝学者之嵬容,其冠絻,其缨禁缓,其容简连;填填然,狄狄然,莫莫然,瞡瞡然,瞿瞿然,尽尽然,盱盱然;酒食声色之中,则瞒瞒然,瞑瞑然;礼节之中,则疾疾然,訾訾然;劳苦事业之中,则儢儢然,离离然;偷儒而罔,无廉耻而忍謑詢,是学者之嵬也。

弟佗其冠,衶禫其辞,禹行而舜趋,是子张氏之贱儒也。正其衣冠,齐其颜色,嗛然而终日不言,是子夏氏之贱儒也。偷儒惮事,无廉耻而耆饮食,必曰君子固不用力,是子游氏之贱儒也。

彼君子则不然，佚而不惰，劳而不僈，宗原应变，曲得其宜，如是，然后圣人也。

【译解】

今天这个时代啊，倡兴邪说，鼓吹奸言，来扰乱天下，诡诈委琐，使天下变成混乱，不知是非治乱的所以存在，这样的人太多了！

任意妄为，暴戾恣睢，行为如同禽兽，不能合于文明传统，通于治道；然而操持有故，能自圆其说，足以让百姓受骗，这便是它嚣、魏牟的行为。折磨自己的性情，离世逆俗，独行其意，极意求异于众人，以为高超，不能合于大众，明达忠孝大义；然而操持有故，能自圆其说，足以让百姓受骗，这便是陈仲、史䲡的行为。不知统一天下，建设国家，崇尚功利，尊尚俭约，泯灭一切等级差别，不能分别上下君臣；然而操持有故，能自圆其说，足以让百姓受骗，这便是墨翟、宋钘的行为。鼓吹法治，而落于空谈，轻视精神修养，而喜欢自出心裁，偏能使在上的听从，在下的流俗喜欢，从早到晚地称说，也能引文据典，但如果细加寻绎，又疏远无所依归，不可以建设国家，准定法度；然而操持有故，能自圆其说，足以让百姓受骗，这便是慎到、田骈的行为。不以先王为法，不以礼义为是，鼓吹奇说，言语华丽奇诡，而不切于实用，好事而无功，不可以整治国家的纲纪；然而操持有故,能自圆其说,足以让百姓受骗,这便是惠施、邓析的行为。他的大略,虽是法乎先王,而不知正统,有才能,有大志,闻见广博,以远古的学说为基本,提倡五行学说——仁、义、礼、智、信——陈义甚偏,难以纳入规范,幽隐闭结,不能自圆其说,文饰其辞,自己敬重自己的所学,这真是先君子的大道啊!子思首倡这种学说,孟轲又附和他,那些昏暗的腐儒,又乐于相信,不知其非,而从他们为师,以为是仲尼、子弓复生,有裨益于后世,这便是子思、孟轲的过失。

如果要总领方略,统一言行,会合天下的英雄杰士,告知他至顺的大道就在堂隅之间、簟席之上,而圣王的典章制度,无所不有,太平之世的敦厚风俗,可以兴起,上所称的六种学说,不能欺惑他,上所称的十二子,也不能接近他;即是贫穷得无立锥之地,虽王公之贵,也不能同他争名,他的禄位,虽是一介大夫,但是绝不是一人所能独用,也绝非一国所能独留,盛名之下,诸侯都比不上他的光荣,没有一个不想他做臣子,这是不得其时的圣人,也就是仲尼、子弓的行为。统一天下,裁制万物,教养民众,天下的人,都能得到恩惠,远近四方,没有一处不来服从他,那六种学说,立刻销声匿迹,十二子也被他感化,这是生逢其时的圣人,也就是舜、禹的行为。

当今的仁人,应当怎么样呢?应当上法舜、禹的典章制度,下法仲尼、子弓的道义,以息灭十二子的学说为急务。如此,则天下的祸害,可以除去,仁人的功业也就完成了,而圣王的事迹，可以显著了。

　　信可信的，固然是信；疑可疑的，也是相信。尊贵贤人，固然是仁；不理睬不轨之徒，也是仁。言语得当，固然是智；适时不语，也是智。懂得沉默就像懂得言语一样重要。言语多而不流涵，这便是圣人；言语少而合法度，这便是君子。言语或多或少，都是不合法度，又不合礼义，即便清晰准确，也不免是小人。劳苦地去做一件事，而不是人民所需要的，这叫作奸邪的事；劳苦心智而不取法先王，这叫作奸邪的术。妙喻丛生，滔滔不绝，而不尊顺义法，这叫作奸邪的学说。这三种人，都是圣人所抨击的，聪慧而诡谲，狠毒而神妙，行为作伪而高超，好作大言而动听，辩说不得要领而求全责备，这是政治的大祸害。行为邪僻而意志坚固，掩饰错误而得过且过，心怀不轨而好施恩惠，言辞捷辩而乖于常理，这是上古所严禁的。驰骋异见，不合法度，勇敢没有顾忌，虽能察能辩，而好持怪论，骄汰而不知收敛，喜好奸说，而朋友众多，这就像善于行走却迷失方向，背负巨大而坠入深渊，这种人是天下所共同遗弃的。

　　全收天下人心的方法是，禄位高贵，而不骄傲；绝顶聪明，而不咄咄逼人；才思敏捷，而能蕴而不发；秉性刚毅，而留有余地；有不知道的，则不耻下问；有不能的，则去求学；虽是有才能，必要能谦让，然后才可以有圣贤的道德。在禄位，则恭顺去行君臣的礼义；在乡党，则恭敬遵从长幼的礼义；对于长辈，则恭顺遵守子弟的礼义；对于朋友，能谦和有礼；对于贫贱或幼小的，能够告之以善，宽释其过；兼怀万物，崇敬昊天，不与人争论，仿佛天地包括了万物一般。这样，那贤人会来尊贵他，不贤的人也愿意来亲近；假使还有不愿服从他的，就可以说是走极端之人了，纵然是自家的子弟，也应当将他治罪。《诗经》上说："并不是上帝的不是，因为殷纣放弃了商朝的旧制度，虽说是没有老成人，他还守着以前的典章啊！不愿意遵守典章，商朝的国运也就此终结了。"就是这个道理。

　　上古的学者，做了官吏，是来敦厚世情，和合群众，享受富贵，乐意施舍，不犯刑戮，务使事有条理，不愿独自富足。现代的学者，做了官吏，不遵道德，肆意为乱，胡作非为，贪得无厌，触犯法网，不知礼义，只有对权势无止境的贪婪。

　　上古的隐士，是有过人的道德，能够安于性命，修正礼义，乐天知命，安时处顺。现代的隐士，是没有能力，而自称说有能力，没有智识，而自说有智识；好利不知足，而假装无欲无求，贪狠狡淫，而陈义甚高，恭谨自持，标新立异以为常，高自标持，而傲世轻物。

　　君子有能做之事，有不能做之事。君子能让自己变得可贵，但不能使人必定尊重自己；能让自己变得可信，但不能使人必定相信；具有可用的才能，而不能使人必定任用自己。君子惭愧自己不能自我修养，不惭愧声名不够纯洁；惭愧自己不能信实，不惭愧不见信于人；惭愧自己没有才能，不惭愧不见用于世。不为虚誉所诱惑，不为毁誉所惊慌，遵循内心去做，没有丝毫偏倚，不为外物所左右，这才是诚意的君子。《诗经》上说："宽柔温良的人，这种人是国家的柱石。"就是说这种德行。

君子的容仪，帽子高，衣服大，态度和蔼，有庄重的形貌，雄壮的形貌，安悦的形貌，安和的形貌，宽众的形貌，广大的形貌，向明的形貌，潇洒的形貌，这是父兄的容仪。帽子高，衣服大，态度恭谨，有谦卑的形貌，有依怙的形貌，有所助益的形貌，欲有所为的形貌，有所思议的形貌，有所疑惑的形貌，不乖离的形貌，不敢正视的形貌，这是子弟的容仪。

我告诉你们那些学者的狂模样，是帽子向前而低，帽缨大如带而舒宽，面貌倨傲自大；无精打采的形貌，闪烁其词的形貌，语重心长的形貌，赌气自持的形貌，对人无礼的形貌，望眼欲穿的形貌，抬眼不明的形貌；在酒食声色中间，则低垂双眼，佯装不观，实则心猿意马；在行礼节的期间，则心不耐烦，意甚恶焉；在事业劳苦的时候，则懒散之情，溢于言表，苟避劳苦，而不顾他人苛责，这就是学者的狂样子。

把帽子戴得低低的，寡言少语，像舜、禹一样行走，这是子张氏贱儒的丑态。正肃衣帽，庄重神色，若有所失，终日不言，这是子夏氏贱儒的丑态。苟且偷生，胆小怕事，没有廉耻而嗜好饮食，这是子游氏贱儒的丑态。

真正的君子与此不同，虽安逸而不懈怠，虽劳苦而不怠慢，立足本原，随机应变，万事都能得当，只有做到这样，才能算是圣人啊！

儒效

　　大儒是可贵的,也是史鉴上仅见的。但是大儒并不是能念几句死书,说几句仁义道德的闲话,傲慢一切,自尊自大,就可以称为大儒;也不是士、农、工、商各类的学说技能,他都要备具的。真正的大儒,不为礼法所拘制,而他的步趋,仍是无一不合于礼法,他是人类灿烂的明星。他有纯洁的道义,不遇时,他可以用他的言语感化世情,用他的文章记述个人的主义,以作后世的南针;有了权势,而民众全可以被及他的恩泽。这便是大儒的功效。作者于此,不惜反复致意,读者自然也是应当深思玩味的。

　　大儒之效,武王崩,成王幼,周公屏成王而及武王,以属天下,恶天下之倍周也。履天子之籍,听天下之断,偃然如固有之,而天下不称贪焉。杀管叔,虚殷国,而天下不称戾焉。兼制天下,立七十一国,姬姓独居五十三人,而天下不称偏焉。教诲开导成王,使谕于道,而能掩迹于文、武。周公归周,反籍于成王,而天下不辍事周。然而周公北面而朝之,天子也者,不可以少当也,不可以假摄为也,能则天下归之,不能则天下去之。是以周公屏成王而及武王,以属天下,恶天下之离周也。成王冠,成人,周公归周反籍焉,明不灭主之义也。周公无天下矣,乡有天下,今无天下,非擅也。成王乡无天下,今有天下,非夺也,变势次序节然也。故以枝代主而非越也,以弟诛兄而非暴也,君臣易位而非不顺也。因天下之和,遂文、武之业,明枝主之义,抑亦变化矣,天下厌然犹一也。非圣人莫之能为,夫是之谓大儒之效。

秦昭王问孙卿子曰:"儒无益于人之国?"孙卿子曰:"儒者法先王,隆礼义,谨乎臣子,而致贵其上者也。人主用之,则势在本朝而宜,不用,则退编百姓而悫,必为顺下矣。虽穷困冻餧,必不以邪道为贪;无置锥之地,而明于持社稷之大义。鸣呼而莫之能应,然而通乎财万物、养百姓之经纪。势在人上,则王公之材也;在人下,则社稷之臣、国君之宝也。虽隐于穷阎漏屋,人莫不贵之,道诚存也。仲尼将为司寇,沈犹氏不敢朝饮其羊,公慎氏出其妻,慎溃氏逾境而徙,鲁之粥牛马者不豫贾,必蚤正以待之也。居于阙党,阙党之子弟罔不分,有亲者取多,孝弟以化之也。儒者在本朝则美政,在下位则美俗,儒之为人下,如是矣。"

王曰:"然则其为人上何如?"孙卿曰:"其为人上也,广大矣,志意定乎内,礼节修乎朝,法则度量正乎官,忠信爱利形乎外。行一不义,杀一无罪,而得天下,不为也。此君义信乎人矣,通于四海,则天下应之如讙,是何也?则贵明白而天下治也。故近者歌讴而乐之,远者竭蹶而趋之,四海之内若一家,通达之属,莫不从服,夫是之谓人师。《诗》曰:'自西自东,自南自北,无思不服。'此之谓也。夫其为人下也如彼,其为人上也如此,何谓其无益于人之国也?"昭王曰:"善。"

先王之道,仁之隆也,比中而行之。曷谓中?曰:礼义是也。道者,非天之道,非地之道,人之所以道也,君子之所道也。

君子之所谓贤者,非能遍能人之所能之谓也。君子之所谓知者,非能遍知人之所知之谓也。君子之所谓辩者,非能遍辩人之所辩之谓也。君子之所谓察者,非能遍察人之所察之谓也,有所正矣。相高下,视硗肥,序五种,君子不如农人。通财货,相美恶,辩贵贱,君子不如贾人。设规矩,陈绳墨,便备用,君子不如工人。不恤是非,然不然之情,以相荐撙,以相耻怍,君子不若惠施、邓析。若夫谪德而定次,量能而授官,使贤不肖皆得其位,能不能皆得其官,万物得其宜,事变得其应,慎、墨不得进其谈,惠施、邓析不敢窜其察。言必当理,事必当务,是然后君子之所长也。

凡事行,有益于理者立之,无益于理者废之,夫是之谓中事。凡知说,有益于理者为之,无益于理者舍之,夫是之谓中说。事行失中,谓之奸事,知说失中,谓之奸道。奸事奸道,治世之所弃,而乱世之所从服也。若夫充虚之相施易也,坚白、同异之分隔也,是聪耳之所不能听也,明目之所不能见也,辩士之所不能言也,虽有圣人之知,未能偻指也。不知,无害为君子;知之,无损为小人。工匠不知,无害为巧;君子不知,无害为治。王公好之则乱法,百姓好之则乱事,而狂惑戆陋之人,乃始率其群徒,辩其谈说,明其辟称,老身长子不知恶也,夫是之谓上愚,曾不如相鸡狗之可以为名也。《诗》曰:'为鬼为蜮,则不可得,有靦面目,视人罔极,作此好歌,以极反侧。'此之谓也。"

我欲贱而贵,愚而智,贫而富,可乎?曰:其唯学乎!彼学者行之,曰士也;敦慕焉,君子也;知之,圣人也。上为圣人,下为士君子,孰禁我哉!乡也混然涂之人也,俄而并乎尧、禹,岂不贱而贵矣哉?乡也效门室之辨,混然曾不能决也,俄而原仁义,分是非,图回天下于掌上,而辩白黑,岂不愚而知矣哉?乡也胥靡之人,俄而治天下之大器举在此,岂不贫而富矣哉?今有人于此,屑然藏千溢之宝,虽行贸而食,人谓之富矣。彼宝也者,衣之不可衣也,食之不可食也,卖之不可偻售也,然而人谓之富,何也?岂不大富之器,诚在此也?是杆杆亦富人已,岂不贫而富矣哉?

故君子无爵而贵,无禄而富,不言而信,不怒而威,穷处而荣,独居而乐,岂不至尊至富,至重至严之情,举积此哉?故曰:"贵名不可以比周争也,不可以夸诞有也,不可以势重胁也。"必将诚此然后就也。争之则失,让之则至,遵道则积,夸诞则虚。故君子务修其内,而让之于外,务积德于身,而处之以遵道。如是,则贵名起如日月,天下应之如雷霆。故曰:"君子隐而显,微而明,辞让而胜。"《诗》曰:"鹤鸣于九皋,声闻于天。"此之谓也。鄙夫反是,比周而誉俞少,鄙争而名俞辱,烦劳以求安利,其身俞危。《诗》曰:"民之无良,相怨一方,受爵不让,至于已斯亡。"此之谓也。

故能小而事大,辟之是犹力之少而任重也,舍粹折无适也;身不肖而诬贤,是犹伛伸而好升高也,指其顶者愈众。故明主谞德而序位,所以为不乱也;忠臣诚能,然后敢受职,所以为不穷也;分不乱于上,能不穷于下,治辩之极也。《诗》曰:"平平左右,亦是率从。"是言上下之交,不相乱也。

以从俗为善,以货财为宝,以养生为己至道,是民德也。行法至坚,不以私欲乱所闻,如是,则可谓劲士矣。行法至坚,好修正其所闻,以矫饰其情性。其言多当矣,而未谕也;其行多当矣,而未安也;其知虑多当矣,而未周密也。上则能大其所隆,下则能开道不已若者,如是,则可谓笃厚君子矣。修百王之法,若辨白黑;应当时之变,若数一二;行礼要节而安之,若生四枝;要时立功之巧,若诏四时;平正和民之善,亿万之众而博若一人,如是,则可谓圣人矣。

井井兮其有理也,严严兮其能敬己也,分分兮其有终始也,猒猒兮其能长久也,乐乐兮其执道不殆也,照照兮其用知之明也,修修兮其用统类之行也,绥绥兮其有文章也,熙熙兮其乐人之臧也,隐隐兮其恐人之不当也,如是,则可谓圣人矣。

此其道出乎一。曷谓一?曰:执神而固。曷谓神?曰:尽善挟治之谓神,万物莫足以倾之之谓固,神固之谓圣人。

圣人也者，道之管也，天下之道管是矣，百王之道一是矣，故《诗》《书》《礼》《乐》之归是矣。《诗》言是其志也，《书》言是其事也，《礼》言是其行也，《乐》言是其和也，《春秋》言是其微也。故《风》之所以为不逐者，取是以节之也；《小雅》之所以为《小雅》者，取是而文之也；《大雅》之所以为《大雅》者，取是而光之也；《颂》之所以为至者，取是而通之也。天下之道毕是矣，乡是者臧，倍是者亡。乡是如不臧，倍是如不亡者，自古及今，未尝有也。

客有道曰："孔子曰：'周公其盛乎？身贵而愈恭，家富而愈俭，胜敌而愈戒。'"应之曰："是殆非周公之行，非孔子之言也。武王崩，成王幼，周公屏成王而及武王，履天子之籍，负扆而坐，诸侯趋走堂下。当是时也，夫又谁为恭矣哉？兼制天下，立七十一国，姬姓独居五十三人焉。周之子孙，苟不狂惑者，莫不为天下之显诸侯，孰谓周公俭哉？武王之诛纣也，行之日，以兵忌，东面而迎太岁，至汜而泛，至怀而坏，至共头而山隧。霍叔惧曰：'出三日而五灾至，无乃不可乎？'周公曰：'刳比干而囚箕子，飞廉、恶来知政，夫又恶有不可焉！'遂选马而进，朝食于戚，暮宿于百泉，厌旦于牧之野，鼓之而纣卒易乡，遂乘殷人而诛纣。盖杀者非周人，因殷人也，故无首虏之获，无蹈难之赏，反而定三革，偃五兵，合天下，立声乐，于是《武》《象》起而《韶》《护》废矣。四海之内，莫不变心易虑，以化顺之，故外阖不闭，跨天下而无蕲。当是时也，夫又谁为戒矣哉！"

　　造父者，天下之善御者也，无舆马，则无所见其能。羿者，天下之善射者也，无弓矢，则无所见其巧。大儒者，善调一天下者也，无百里之地，则无所见其功。舆固马选矣，而不能以至远，一日而千里，则非造父也。弓调矢直矣，而不能以射远中微，则非羿也。用百里之地，而不能以调一天下，制强暴，则非大儒也。彼大儒者，虽隐于穷阎漏屋，无置锥之地，而王公不能与之争名；在一大夫之位，则一君不能独畜，一国不能独容；成名况乎诸侯，莫不愿得以为臣；用百里之地，而千里之国，莫能与之争胜；笞棰暴国，齐一天下，而莫能倾也，是大儒之征也。其言有类，其行有礼，其举事无悔，其持险应变曲当，与时迁徙，与世偃仰，千举万变，其道一也，是大儒之稽也。其穷也，俗儒笑之，其通也，英杰化之，嵬琐逃之，邪说畏之，众人愧之。通则一天下，穷则独立贵名，天不能死，地不能埋，桀、跖之世不能污，非大儒莫之能立，仲尼、子弓是也。

　　故有俗人者，有俗儒者，有雅儒者，有大儒者。不学问，无正义，以富利为隆，是俗人者也。逢衣浅带，解果其冠，略法先王，而足乱世术，缪学杂举，不知法后王而一制度，不知隆礼义而杀《诗》《书》；其衣冠行伪，已同于世俗矣，然而不知恶者；其言议谈说，已无以异于墨子矣，然而明不能别；呼先王以欺愚者，而求衣食焉，得委积足以掩其口，则扬扬如也；随其长子，事其便辟，举其上客，偲然若终身之虏，而不敢有他志，是俗儒者也。法后王，一制度，隆礼义而杀《诗》《书》，其言行已有大法矣，然而明不能齐；法教之所不及，闻见之所未至，则知不能类也；知之曰知之，不知曰不知，内不自以诬，外不自以欺，以是尊贤畏法，而不敢怠傲，是雅儒者也。法先王，统礼义，一制度，以浅持博，以古持今，以一持万；苟仁义之类也，虽在鸟兽之中，若别白黑；倚物怪变所未尝闻也，所未尝见也；卒然起一方，则举统类而应之，无所拟怎，张法而度之，则晻然若合符节，是大儒者也。故人主用俗人，则万乘之国亡；用俗儒，则万乘之国存；用雅儒，则千乘之国安；用大儒，则百里之地久。而后三年，天下为一，诸侯为臣。用万乘之国，则举错而定，一朝而伯。

不闻不若闻之，闻之不若见之，见之不若知之，知之不若行之。学至于行之而止矣，行之明也，明之为圣人。圣人也者，本仁义，当是非，齐言行，不失毫厘，无它道焉，已乎行之矣。故闻之而不见，虽博必谬；见之而不知，虽识必妄；知之而不行，虽敦必困。不闻不见，则虽当，非仁也，其道百举而百陷也。

故人无师无法，而知则必为盗，勇则必为贼，云能则必为乱，察则必为怪，辩则必为诞。人有师有法，而知则速通，勇则速威，云能则速成，察则速尽，辩则速论。故有师法者，人之大宝也；无师法者，人之大殃也。

人无师法，则隆性矣；有师法，则隆积矣。而师法者，所得乎情，非所受乎性，不足以独立而治。性也者，吾所不能为也，然而可化也。情也者，非吾所有也，然而可为也。注错习俗，所以化性也，并一而不二，所以成积也。习俗移志，安久移质，并一而不二，则通于神明，参于天地矣。

故积土而为山，积水而为海，旦暮积，谓之岁，至高谓之天，至下谓之地，宇中六指，谓之极。涂之人百姓，积善而全尽，谓之圣人。彼求之而后得，为之而后成，积之而后高，尽之而后圣。故圣人也者，人之所积也。人积耨耕，而为农夫；积斫削，而为工匠；积反货，而为商贾；积礼义，而为君子。工匠之子，莫不继事，而都国之民，安习其服，居楚而楚，居越而越，居夏而夏，是非天性也，积靡使然也。

故人知谨注错，慎习俗，大积靡，则为君子矣，纵性情而不足问学，则为小人矣。为君子则常安荣矣，为小人则常危辱矣。凡人莫不欲安荣而恶危辱，故唯君子为能得其所好，小人则日徼其所恶。《诗》曰："维此良人，弗求弗迪，唯彼忍心，是顾是复，民之贪乱，宁为荼毒。"此之谓也。

人论，志不免于曲私，而冀人之以己为公也；行不免于污漫，而冀人之以己为修也；其愚陋沟瞀，而冀人之以己为知也，是众人也。志忍私，然后能公，行忍情性，然后能修，知而好问，然后能才，公修而才，可谓小儒矣。志安公，行安修，知通统类，如是，则可谓大儒矣。大儒者，天子三公也。小儒者，诸侯大夫士也。众人者，工农商贾也。礼者，人主之所以为群臣寸尺、寻丈检式也，人伦尽矣。

君子言有坛宇，行有防表，道有一隆。言道德之求，不下于安存；言志意之求，不下于士；言道德之求，不二后王。道过三代谓之荡，法二后王，谓之不雅。高之下之，小之臣之，不外是矣。是君子之所以骋志意于坛宇宫庭也。故诸侯问政，不及安存，则不告也；匹夫问学，不及为士，则不教也；百家之说，不及后王，则不听也。夫是之谓君子言有坛宇、行有防表也。

【译解】

大儒的勋劳，武王死了，成王年幼，周公让成王安居宫内，承继武王的事业，维持天下，怕天下的人背叛周朝。周公居天子的大位，裁判天下的大事，好像自己久居其位一样，而天下的人，却不说周公是贪得；杀管叔，使殷国变为丘墟，而天下的人，却不说他是暴虐；独擅治天下的权柄，立了七十一国，姬姓王族就占了五十三人，而天下的人，却不称他是有失公允。他教诲开导成王，让成王晓喻正确的道路，追步文、武的前勋，然后回归自己的封国，把天子的位还给成王，天下的人也不因此停止朝周。这样，周公才北面为臣，去朝见成王。天子之位，不能轻易担当，亦不能长期由人代行，能当其位，天下人就归顺他；不能，天下人就离去他。周公所以让成王安居宫内，承继武王的事业，以维持天下，是怕天下的人民离叛周朝。成王既冠成人，所以周公就还给他天子之位，是表明他并不僭越君主的权威。周公没有天下了，从前有天下，现在失去天下，并非是他让给成王；成王从前没有天下，现在有天下，也并非夺回，形势变化，君臣易位，有礼有节罢了。所以周公以旁支代替嫡长执政，并不是僭越；以幼弟诛兄管叔，并不是凶暴；君臣互易其位，并不是不顺臣道。随顺天下和平的形势，奠定文王、武王的江山，以身作则，向天下人阐明旁支和嫡长间应遵循的礼义，虽有违章法，而天下犹安然如一。像这样的大事，非大圣人不能为，大儒的勋劳，就是这个样子。

秦昭王问孙卿子道："儒者对于诸侯的邦国，恐怕没什么好处吧？"孙卿子答道："儒者法则先王，尊崇礼义，对下谨饬诸臣，对上推尊主势。人主要任用他，则他在其位，谋其政，诸事得宜；不用他，使他成为百姓，他也能做良民，不敢为乱。虽使他穷困冻饿，他必不会趋向邪道，不可自拔；即使贫无置锥之地，他也能把国家的大义放在第一位。大力宣扬正道而无人响应，但只有他才懂得调御万物，教养百姓的纲领。使他位在人上，可以做天子和诸侯；在人下，就是国家重要的臣子，国君的珍宝。虽使他隐居在穷僻的地方，破漏的屋子里，人没有一个不尊重他的，因为道就在他身上。从前孔子将要做鲁国的司寇，沈犹氏听见这个消息，就不敢清晨喂羊喝水后再送至市集出售，以行诡骗；妻子淫乱的公慎氏，就休退他的妻子，好奢侈的慎溃氏，就离开鲁国的国境，迁徙到别处；鲁国卖牛马的，不再谎报价格，这是因为孔子预先把正道摆在了人们面前。孔子住在阙党，阙党的子弟，在分配畋猎所得之物时，有父母的分得较多,这是被孔子的孝弟之义所感化的。儒者位职在朝廷,就可以让政令畅通;在下位,就可以让风俗醇和,儒者位在人下,正是这样的。"

昭王道:"然则他位在人上,怎么样呢?"孙卿道:"他在人之上,那功业就广大了,他有坚定的信念,使朝廷上下,一循于礼,法律与度量衡均由朝廷予以规范,忠实、诚信、仁爱、利他的美德广布下民。假使做一件不义的事,杀一个无罪的人,而能得到天下,他是绝对不会做的。这就是他的道义,可以使人们信仰,虽使他行于四海,而天下的人应从他的,如众声喧哗一般。这是什么缘故?就因为儒者的名声显著,而天下得到了治理,所以近处的人,全讴歌他的功德,享受他的善政;远处的人,不顾路途遥远,跌跌撞撞地跑到他这里来;四海之内,就如同一家,舟车到达的地方,莫有人不服从他的,这就可算是人们的师长。《诗经》上说:'由西边,由东边,由南边,由北边,四方的人,没有不心服归顺的。'就是这个道理。他在人下,是那样的从容,他在人上,是那样的公正,何以说他无益于人们的国家?"昭王道:"是啊!"

先王的大道,是仁德之盛的显现,须循中道而行之。什么叫作中?礼义即中。什么叫作道?不是天行的道,不是地运的道,而是人所行的道;然而人多不行此道,唯君子能在此道上善始善终。

君子所以称为贤者,非是遍能所有人都能做的事;君子所以称有智慧，非是知道一切人们所习惯的常识；君子所以称为辩给，非是能分辨世间的一切事物，君子所以称为明察，非是遍能明了众人所明了的。君子的言行是有原则的。视察土地的高下，辨明肥美贫瘠的土质，排列好五谷的耕种次第，这类的事，君子不如农人。流通货物，辨认货物的美恶，辨别价值的贵贱，君子不如商人。陈设规矩绳墨，提供日常用品，君子不如工人。不顾是与非的真实情况，互相凌践耻辱，君子不能像惠施、邓析。如果要根据德行来确定位次，度量才能而授以官职，使贤不肖皆得其位，能不能皆得其职，万物全得其宜，一切事变，都有应对措施；虽使慎到、墨翟，都不能乱进他们的学说，惠施、邓析，都不能卖弄他们的察辨。说话必切中要害，做事必立足于前之要务，这是君子最擅长的。

　　凡事有裨益于治理的，就可行；无益于治理的，就废除，这就叫作切中事情的要害。凡知识学说，有益于治理的，就去学习；无益于治理的，连看都不看，这才叫作正确的学说。做事不循中道，会坏事；学说不循中道，就是邪说。乱事与邪说，是治世所抛弃，而乱世所崇尚的。关于天地间盈虚的变易，坚白、同异的区别，那虽是聪察的耳朵，也不能分辨，明亮的眼睛，也不能看清，辩给的士人，也不能明察；虽有圣人的智慧，也不能迅速地将它们指示出来，像这类学说，不知道，也无妨害做君子，知道，也不能防止为小人。工匠不知道，也无妨害他巧妙的构思；君子不知道，也不影响他治国的事业。王公要是好这种学说,就会败乱法则;百姓要喜好它,就会妨碍正事。而那些见识短浅的人,才会聚成一团,争辩其言辞,设置众多的比喻和名词,终身不知道嫌恶,这可算是至愚,尚不如相鸡相狗之人,可以做出一番事业呢!《诗经》上说:"假使你是鬼是狐,那就不能看见你;你既是人,长得那么丑,难道就让人看不透吗?所以我作了这支曲子,把你照一照。"就是此意。

有人问:我想由贱而变为贵,由愚而变为智,由贫而变为富,可以吗?荀子说:这除非学问了,那些学者,能践行自己学问的,就是士人;行之而乐在其中的,就是君子;在学问中有所觉悟的,就是圣人。最高可以成为圣人,至少可以成为士、君子,有谁阻止我呢?从前是混然无知,一个市井之人,俄顷之间,可以同尧、禹匹并,岂不是由贱而变为贵了?从前连门同房子的分别,混混然都不能判断;俄顷之间,能知道仁义之本、是非的分别,天下的事务,可以运转于手掌上面,如同辨别黑白那样容易,岂不是愚笨而变为聪明了?从前是空疏一无所有的人,俄顷有了平治天下的才能,岂不是由贫而变为富了?现在有一个人,零零碎碎地藏着许多无价之宝,虽使他乞食,人总说他是富人。但是那些宝贝,既不能当衣服穿,也不能当东西吃,卖起来,又不能很快地卖出善价,然而人称他为富人,是什么道理?因为他藏着使他变成大富人的东西,所以说,他也是富人,这岂不是由贫而变为富了?

所以君子没有爵位,却很尊贵;没有俸禄,而很富裕;不用说话,而人全信服他;不必发怒,而有威严,穷居而能赢得尊敬,独居而极安乐,这岂不因为最尊贵,最富裕,最厚重,最威严的东西,都集中在儒者身上吗?所以说,显贵的声名,不可以朋党比周所争得,不可以夸大妄诞所获取,不可以威势要挟,必将诚实修身,然后贵名可得,争竞反而失去,退让就会自至,顺道而行则积聚,夸大妄诞则空虚。君子要内里修养,外面退让,积德于自身,而安处于道德。这样子,显贵的声名,就像日月一般照亮,天下人拥戴他的声音,如同雷霆。所以说,君子身隐而名声显著,行为幽微而有光明,谦让而能胜人。《诗经》上说:"仙鹤在水泽深处鸣叫,天上全都听见它的鸣声。"这句诗就是说君子的声音的。鄙夫小人,同君子是相反的,竞相勾结,而党与愈少;争名夺利,而名声愈下;外心以逐利,而身愈危险。《诗经》上说:"人民的不贤良,互相怨恨谗谮,各据在一方,争求爵位,不知道逊让,最终会走向灭亡。"小人之态就是这样。

所以才能小而做大事,就好像力量少而负重担,除骨折之外,没有第二条路的。自身不肖,而自以为贤,就如同驼背的人,定要升高,头顶更会低屈,指着他头顶而笑的人,愈发多了一样。贤明的君主,观人的德业,而决定序次以位职,所以不至于乱杂。忠直的臣子,自己诚然有才能,然后敢就职,所以能不陷入困境。上面位分既不乱杂,下面没有不能尽职务的人,这是安治的极点。《诗经》上说:"诸侯左右有辩治的臣子,全部能遵从君命。"这是讲君臣上下相合不杂乱。

以顺从世俗为善,以货财为宝贝,把善护自己的生命看成是至高的道,这是百姓的习俗。品行端正,意志坚定,不以私欲扰乱自己的观感,这是坚劲的士人。品行端正,意志坚定,喜欢修正所听到的东西,以矫正润饰自己的情性;所讲的话,多半恰当,而不能十分的详明;他的行为,多半恰当,而不能够安适,如同个性原有的一样;他的知识思想,多半恰当,而不能周密详尽。上一层能光大他所尊奉的要道,下一层能开导指示不如自己的人,这样子,可算是笃厚的君子了。修正百王的法度,如分辨白色黑色那样便当,应付当世的变动,如数一二的数目那样容易;行动安于礼节,就像人安于自己的四肢;不必造作,顺时建立功业,不失机会,如天之四时,使万物成熟;平齐政事,和合万民,使亿万的人民像一个人一样,这样子,可算是圣人。

井井然良易的,极有条理。严严然威重的,恭敬不可干以非礼。介介然坚固的,有终有始。安安然知足的,然后能长久。落落然坚定的,执守要道不危殆。昭昭然光大的,知识昭明。条条然以行的,纲纪万事不乖违。绥绥然安泰的,极有文章。熙熙然和乐的,喜欢别人的美好。隐隐然忧戚的,恐人们行事不当。这样,也可以叫作圣人。

这个理,是出于一。什么叫作一?执持精神而坚固。什么叫作神?尽善周洽叫作神。什么叫作固?万物不能倾移他叫作固,神固的就是圣人。

圣人是大道的枢纽,天下的枢纽就在圣人身上,百王的大道,统一于圣人,所以《诗》《书》《礼》《乐》,也就集中在圣人身上了。《诗》是讲圣人的理想,《书》是讲圣人的行事,《礼》是讲圣人的动作,《乐》是讲圣人的欣喜,《春秋》是讲圣人的用心。所以《诗经》上《国风》这篇,所以不流于放荡,就因为有圣人的大道,在节制它。《小雅》所以名叫小雅,因为有圣人的大道,在文饰它。《大雅》所以名叫大雅,因为有圣人的大道,在弘扬它。《颂》所以称为盛德的极致,因为有圣人的大道,在贯通它。天下的道,圣人可算是全通;顺着圣人大道,就通达,违反圣人大道,就消灭。顺着圣人大道,如果不通达,违反圣人大道,如果不消灭,从古时到现在,从来没有过。

有一个客说道:"孔子说,周公是极盛德的人了,自身贵显,而对人愈加恭敬;家室殷富,而愈俭省;战胜敌人,而愈加戒备。"我就回答说:"这个恐怕不是周公的行为,也不是孔子所讲的话。武王死了,成王年幼,周公让成王深居宫内,继续武王的大业,居天子的位,背着户牖间画斧的屏风而坐,诸侯在朝堂下小步碎走。当这个时期,周公对谁恭敬呢?兼制天下,立了七十一国,姬姓就占了五十三人,周家的子孙,只要不是疯疯傻傻的,没有一个不做贵显的诸侯,谁说周公俭省呢?武王去伐纣,出兵的日子,正是兵家所忌,向东面而迎着太岁,走到汜水而水涨,到了怀而城墙崩坏,到了共头山而山崩倒。霍叔看见害怕,就说道:'出兵三天,而有五次灾祸,或者不可以出兵吧?'周公道:'纣剖了比干的心,囚了箕子,而用飞廉、恶来,这样子昏乱,有什么不可伐?'他于是更换马匹,再向前走,早上在戚吃饭,晚上住宿在百泉,天明时就列阵在牧野,一鼓而纣的兵全部倒戈,武王遂乘殷人奔逃之势而诛纣。盖杀纣的非是周人,是因着殷人奔逃之势而自杀的,所以虽灭殷,而敌人没有被斩首同俘虏的,己方也没有因为奋勇杀敌而得到的赏赐。返回国内而停止使用制造铠甲的犀皮、兕皮、牛皮,不再使用矛、戟、钱、楯、弓五种兵器,合会天下的诸侯,定立国家的乐曲,于是《武》《象》兴起,而殷人的《韶》《护》就废弃了。四海之内的民众,莫不变易了心志思想,为武王道德所感化。所以外面的大门不用关,走遍天下,四境安然。这个时候,又要戒备谁呢?"

　　造父是天下最善于驾车子的,要没有车马,就不能表现出他的才能;羿是天下最善射箭的,要没有弓矢,就不能表现出他的技巧;大儒是最善调一天下的,要没有百里地方,就不能表现出他的功用。有了坚固的车,选了良马,而不能到达远方,一天走千里,就不是造父;有了调好的弓、笔直的箭,而不能射到极远,射中细微,就不是羿;用百里的地方,而不能以调一天下,裁制强暴,就不是大儒。大儒是虽隐处在穷陋的地方、破漏的房屋,穷得连置一根锥子的地方都没有,然而王公之贵,也不能同他争名。他虽是做一介大夫,而不是一个君主所能独养,不是一个国家所能独容纳的;既成名之后,没有人能比得上,所以诸侯全想他来做臣子;使他治百里的地方,而千里的国家，没有一个能同他争胜；他可以兴兵讨伐诸国，齐一天下，而没有人能倾危他，这是大儒的勋劳。他的言语有法度，行为有礼仪，举事无悔，持危应变，无不得宜；顺着时代的变动，随着世界的潮流，虽千举万变，皆使一归于治，这是大儒的成就。他穷困时，俗儒讪笑他，显达了，英杰全爱慕他，而为他所化；狂怪的人，全逃走了，奸邪的人，全畏惧他，众人都自己惭愧。他显达就能齐一天下，穷困就独自保有尊贵的声名，他的名誉精神，是永远存在的。所以天不能灭他，地不能埋他，桀、跖的乱世，都不能污秽他，非是大儒莫能如此，这就是仲尼同子弓。

所以有俗人，有俗儒，有雅儒，有大儒。不知道学问，不讲求正义，唯以高厚利养为高，这是俗人。穿极大的衣服、宽绰的腰带、高峨的帽子，口里但能粗略地言及先王的遗言，足以淆乱世俗，乖缪的学说，乱杂的举动，不知道随当世的政事而立制度，不知道尊崇礼义本身，唯知遵循《诗》《书》；他衣冠行为，已与世俗相同，然而他不知道警惕；他的言语议论，已经同墨子没有分别，然而他不能辨别；口里称说先王，以欺愚笨的人，而用来求衣食，有了点蓄积，足以糊口，就扬扬得意；随侍着国君和年长的储君，事奉储君左右亲信的小臣，争相成为其上客，虽为其上客，但好像被终身囚禁了一般，不敢有其他的想法，这是俗儒。取法当世的君主，齐一制度，尊崇礼义，合理安排《诗》《书》的地位，他的言语行为，已有大体，然而他的明察，不能到达；法教所没有的、闻见所不到的地方，他的智慧还不能以浅持博;但是他知道就说知道,不知就说不知,心里不自迷惑,外面不欺人,尊敬贤人,畏惧法则,不敢怠惰傲慢,这是有雅德的儒者。法则先王,贯通礼义,齐同制度,以浅持博,将文、武、周公之德维持到现代,见到一种,就可以执持万种;只要是仁义的善类,虽在鸟兽之中,犹能辨别,如分辨黑白,奇物怪变,所没有听过的,所没有见过的,突然兴起于某处,就能知其统类,举以应付,毫无凝滞,用法则来测度,如同符节般吻合,这才叫作大儒。所以人主用俗人,万乘的国家,至于灭亡;用俗儒,万乘的国家,仅能生存;用雅儒,千乘的国家,可以安治;用大儒,虽百里的地方,可以长久,三年之后,就可以统一天下,使诸侯臣顺,使他治万乘之国,稍加治理就可安定,很快就名闻于天下。

未曾听见,不如听见,听见不如看见,看见不如确切地知道,知道不如真实能行,学问到了可以实行,可算终止了。学问可以实行,就可以通明于事,通明于事,就是圣人。圣人通于仁义,当于是非,整齐言行,没有毫厘的失误。圣人并无其他的要道,以行动判断一切罢了。所以仅听见,而没有看见,虽博闻,必有谬误;看见而不确切地知道,虽能记识,必有妄昧;知道而不能实践,虽然扎实,必至于困踬;未曾听见,又没有看见,虽偶有所得,也非是仁人君子的通明,做一百次,一百次都会失败。

所以人没有师,没有法,聪明的,就必定会盗窃;有勇的,就必定为乱;有才能的,就必生祸端;明察的,就多行怪妄;善辩的,就多行妄诞。如果有师有法,聪明的,就能速通人情,有勇的，就能速有威望；有才能的，就能速得大成；聪察的，就能不拖泥带水；善辩的，就能言简意赅。所以有师法，是人生最大的珍宝；没有师法，是人生最大的悲痛。

人没有师法，就任纵他本性的私欲；有师法，就可以变化私欲为善。师法是得自于外，不是人本性所原有，所以性是不可能独立完成的。性不是我自己形成的，然而可以用师法积习变化；情也不是我自己的，然而很容易受到影响。一时一地的习俗，能够变化本性；专一尊从师法，而不生异心，可以成就良善的积习。习俗变易志向，安之既久，就移易气质；专一尊从师法，而不生异心，就能够通于神明，参乎天地。

所以土聚积起来，就成为山；水聚积起来，就成为海；一早一晚，聚积起来，就成为一岁。高明的叫天，低下的叫地，宇宙中上下四方六个方向，叫六极。市井间的小民，聚积善而全尽的，便是圣人。追求而后可以得到，累积而后可以增高，全尽而后便是圣人，所以圣人是功德所聚积起的。人如果一直耕种，就成为农夫；一直刻削，就成为工匠；一直贩货，就成为商贾；一直出入礼义，就成为君子。工匠的儿子，莫不继他的业，都国的民众，全安于都国的习俗。住在楚的，就变为楚人；住在越的，就变为越人；住在华夏的，就是华夏的人。这并非是他本性如此，是他所处的习俗造成的。

所以能不随波逐流，慎习俗注意德行的积累，就成为君子了；任纵性情，而不注意学业的积淀，就成为小人了。为君子，就常安逸尊荣；为小人，就常有危险侮辱。大凡一个人，莫不渴望安荣，而厌恶危辱；唯有君子能得到他所好的事，而小人天天招致他所厌恶的事。《诗经》上说："有这种善人，你不进用他；无恶不作的人，反顾念不忘。所以天下的人啊，全都贪乱，不知不觉就被毒害了。"（荼，苦菜，味苦气辛，能杀物，所以叫荼毒）说的就是小人的姿态。

　　人群的种类，有一种人，心志不免于曲私，而望人以他为客观；行为不免于污秽欺诈，而望人以他为正直；愚陋无知，而望人以他为聪明，这是普通的人。矫正私心，然后能公正；矫正欺诈的行为，然后能有修美的行为；聪明而常好问，然后能多才多艺，公正修美而有才，可算是小儒了。心志安于公正，行为安于修美，聪明通达统类，这可算是大儒了。大儒足以做天子的三公；小儒足以做诸侯的大夫同士人；普通人仅能做工农商贾。礼是君主用来测量人短长的法式，人群的种类，这里是全尽了。

　　君子言语有一定范围，行为有一定标准，学道有所专重。如果是问政治，则告之以安存百姓的道理；如果是问身心修养，则告之以士人的准则；如果是问大道，则告之以当世急切所宜施行的事。专讲三代以前事，叫浩荡；讲治法而不论当世的事，叫不醇正。虽高下小大一切的事，总有一定的标准，君子虽随意论说，不会出范围之内。所以诸侯问政事，不及安存百姓，就不告诉他；匹夫问学，不及为士的准则，就不教他；百家的杂说，不及当世，就不听。这就是君子，言语有所规范，行为有所依安。

王制

《王制》是荀子演义圣王制度的作品,大意和孟子相同,但是孟子是法先王,荀子是法后王。他法后王的意见,是以古代久远难信,我们生在现代,应根据现代的利弊,以急切宜行的,制定制度。他这个宗旨,是极有价值的。我以为他如果活在现在世纪之下,他也能顺着现在世界的潮流,而组织良好的制度。总之,荀子在异说纷起,孔子之道衰微的时期,是一个伟大的儒者,并且也是古代儒者注重时代的革命维新家。他的作品,虽已成为过去,但是《王制》这篇所讲,和我们现代的利弊有相关之处。

请问为政?曰:贤能不待次而举,罢不能,不待须而废,元恶不待教而诛,中庸民不待政而化。分未定也,则有昭缪,虽王公士大夫之子孙,不能属于礼义,则归之庶人。虽庶人之子孙也,积文学,正身行,能属于礼义,则归之卿相士大夫。故奸言奸说,奸事奸能,遁逃反侧之民,职而教之,须而待之,勉之以庆赏,惩之以刑罚,安职则畜,不安职则弃。五疾,上收而养之,材而事之,官施而衣食之,兼覆无遗,才行反时者死无赦,夫是之谓天德,王者之政也。

听政之大分,以善至者,待之以礼;以不善至者,待之以刑。两者分别,则贤不肖不杂,是非不乱。贤不肖不杂,则英杰至;是非不乱,则国家治。若是,名声日闻,天下愿,令行禁止,王者之事毕矣。

凡听,威严猛厉,而不好假道人,则下畏恐而不亲,周闭而不竭,若是,则大事殆乎弛,小事殆乎遂。和解调通,好假道人,而无所凝止之,则奸言并至,尝试之说锋起。若是,则听大事烦,是又伤之也。故法而不议,则法之所不至者必废;职而不通,则职之所不及者必队。故法而议,职而通,无隐谋,无遗善,而百事无过,非君子莫能。故公平者,职之衡也;中和者,听之绳也。其有法者以法行,无法者以类举,听之尽也;偏党而无经,听之辟也。故有良法而乱者,有之矣。有君子而乱者,自古及今,未尝闻也。传曰:"治生乎君子,乱生乎小人。"此之谓也。

分均则不偏,势齐则不壹,众齐则不使,有天有地,而上下有差,明王始立,而处国有制。夫两贵之不能相事,两贱之不能相使,是天数也。势位齐而欲恶同,物不能澹则必争,争则必乱,乱则穷矣。先王恶其乱也,故制礼义以分之,使有贫富贵贱之等,足以相兼临者,是养天下之本也。《书》曰:"维齐非齐。"此之谓也。

马骇舆,则君子不安舆;庶人骇政,则君子不安位。马骇舆,则莫若静之;庶人骇政,则莫若惠之。选贤良,举笃敬,兴孝弟,收孤寡,补贫穷,如是,则庶人安政矣。庶人安政,然后君子安位。传曰:"君者,舟也;庶人者,水也。水则载舟,水则覆舟。"此之谓也。

故君人者欲安,则莫若平政爱民矣;欲荣,则莫若隆礼敬士矣;欲立功名,则莫若尚贤使能矣,是君人者之大节也。三节者当,则其余莫不当矣;三节者不当,则其余虽曲当,犹将无益也。孔子曰:"大节是也,小节是也,上君也;大节是也,小节一出焉,一入焉,中君也;大节非也,小节虽是也,吾无观其余矣。"

成侯、嗣公,聚敛计数之君也,未及取民也;子产,取民者也,未及为政也;管仲,为政者也,未及修礼也。故修礼者王,为政者强,取民者安,聚敛者亡。故王者富民,霸者富士,仅存之国富大夫,亡国富筐箧,实府库。筐箧已富,府库已实,而百姓贫,夫是之谓上溢而下漏。入不可以守,出不可以战,则倾覆灭亡,可立而待也。故我聚之以亡,敌得之以强,聚敛者召寇肥敌,亡国危身之道也,故明君不蹈也。

王夺之人,霸夺之与,强夺之地。夺之人者臣诸侯,夺之与者友诸侯,夺之地者敌诸侯。臣诸侯者王,友诸侯者霸,敌诸侯者危。

用强者,人之城守,人之出战,而我以力胜之也,则伤人之民必甚矣。伤人之民甚,则人之民恶我必甚矣。人之民恶我甚,则日欲与我斗。人之城守,人之出战,而我以力胜之,则伤吾民必甚矣。伤吾民甚,则吾民之恶我必甚矣。吾民之恶我甚，则日不欲为我斗。人之民日欲与我斗，吾民日不欲为我斗，是强者之所以反弱也。地来而民去，累多而功少，虽守者益，所以守者损，是以大者之所以反削也。诸侯莫不怀交接怨，而不忘其敌，伺强大之间，承强大之敝，此强大之殆时也。

知强大者，不务强也。虑以王命全其力，凝其德，力全则诸侯不能弱也，德凝则诸侯不能削也，天下无王霸主，则常胜矣，是知强道者也。

彼霸者不然，辟田野，实仓廪，便备用，案谨募选阅材伎之士，然后渐庆赏以先之，严刑罚以纠之，存亡继绝，卫弱禁暴，而无兼并之心，则诸侯亲之矣。修友敌之道，以敬接诸侯，则诸侯说之矣。所以亲之者，以不并也，并之见，则诸侯疏矣。所以说之者，以友敌也，臣之见，则诸侯离矣。故明其不并之行，信其友敌之道，天下无王霸主，则常胜矣，是知霸道者也。

闵王毁于五国，桓公劫于鲁庄，无它故焉，非其道而虑之以王也。

彼王者不然，仁眇天下，义眇天下，威眇天下。仁眇天下，故天下莫不亲也；义眇天下，故天下莫不贵也；威眇天下，故天下莫敢敌也。以不敌之威，辅服人之道，故不战而胜，不攻而得，甲兵不劳而天下服，是知王道者也。知此三具者，欲王而王，欲霸而霸，欲强而强矣。

王者之人，饰动以礼义，听断以类，明振毫末，举措应变而不穷，夫是之谓有原。是王者之人也。

王者之制，道不过三代，法不贰后王。道过三代谓之荡；法贰后王，谓之不雅。衣服有制，宫室有度，人徒有数，丧祭械用，皆有等宜。声则凡非雅声者举废，色则凡非旧文者举息，械用则凡非旧器者举毁，夫是之谓复古，是王者之制也。

王者之论，无德不贵，无能不官，无功不赏，无罪不罚。朝无幸位，民无幸生，尚贤使能，而等位不遗，折愿禁悍，而刑罚不过。百姓晓然，皆知夫为善于家，而取赏于朝也，为不善于幽，而蒙刑于显也。夫是之谓定论，是王者之论也。

王者之法，等赋政事，财万物，所以养万民也。田野什一，关市几而不征，山林泽梁，以时禁发而不税。相地而衰政，理道之远近而致贡，通流财物，粟米无有滞留，使相归移也，四海之内若一家。故近者不隐其能，远者不疾其劳，无幽闲隐僻之国，莫不趋使而安乐之。夫是之谓人师，是王者之法也。

北海则有走马吠犬焉，然而中国得而畜使之；南海则有羽翮、齿革、曾青、丹干焉，然而中国得而财之；东海则有紫、紶、鱼、盐焉，然而中国得而衣食之；西海则有皮革文旄焉，然而中国得而用之。故泽人足乎木；山人足乎鱼；农夫不斫削，不陶冶，而足械用；工贾不耕田而足菽粟。故虎豹为猛矣，然君子剥而用之，故天之所覆，地之所载，莫不尽其美，致其用，上以饰贤良，下以养百姓，而安乐之，夫是之谓大神。《诗》曰："天作高山，大王荒之，彼作矣，文王康之。"此之谓也。

以类行杂，以一行万，始则终，终则始，若环之无端也，舍是而天下以衰矣。天地者，生之始也；礼义者，治之始也；君子者，礼义之始也。为之，贯之，积重之，致好之者，君子之始也。故天地生君子，君子理天地。君子者，天地之参也，万物之总也，民之父母也。无君子则天地不理，礼义无统，上无君师，下无父子，夫是之谓至乱。君臣、父子、兄弟、夫妇，始则终，终则始，与天地同理，与万世同久，夫是之谓大本。故丧祭、朝聘、师旅，一也；贵贱、杀生、与夺，一也；君君、臣臣、父父、子子、兄兄、弟弟，一也；农农、士士、工工、商商，一也。

水火有气而无生，草木有生而无知，禽兽有知而无义，人有气、有生、有知，亦且有义，故最为天下贵也。力不若牛，走不若马，而牛马为用，何也？曰：人能群，彼不能群也。人何以能群？曰：分。分何以能行？曰：义。故义以分则和，和则一，一则多力；多力则强，强则胜物，故宫室可得而居也。故序四时，裁万物，兼利天下，无它故焉，得之分义也。

故人生不能无群，群而无分则争，争则乱，乱则离，离则弱，弱则不能胜物。故宫室不可得而居也，不可少顷舍礼义之谓也。

能以事亲谓之孝，能以事兄谓之弟，能以事上谓之顺，能以使下谓之君。君者，善群也。群道当，则万物皆得其宜，六畜皆得其长，群生皆得其命。故养长时则六畜育，杀生时则草木殖，政令时则百姓一，贤良服。

圣王之制也。草木荣华滋硕之时，则斧斤不入山林，不夭其生,不绝其长也。鼋鼍、鱼鳖、鳅鳣孕别之时,罔罟、毒药不入泽,不夭其生,不绝其长也。春耕、夏耘、秋收、冬藏,四者不失时,故五谷不绝,而百姓有余食也。污池、渊沼、川泽谨其时禁,故鱼鳖优多,而百姓有余用也。斩伐养长不失其时,故山林不童,而百姓有余材也。

圣王之用也,上察于天,下错于地,塞备天地之间,加施万物之上。微而明,短而长,狭而广,神明博大以至约。故曰:"一与一,是为人者,谓之圣人。"

序官,宰爵知宾客、祭祀、飨食、牺牲之牢数,司徒知百宗、城郭、立器之数,司马知师旅、甲兵、乘白之数。修宪命,审诗商,禁淫声,以时顺修,使夷俗邪音不敢乱雅,大师之事也。修堤梁,通沟浍,行水潦,安水臧,以时决塞,岁虽凶败水旱,使民有所耘艾,司空之事也。相高下,视肥硗,序五种,省农功,谨蓄藏,以时顺修,使农夫朴力而寡能,治田之事也。修火宪,养山林、薮泽、草木、鱼鳖百索,以时禁发,使国家足用,而财物不屈,虞师之事也。顺州里,定廛宅,养六畜,间树艺,劝教化,趋孝弟,以时顺修,使百姓顺命,安乐处乡,乡师之事也。论百工,审时事,辨功苦,尚完利,便备用,使雕琢文采,不敢专造于家,工师之事也。相阴阳,占祲兆,钻龟陈卦,主攘择五卜,知其吉凶妖祥,伛巫跛击之事也。修采清,易道路,谨盗贼,平室律,以时顺修,使宾旅安而货财通,治市之事也。抃急禁悍,防淫除邪,戮之以五刑,使暴悍以变,奸邪不作,司寇之事也。本政教，正法则，兼听而时稽之，度其功劳，论其庆赏，以时慎修，使百吏免尽，而众庶不偷，冢宰之事也。论礼乐，正身行，广教化，美风俗，兼覆而调一之，辟公之事也。全道德，致隆高，綦文理，一天下，振毫末，使天下莫不顺比从服，天王之事也。故政事乱，则冢宰之罪也；国家失俗，则辟公之过也；天下不一，诸侯俗反，则天王非其人也。

具具而王，具具而霸，具具而存，具具而亡。用万乘之国者，威强之所以立也，名声之所以美也，敌人之所以屈也，国之所以安危臧否也，制与在此，亡乎人。王霸安存，危殆灭亡，制与在我，亡乎人。夫威强未足以殆邻敌也，名声未足以悬天下也，则是国未能独立也，岂渠得免夫累乎？天下胁于暴国，而党为吾所不欲于是者，日与桀同事同行，无害为尧。是非功名之所就也，非存亡安危之所堕也。功名之所就，存亡安危之所堕，必将于愉殷赤心之所。诚以其国为王者之所，亦王；以其国为危殆灭亡之所，亦危殆灭亡。

殷之日，案以中立，无有所偏，而为纵横之事，偃然案兵无动，以观夫暴国之相卒也。案平政教，审节奏，砥砺百姓，为是之日，而兵剸天下劲矣。案然修仁义，伉隆高，正法则，选贤良，养百姓，为是之日，而名声剸天下之美矣。权者重之，兵者劲之，名声者美之。夫尧、舜者一天下也，不能加毫末于是矣。

权谋倾覆之人退，则贤良知圣之士案自进矣。刑政平，百姓和，国俗节，则兵劲城固，敌国案自诎矣。务本事，积财物，而勿忘栖迟薛越也。是使群臣百姓,皆以制度行,则财物积,国家案自富矣。三者体此而天下服,暴国之君,案自不能用其兵矣。何则?彼无与至也。彼其所与至者,必其民也。其民之亲我也,欢若父母,好我,芳若芝兰。反顾其上,则若灼黥,若仇雠。彼人之情性也,虽桀、跖,岂有肯为其所恶,贼其所好者哉?彼以夺矣。故古之人,有以一国取天下者,非往行之也。修政其所莫不愿,如是而可以诛禁暴悍矣。故周公南征而北国怨,曰:"何独不来也?"东征而西国怨曰:"何独后我也?"孰能有与是斗者与?安以其国为是者王。

殷之日,安以静兵息民,慈爱百姓,辟田野,实仓廪,便备用,安谨募,选阅材伎之士。然后渐赏庆以先之,严刑罚以防之,择士之知事者,使相率贯也,是以厌然畜积修饰,而物用之足也。兵革器械者,彼将日日暴露毁折之中原,我今将修饰之,拊循之,掩盖之于库府。货财粟米者,彼将日日栖迟薛越之中野,我今将畜积并聚之于仓廪。材伎股肱健勇爪牙之士,彼将日日挫顿竭之于仇敌,我今将来致之,并阅之,砥砺之于朝廷。如是,则彼日积敝,我日积完;彼日积贫,我日积富;彼日积劳,我日积佚。君臣上下之间者,彼将厉厉焉,日日相离疾也;我今将顿顿焉,日日相亲爱也。以是待其敝,安以其国为是者霸。

立身则从佣俗,事行则遵佣故,进退贵贱则举佣士,之所以接下之人百姓者,则庸宽惠,如是者,则安存。

立身则轻楛,事行则蠲疑,进退贵贱则举佞说,之所以接下之人百姓者,则好取侵夺,如是者危殆。

立身则憍暴,事行则倾覆,进退贵贱,则举幽险诈故,之所以接下之人百姓者,则好用其死力矣,而慢其功劳,好用其籍敛矣,而忘其本务,如是者灭亡。

此五等者,不可不善择也,王霸安存危殆灭亡之具也。善择者制人,不善择者人制之;善择之者王,不善择之者亡。夫王者之与亡者,制人之与人制之也,是其为相悬也,亦远矣!

【译解】

请问为政的道理？答道:"贤能的人,不必论资排辈就升举;疲弱无能的人,随时随地可以废去;首恶的人,不必待教化,就处以死刑;中等平常的人,不必待政事之成,就可以归服;名分未定,百姓中人伦的分别就很清楚,虽是王公士大夫的子孙,不合于礼义,就归之于庶人,庶人的子孙,正直有文学,行为才能合于礼义,就提拔他为卿相士大夫。所以传播奸言邪说,履行奸事奸能,逃亡不安分的人,给他们安排一些事做,令他改过迁善,勉励以庆赏,惩戒以刑罚,安于职位的,就畜养,不安职位的,就驱逐。有五种天生缺陷的人——瘖、聋、跛躄、断者、侏儒——官府收养他们,量力而用之,用之而给以衣食,使人民全部得到恩泽,没有一个遗漏。对于那些用才能反抗官府的,杀死不赦,这是上天规定的道德,这才是王者的政事。

　　治理政治的要点：以善而来，待之以礼；以不善而来，待之以刑。能切实做到这两点的话，好坏就不杂，是非就不乱。好坏不杂，优秀的人就来了；是非不乱，国家就安治。名声显著于天下，天下之人欢欣鼓舞，上面的政令全能施行，而奸邪之事，全部禁绝，王者的政事就成功了。

　　在上的人威严猛厉，毫不假借，下面的人就恐惧不敢靠近，隐匿其情，不肯讲实话。下面的人既恐惧箝口，则百事堕坏，而上不得闻，所以大事至于荒怠，小事至于失坠。宽和而不拒下，假借辞色，无所底止，则奸言全来了，臣下则多所试探，如锋刃齐起。这样子，所听断的事过于繁多，这又是伤害政事了。所以虽有法律，而没有讨论，则不周密，法度所不到的，必至于废；精通职责，而不能明白职责以外类似的事，则职责照管不到的，必致废弛。所以有法律，而又能相与讨论，精通职责，而又能触类旁通，没有隐匿的谋略，没有遗漏的善事，百事得当，没有太过的，非君子不能如此。所以公平是职事的权衡，中和是听断政事的准绳。法度所有的，就依法度而行，法度所无的，就触类旁通，这是治政最善的；偏党不公平，而没有常道，这是治政邪僻的。所以有良好的法度而致丧乱是有的；有君子而致丧乱，从古到今，未尝听见过。古传上说："安治由君子创造，乱亡由小人开端。"就是这个意思。

　　贵贱的等级如果一样，人群之间的差别就消失了；势位相等,就不能统一政令;每个人都相同,就不存在役使关系了。自从有了天地,就有了上下的等级差别;明王初立,治理国家就有了方法。两个同样显贵的人不互相侍奉,两个同样卑贱的人不互相役使,这是天然的规律;如果势位相同,而好恶又一样,物质不敷两人的分配,两人就必定要争,争必定造成混乱,混乱会造成匮乏。先王讨厌混乱,所以制定礼义以分别,使有贫富贵贱的等级,使自己能够很好地照管他们,这是养治天下的根本之道。《书经》上说:"齐在于不齐。"这就是说要有等级差别。

驾车子的马惊骇奔突,则君子不能安坐在车中;民众惊骇上面的政事,则君子不能安于职位。驾车子的马惊骇,最好是让马停下;民众惊骇上面的政事,最好是顺从着民众的心做去。选贤良,举诚敬,兴孝悌,收孤寡,补贫穷,这样子民众就安于政事。民众安于政事,君子就能安于上位。古传上说:"国君是舟,民众是水,水能承载舟,又能沉覆舟。"就是这个意思。

所以国君想安治,莫如公平政事,爱敬民众;想荣利,莫如尊隆礼仪,崇敬士人;想立功名,莫如厚礼贤者,任用有才华的人,这是为国君的关键。以上三种措施得当,则其余的莫不得当;三种不得当,则其余的虽委曲皆当,也绝无益。孔子说:"大节合宜,小节合宜,这是上等的国君;大节合宜,小节稍有出入,这是中等的国君;大节全不合宜,小节虽合宜,我也不必再看他其余的行为了。"

卫国的成侯与嗣公,是千方百计屯积钱财的国君,他们这样做,不能得民心;郑国的相国子产,是能得民心的,但不能为政治民;齐国的国相管仲,虽能为政治民,又不能教化。所以能以礼化民,可以为王;以政导民的,可以富强;得民心的,可以安治;聚敛钱财的,只能灭亡。圣王的国,是富裕民众;称霸的国,是富裕军人;仅能存在的国,是富裕大夫;灭亡的国,是富裕筐箧,充实府库。筐箧已富,府库已然充满,而百姓反而贫困,如同一件器具,上面盛满,而下面漏,涸竭是很快的。国内不能防守,国外不能对敌奋战,则倾覆灭亡,可以立而等待。所以我若聚敛货财就灭亡,而敌人会得到我的土地货财,变得强盛。热衷聚敛的人,是召来寇仇,赠肥美与敌人;亡了国家,危及自身,所以明智的君主,绝不这样做。

王者争夺贤人,霸者侵夺与国,强者侵占土地。争贤人的,可以使诸侯为臣;争夺与国的,与诸侯为友;争夺土地的,只能与诸侯为敌。以诸侯为臣的,长王天下;与诸侯为友的,称雄一世;与诸侯为敌的,孤危而终。

依恃强力胜人的,他人坚守城池,兵士战斗,而我全以强力胜之,则杀伤他国的人民必很多,杀伤他国的人民既多,他国内的人民,一定极厌恶我,就一定想同我争斗。他坚守城池,兵士出战,而我全以强力胜他,则我的人民被杀伤的,也必定很多,杀伤人民已多,则我的人民,必痛恨我,是强盛到头了。夺来土地,而人民反而减少。忧累多而功少,虽然土地增益,所以守土地的人民却减损了,这是虽然强大,而实力反削小。诸侯虽同我交往,莫不心怀怨恨,忘不了我是他的仇敌。伺察强大国家的困难,承强大国家的困敝,争欲来战,强大的国家就危险了。

知道致强道理的,就不务以强力胜人,大抵听从王命,保全其锋,坚定不移。不乱举动,又实力全,则诸侯不能来削弱;坚定不移,则诸侯不能来攘夺。天下只要没有可以称霸的君主,他就能胜利,因为他知道强霸的道理。

彼霸国则不然,广辟田野,充实府库,修整器械用具,谨严地招募选择有武艺材伎的兵士。然后用各种赏赐来勉励,用各种刑律来纠正,灭亡的使他复存,断绝的使他存留,护卫衰弱的,防止强暴的,而没有兼并他们的心,则诸侯全来亲近了。友善地对待邻国,恭顺地交结诸侯,则诸侯全欣悦了。诸侯之所以来亲近你,是由于你没有兼并他的心,一有兼并的心,则诸侯就疏远你了。诸侯之所以欢慰你,是由于你友爱邻国,如你以待臣下的态度对待,则诸侯全远离你了。所以要表明我没有兼并的行动,使他坚信我友爱邻国的诚心;天下只要没有王者,他就会成为霸主,因为他知晓称霸的关键。

齐闵王败亡于燕、赵、楚、魏、秦五国,齐桓公被劫于鲁庄公,非有其他的缘故,不知王者之道,而强为王者,所以危亡。

真正的王者,仁能高过天下,义能高过天下,威能高过天下。仁能高过天下，所以天下的人，莫不亲近他；义能高过天下，所以天下的人，莫不尊奉他。威能高过天下，所以天下的人，莫敢和他为敌。以无碍之威，再辅以仁服天下之道，所以能不战而胜，不攻而得，不劳甲兵，而天下咸服。通晓王道的关键，能行这两种方略，想王就能王，想霸就能霸，想强就能强。

王者的辅佐，举动能以礼义自饬，决断能有所属，细微的事情皆能看到，随机应变而没有穷尽，深悟本原，这是王者的辅佐。

王者的制度，论王道，不超过夏、殷、周三代，而以当世的君主为法。论王道而超过三代叫荡，不以当世的君主为法叫不雅。衣服有定制，宫室有法度，兵卒有定数，丧祭的器用，皆有等级。声音凡不雅正的，全部废除；彩色凡不是原有的，全部改易；器用凡不是旧有的，全部毁灭。就是所谓复三代之旧物，其道就是王者的制度。

王者的驭下之道：无德便不能显贵，无才便不能得官，无功便不能受赏，无罪便不会受罚。朝廷上没有侥幸而得到官职的人，民众都不愿侥幸得生；尊尚贤者，任用有才能的人，人们所得的职位，各当其才；消除怨恨，禁止凶暴，而刑罚也不必刻深。百姓皆知晓为善于中，而能得赏于朝廷，为不善于暗中，而被惩治于光显。这是确定不刊之论，这就是王者的驭下之道。

王者的法度,赋税有等,治理好民众的一切事务,使万物井井有条,而畜养万民。田野的税,十分取一;街市关口,但稽查有无奸人,而不征税;山林泽梁,开放有一定时期,禁止同时开放,使渔樵之人可以砍柴打鱼,而不收税。视察土地是否丰产,而制定征赋的等级。分道路的远近,而令其进贡。流通财物粟米,不使财物粟米有所积留,使不同的地方能互通有无,四海虽大,就像一家人一样。所以近处的人,能够奉献他的才力;远方的人,也不会感到劳累;虽是深隔僻远的国,莫不愿供王者的驱使,而安乐王者的政教。为政如此,才算得上人民的长上,这就是王者的法度。

北海有善走的马,善叫的犬,然而诸夏可以得来畜养使用;南海有鸟羽象牙、犀兕的皮、铜精丹砂,然而诸夏可以用来作材料;东海有紫紶鱼盐,然而诸夏可以用来作为衣食;西海有皮革牛尾,然而诸夏可以用来作器用。所以住在水边的人,不会缺材木用;住在山上的人,也不会缺鱼吃;农夫不斫削,不陶冶,而有器械;工人商人不耕田,而有菽粟。虎豹是凶猛的,然而君子可以剥其皮,而作为用具。所以天所覆育,地所承载,万物之美,而皆为人所用。上可以让贤人生活得更美好,下可以养活百姓,使之安乐,这就是所谓平治。《诗经》上说:"天作此高山,而太王始治之;太王既治之,而文王又安居之。"就是这个意思。

抓住了纲领,就能通达事物的细目,万几重担,全在君王一人身上。由始至终，由终至始，不离枢纽，如圆环之无起点，背此则天下就乱了。天地是生物的根本，礼义是平治的根本，君子是礼义的根本。但君子应以习学为本，使学问越来越多，而又乐此不疲，这才是君子。天地生出君子，君子便管理天地间的一切，君子参赞天地，化育众人，是万物的纲领，是民众的父母。没有君子，则天地不能化育，礼义没有统领，上面没有君师，下面没有父子的恩义，这是乱的极点。君臣、父子、兄弟、夫妇，由始至终，由终至始，要懂得天地化育的道理，与万世长久之意相同，这是最大的根本。所以丧祭朝聘归旅之礼，是为了让人保持一以贯之的作风。尊贵卑贱，杀戮与夺，是为了让人保持一以贯之的作风。君臣、父子、兄弟之分别，是为了让人能够一以贯之地生存延续；士、农、工、商，使各尽其职，是为了让人能够一以贯之地生存发展。

水火有生气，而不能滋长；草木能滋长，而没有知觉；禽兽有知觉，而没有礼义；人类有生气，能滋长，具知觉，更有礼义，所以是天下最贵重的。人力不如牛，走不如马，而牛、马反为人所用，这是为何呢？人能群聚团结，牛、马不能团结。人何以能团结？以有男女老幼的分别。有男女老幼的分别，为什么就能生存呢？以有礼义。用礼义来分别，就可以发挥出最大的力量；发挥出最大的力量，则能团结一致；能团结一致，则力量大；力量大则强，强则能战胜自然，所以就会有宫室可以安居。所以排列四时的次序，总揽万物，饶益天下，并没有其他的缘故,因为有分别之义,所以能治天下。

所以人不能不群居共处,群居共处而没有分别则争,争则乱,乱就会分离,分离则力少,力少则不能胜物,宫室便不能安居。所以说,人是不能片刻抛弃礼义的。

能以礼义事亲,就是孝;能以礼义事兄,就是悌;能以礼义事上,就是顺;能以礼义使下,就是君,君的目的是,使人能群居合宜。人群得到了安养,则万物皆能得宜,六畜皆得长养,生物皆安其性命。所以养长能有定时,则六畜繁殖;樵采砍伐有定时,则草木茂盛;以时出令,则百姓归心,贤良的人能够归附。

圣王的制度:草木荣华滋硕的时期,就不持斧具入山林樵采,不打断它的滋生,毁灭它的枝芽;鼋鼍、鱼鳖、鳅鳣孕育的时期,罔罟毒药不进入湖畔,不打断它们的生长,不阻碍它们的发育。春天耕种,夏天培植,秋天收获,冬天蓄藏,这四件事不失时,五谷能有生成,而百姓就不会挨饿。江河湖畔,在一定时期禁止同时开放,鱼鳖就会有很多,百姓自食之外,尚可贸易。树木斩伐、养长,不失其时,树木茂盛,而百姓能有多余的木材使用。

圣王养育万物的方法:上顺天时,下合地利,天地之间,万物皆得其所。礼义虽微妙,而功用至显;虽粗疏,而功用甚广;受众虽少,而功用深远;虽广大无边,其为用却至简约。所以说:"自始至终,不离礼义,以此为人,这就叫作圣人。"

王者序官之法：宰爵主管宾客祭祀飨宴之事，司徒主管百姓之事，城郭的大小，器械制造的样式，司马主管师旅、甲兵、徒众之事。修齐宪令，颁布命令，审定礼乐，禁止败坏风俗的乐曲，及时修正正乐，使蛮夷淫邪的音乐，不能变乱雅乐，这是太师的职责。修理堤梁，疏通沟浍，清理积水，使各归其壑，不使溢漏，天旱就放开，水灾就塞起，虽是荒年有水旱之灾，而民众不会冻饿，尚有余食，这是司空的职责。察看田地的高下贫丰，而仔细排列黍、稷、豆、麻、麦的栽种次序，督视农人的勤劳与否，谨严府藏，按时缮修，使农夫以耕种为务，无其他的技能，这是治田的职责。开垦山林、薮泽，长养草木、鱼鳖、菜蔬，而又按照一定的时期，许民众砍伐采摘，使国家资用富足，而财物不乏竭，这是虞师的职责。和顺州里，安排百姓的住房，劝导他们养育六畜，习种树，从教化，修孝悌，以时修教，使百姓安居乐业，这是乡师的职责。审查百工的巧拙，看天时地气，而制造器具，辨别器用的耐用与否，使之足够坚强便利，使奇淫之物，不敢私造于家，这是工师的职责。观察阴阳的天数，占吉凶之兆，以火灼龟甲而卜卦，攘除不祥，择取吉事，五卜而能知道吉凶妖祥，这是伛巫、跛觋的职责。清洁街道，扫除污秽，修理道路，严禁盗贼，颁布旅馆的律则，以时修缮，使商贾安全平安而货财流通，这是治市官的职责。诛除暴虐，禁绝凶顽，防止淫乱，铲除奸邪，使五刑各得其所，使暴悍的人得到感化，奸邪的人不敢兴起，这是司寇的职责。立足于政治教化，调整规范，按时考核，按时计功，而加以奖赏，及时修正条例，使百官精勤守职，而民众无偷心，这是大夫的职责。删定礼乐，纠正人们的行为，广行教化，醇正风俗，覆载天下，使之通流齐和，这是宰相的职责。全其情性，淳敦风教，使之有条理，修治天下，举天下莫不毕察，使天下的人咸悦其德，这是天子的职责。所以政事昏乱，是大夫之罪；国家风俗淫乱，是宰相之罪；天下不能齐和，诸侯反俗背向，这是天子不得其人。

有了王者的资材，就可以为王；有了霸者的心胸，就可以制霸；有了存在的可能，才能存在；具备了灭亡的一切条件，就必然灭亡。万乘之国，威强所以长远，名声所以光艳，敌人所以拜服其德，社稷所以安固，全与人的德行有关。王霸安存、危殆灭亡，都是儒者应该考虑的事。威强不足以惩强邻国，名声不足以称雄天下，这岂不说明，国家凭恃威强，并不能保持独立吗？既不能独立，又哪能免去祸患呢？等到天下业已被迫胁于暴国，而后悔恨与桀同事，方去学尧的道德，那为时已晚了！这与有没有功名无关，这是存亡安危的大事啊！功名之成就，存亡之所系，与执政者的诚心相关。把国家当作成就王者的所在，国就可以王；把国家当作一己偷欢之所，国家就灭亡了。

殷盛之日，安然中立，无所偏倚，而为纵横之事，偃然按兵不动，而看强暴的国，互相争夺。安平政教，确定一年四时的节律，勉励百姓，当这个时期，兵卒强盛，而天下也平安。安然修仁行义,而崇尚之,修定法则,选举贤良,教养百姓,当这个时期,美好的名声,可以传扬于天下了。加强权力,整兵修武,爱惜声名,虽尧、舜统一了天下,也不能超过这样了。

权谋倾覆的人退去,则贤良圣知的人就能出现了。刑罚公平,百姓同心,国家风俗淳美,兵卒强劲,城郭坚固,则敌国自然降服。专务根本,蓄积财物,而不要随意乱扔东西,使群臣百姓,皆能按制度行事,则财物自可蓄积,国家自然丰足。能行此三者,而天下都会服从,即使强暴的君主,也不能对我用兵了。这是为什么呢?他没有辅佐之人。辅佐君主的是人民,然而他的人民,全都亲近我,爱我如父母,好我如芝兰;回顾自己的君上,如火灼黥刺一样的残酷,如同仇人一样的凶恶,即使像桀、跖那样坏的恶人,也绝不肯帮助他所憎恶的,而贼害他所亲近的,这不正是他的人民,全归到我这边了吗?所以古时的人,有以一国夺取了天下,这不是他争得的,因为他行的政教,没有一件是让人不乐意的,这样子,就可以诛除奸邪了。所以周公南面征讨,而北国的人民全都很哀愁,说:"怎么不先到我这里来呢?"东面征讨,而西国的人民全都很哀愁,说:"为什么最后才到我这里来呢?"像这种天下人全都悦服的人,谁能与他争斗呢?这样治理国家,才能称王于天下。

当国家还强盛的时候,修整十年,休养人民,扩大田野,充实仓廪,便利器械;招募有才德的人,以赏赐鼓励他,以刑罚威慑他;选择智慧聪达的人,让他当领袖,让他为这个国家锦上添花，使国家建设的成果得以积极的保存。兵革器械，他国天天暴露在荒野，我拿来加以修整，掩藏于府库；货财粟米，他国天天散落在野外，我拿来蓄积在仓廪；勇敢廉悍的人，他国天天用来同仇敌斗来斗去，而消耗其力，我招来他们，收留他们，供养他们，并用之于朝廷。这样子，他们就日渐衰微，而我日以完固，他日益贫穷，而我日加富裕，他日以劳顿，而我日怀安适。他们君臣上下日渐离心离德，而我们的都和睦亲爱，以这样子，坐等他们的困敝，平治自己的国家，称霸就容易了。

立身则依从世俗的规则，行事则遵从惯例；举用士人，进退升沉，则优先选用一般人；接待下面的百姓，普行平等，这样子，仅能够免于危亡。

立身则不够认真，行事则多疑；举用士人，进退升沉，则亲近小人；接待下面的百姓，则与民争利，这样子，国家就危险了。

立身则傲慢骄横，行事则虎头蛇尾；举用士人，进退升沉，则好用狠心狡诈的人；接待下面的百姓，则没命地使用，而不顾他们的生活，这样子，就要灭亡。

这五种做君王的方法，必须谨慎地选择，王霸安存、危殆灭亡，系于君主对治国方略的安排。方略安排得好的，就能先发制人，不善安排的，就会被人所制；善于安排的，就能称王于天下，不善安排的，就会被一举消灭了。所以王天下和被人消灭，裁制人和被人所制，这中间的分别太大了。

富国

人都有喜好,孩童的时期,都会爱自己的宗族,长大了就会爱自己的国家。建设富强的国家,并不是说几句空洞的话,就可以将理想变成事实的,要实事求是,排除万难。但治国要有理论指导,要想富强,要了解圣人的大道。《富国》这一篇,就是讲述富强的方法的。

万物同宇而异体,无宜而有用,为人数也。人伦并处,同求而异道,同欲而异知,生也。皆有可也,知愚同;所可异也,知愚分。势同而知异,行私而无祸,纵欲而不穷,则民心奋而不可说也。如是,则知者未得治也;知者未得治,则功名未成也;功名未成,则群众未悬也;群众未悬,则君臣未立也。无君以制臣,无上以制下,天下害生纵欲,欲恶同物,欲多而物寡,寡则必争矣。故百技所成,所以养一人也,而能不能兼技,人不能兼官。离居不相待则穷,群而无分则争。穷者患也,争者祸也,救患除祸,则莫若明分使群矣。强胁弱也,知惧愚也,民下违上,少陵长,不以德为政,如是,则老弱有失养之忧,而壮者有分争之祸矣。事业所恶也,功利所好也,职业无分,如是,则人有树事之患,而有争功之祸矣。男女之合,夫妇之分,婚姻聘内,送逆无礼,如是,则人有失合之忧,而有争色之祸矣。

故知者为之分也。

足国之道,节用裕民,而善臧其余,节用以礼,裕民以政。彼裕民,故多余,裕民则民富,民富则田肥以易,田肥以易,则出实百倍。上以法取焉,而下以礼节用之。余若丘山,不时焚烧,无所臧之。夫君子奚患乎无余?故知节用裕民,则必有仁义圣良之名,而且有富厚丘山之积矣。此无它故焉,生于节用裕民也。不知节用裕民,则民贫,民贫则田瘠以秽,田瘠以秽,则出实不半。上虽好取侵夺,犹将寡获也,而或以无礼节用之,则必有贪利纠譑之名,而且有空虚穷乏之实矣。此无它故焉,不知节用裕民也。《康诰》曰:"弘覆乎天,若德裕乃身。"此之谓也。

礼者,贵贱有等,长幼有差,贫富轻重,皆有称者也。故天子袾裷衣冕,诸侯玄裷衣冕,大夫裨冕,士皮弁服。德必称位,位必称禄,禄必称用,由士以上,则必以礼乐节之,众庶百姓,则必以法数制之。量地而立国,计利而畜民,度人力而授事。使民必胜事,事必出利,利足以生民,皆使衣食百用出入相掩。必时臧余,谓之称数,故自天子通于庶人,事无大小多少。由是推之,故曰:"朝无幸位,民无幸生。"此之谓也。

轻田野之税,平关市之征,省商贾之数,罕兴力役,无夺农时,如是,则国富矣,夫是之谓以政裕民。

人之生,不能无群,群而无分则争,争则乱,乱则穷矣。故无分者,人之大害也;有分者,天下之本利也;而人君者,所以管分之枢要也。故美之者,是美天下之本也;安之天下之本也;贵之者,是贵天下之本也。古者先王分割而等异之也,故使或美或恶,或厚或薄,或佚或乐,或劬或劳。非特以为淫泰夸丽之声,将以明仁之文,通仁之顺也。故为之雕琢刻镂、黼黻文章,使足以辨贵贱而已,不求其观。为之钟鼓、管磬、琴瑟、竽笙,使足以辨吉凶,合欢定和而已,不求其余。为之宫室台榭,使足以避燥湿、养德、辨轻重而已,不求其外。《诗》曰:"雕琢其章,金玉其相,亹亹我王,纲纪四方。"此之谓也。

若夫重色而衣之,重味而食之,重财物而制之,合天下而君之,非特以为淫泰也,固以为王天下,治万变,材万物,养万民,兼制天下者,为莫若仁人之善也夫!故其知虑足以治之,其仁厚足以安之,其德音足以化之,得之则治,失之则乱。百姓诚赖其知也,故相率而为之劳苦,以务佚之,以养其知也。诚美其厚也,故为之出死断亡,以覆救之,以养其厚也。诚美其德也,故为之雕琢刻镂,黼黻文章,以藩饰之,以养其德也。故仁人在上,百姓贵之如帝,亲之如父母,为之出死断亡而愉者,无它故焉,其所是焉诚美,其所得焉诚大,其所利焉诚多。《诗》曰:"我任我辇,我车我牛,我行既集,盖云归哉!"此之谓也。

故曰:"君子以德,小人以力。"力者德之役也,百姓之力,待之而后功;百姓之群,待之而后和;百姓之财,待之而后聚;

百姓之势，待之而后安；百姓之寿，待之而后长。父子不得不亲，兄弟不得不顺，男女不得不欢，少者以长，老者以养。故曰："天地生之，圣人成之。"此之谓也。

今之世而不然，厚刀布之敛，以夺之财；重田野之税，以夺之食；苛关市之征，以难其事，不然而已矣。有掎挈伺诈，权谋倾覆，以相颠倒，以靡敝之。百姓晓然，皆知其污漫暴乱，而将大危亡也，是以臣或弑其君，下或杀其上，粥其城，倍其节，而不死其事者，无它故焉，人主自取之。《诗》曰："无言不雠，无德不报。"此之谓也。

兼足天下之道，在明分，掩地表亩，刺草殖谷，多粪肥田，是农夫众庶之事也。守时力民，进事长功，和齐百姓，使人不偷，是将率之事也。高者不旱，下者不水，寒暑和节，而五谷以时孰，是天下之事也。若夫兼而覆之，兼而爱之，兼而制之，岁虽凶败水旱，使百姓无冻馁之患，则是圣君贤相之事也。

墨子之言，昭昭然为天下忧不足。夫不足，非天下之公患也，特墨子之私忧过计也。今是土之生五谷也，人善治之，则亩数盆，一岁而再获之。然后瓜桃枣李一本，数以盆鼓，然后荤菜百疏以泽量，然后六畜禽兽，一而剸车。鼋鼍、鱼鳖、鳅鳝以时别，一而成群，然后飞鸟凫雁若烟海，然后昆虫万物生其间，可以相食养者，不可胜数也。夫天地之生万物也固有余，足以食人矣，麻葛茧丝鸟兽之羽毛齿革也固有余，足以衣人矣。夫有余不足，非天下之公患也，特墨子之私忧过计也。

天下之公患，乱伤之也，胡不尝试，相与求乱之者谁也？我以墨子之非乐也，则使天下乱；墨子之节用也，则使天下贫，非将堕之也，说不免焉。墨子大有天下，小有一国，将蘁然衣粗食恶，忧戚而非乐，若是则瘠，瘠则不足欲，不足欲则赏不行。墨子大有天下，小有一国，将少人徒，省官职，上功劳苦，与百姓均事业，齐功劳，若是则不威，不威则罚不行。赏不行，则贤者不可得而进也；罚不行，则不肖者不可得而退也。贤者不可得而进也，不肖者不可得而退也，则能不能不可得而官也。若是，则万物失宜，事变失应，上失天时，下失地利，中失人和，天下敖然，若烧若焦。墨子虽为之衣褐带索，嚽菽饮水，恶能足之乎？既以伐其本，竭其原，而焦天下矣。

故先王圣人为之不然，知夫为人主上者，不美不饰之，不足以一民也；不富不厚之，不足以管下也；不威不强之，不足以禁暴胜悍也。故必将撞大钟，击鸣鼓，吹笙竽，弹琴瑟，以塞其耳；必将雕琢刻镂，黼黻文章，以塞其目；必将刍豢稻粱，五味芬芳，以塞其口。然后众人徒，备官职，渐庆赏，严刑罚，以戒其心。使天下生民之属，皆知己之所愿欲之举在是于也，故其赏行；皆知己之所畏恐之举在是于也，故其罚威。赏行罚威，则贤者可得而进也，不肖者可得而退也，能不能可得而官也。若是，则万物得宜，事变得应，上得天时，下得地利，中得人和，则财货浑浑如泉源，汸汸如河海，暴暴如丘山，不时焚烧，无所臧之。夫天下何患乎不足也？故儒术诚行，则天下大而富，使而功,撞钟击鼓而和。《诗》曰:"钟鼓喤喤,管磬玱玱,降福穰穰,降福简简,威仪反反,既醉既饱,福禄来反。"此之谓也。

故墨术诚行,则天下尚俭而弥贫,非斗而日争,劳苦顿萃而愈无功,愀然忧戚非乐,而日不和。《诗》曰:"天方荐瘥,丧乱弘多,民言无嘉,憯莫惩嗟。"此之谓也。

垂事养民,拊循之,咆呕之,冬日则为之饘粥,夏日则为之瓜麮,以偷取少顷之誉焉,是偷道也。可以少顷得奸民之誉,然而非长久之道也。事必不就,功必不立,是奸治者也。傮然要时务民,进事长功,轻非誉而恬失民,事进矣,而百姓疾之,是又不可偷偏者也。徙坏堕落,必反无功,故垂事养誉不可,以遂功而忘民,亦不可,皆奸道也。

故古人为之不然,使民夏不宛喝,冬不冻寒,急不伤力,缓不后时,事成功立,上下俱富,而百姓皆爱其上,人归之如流水,亲之欢如父母,为之出死断亡而愉者,无它故焉,忠信调和,均辨之至也。故君国长民者,欲趋时遂功,则和调累解,速乎急疾,忠信均辨,说乎赏庆矣。必先修正其在我者,然后徐责其在人者,威乎刑罚。三德者诚乎上,则下应之如景响,虽欲无明达,得乎哉?《书》曰:"乃大明服,惟民其力,懋和而有疾。"此之谓也。

故不教而诛,则刑繁而邪不胜;教而不诛,则奸民不惩;诛而不赏,则勤属之民不劝;诛赏而不类,则下疑俗险,而百姓不一。故先王明礼义以壹之,致忠信以爱之,尚贤使能以次之,爵服庆赏以申重之，时其事，轻其任，以调齐之，潢然兼覆之，养长之，如保赤子。若是，故奸邪不作，盗贼不起，而化善者劝勉矣。是何邪？则其道易，其塞固，其政令一，其防表明。故曰："上一则下一矣，上二则下二矣。"辟之若草木，枝叶必类本，此之谓也。

不利而利之，不如利而后利之之利也；不爱而用之，不如爱而后用之之功也。利而后利之，不如利而不利者之利也；爱而后用之，不如爱而不用者之功也。利而不利也，爱而不用也者，取天下矣。利而后利之，爱而后用之者，保社稷也。不利而利之，不爱而用之者，危国家也。

观国之治乱臧否，至于疆易，而端已见矣。其候徼支缭，其竟关之政尽察，是乱国已。入其境，其田畴秽，都邑露，是贪主已。观其朝廷，则其贵者不贤，观其官职，则其治者不能，观其便嬖，则其信者不悫，是暗主已。凡主相臣下百吏之俗，其于货财取与计数也，顺孰尽察，其礼义节奏也，芒轫僈楛，是辱国已。其耕者乐田，其战士安难，其百吏好法，其朝廷隆礼，其卿相调议，是治国已。观其朝廷，则其贵者贤，观其官职，则其治者能，观其便嬖，则其信者悫，是明主已。凡主相臣下百吏之属，其于货财取与计数也，宽饶简易，其于礼义节奏也，陵谨尽察，是荣国已。贤齐则其亲者先贵，能齐则其故者先官，其臣下百吏污者，皆化而修，悍者皆化而愿，躁者皆化而悫，是明主之功已。

观国之强弱贫富有征,上不隆礼则兵弱,上不爱民则兵弱,已诺不信则兵弱,庆赏不渐则兵弱,将率不能则兵弱。上好功则国贫,上好利则国贫,士大夫众则国贫,工商众则国贫,无制数度量则国贫。下贫则上贫,下富则上富。故田野县鄙者,财之本也,垣窌仓廪者,财之末也。百姓时和,事业得叙者,货之源也,等赋府库者,货之流也。故明主必谨养其和,节其流,开其源,而时斟酌焉,潢然使天下必有余,而上不忧不足。如是,则上下俱富,交无所藏之,是知国计之极也。

故禹十年水,汤七年旱,而天下无菜色者,十年之后,年谷复熟,而陈积有余,是无它故焉,知本末源流之谓也。故田野荒而仓廪实,百姓虚而府库满,夫是之谓国蹶。伐其本,竭其源,而并之其末,然而主相不知恶也,则其倾覆灭亡可立而待也。以国持之,而不足以容其身,夫是之谓至贪,是愚主之极也!将以求富而丧其国,将以求利而危其身,古有万国,今有十数焉,是无它故焉,其所以失之一也。君人者亦可以觉矣。百里之国,足以独立矣。

凡攻人者,非以为名,则案以为利也;不然,则忿之也。仁人之用国,将修志意,正身行,伉隆高,致忠信,期文理。布衣𫄨屦之士诚是,则虽在穷阎漏屋,而王公不能与之争名,以国载之,则天下莫之能隐匿也,若是,则为名者不攻也。

将辟田野,实仓廪,便备用,上下一心,三军同力,与之远举极战则不可,境内之聚也,保固视可;午其军,取其将,若拨辈；彼得之，不足以药伤补败；彼爱其爪牙，畏其仇敌，若是，则为利者不攻也。

将修大小强弱之义，以持慎之，礼节将甚文，珪璧将甚硕，货赂将甚厚，所以说之者，必将雅文辩慧之君子也。彼苟有人意焉，夫谁能忿之？若是，则忿之者不攻也。

为名者否，为利者否，为忿者否，则国安于盘石，寿于旗、翼。人皆乱，我独治，人皆危，我独安，人皆失丧之，我按起而治之。故仁人之用国，非特将持其有而已也，又将兼人。《诗》曰："淑人君子，其仪不忒。其仪不忒，正是四国。"此之谓也。

持国之难易：事强暴之国难，使强暴之国事我易。事之以货宝，则货宝单而交不结，约信盟誓，则约定而畔无日。割国之锱铢以赂之，则割定而欲无厌，事之弥烦，其侵人愈甚，必至于资单国举然后已。虽左尧而右舜，未有能以此道得免焉者也。辟之是犹使处女婴宝珠，佩宝玉，负戴黄金，而遇中山之盗也，虽为之逢蒙视，诎要桡腘，君卢屋妾，由将不足以免也。故非有一人之道也，直将巧繁拜请而畏事之，则不足以持国安身，故明君不道也。必将修礼以齐朝，正法以齐官，平政以齐民，然后节奏齐于朝，百事齐于官，众庶齐于下。如是，则近者竞亲，远方致愿，上下一心，三军同力，名声足以暴炙之，威强足以捶笞之，拱揖指挥，而强暴之国莫不趋使，譬之，是犹乌获与焦侥搏也。故曰："事强暴之国难，使强暴之国事我易。"此之谓也。

【译解】

万物同生在天地中间，形体是不一样的，虽然不会主动地适合人类的需求，但都有用于人，这是基本规律。人类在一处生活，有不一样的追求，方法就不同，同是一样的追求，思想也不一样，这就是人的秉性。一件好东西，智愚之人都叫好，一件特异之物，智愚之人的看法就有分别了。形势是一样的，而有不一样的看法，苟行私欲而没有祸患，放纵情欲，没有终点，那民心亢奋得就没有满足了。这样，虽有大智之人，也不能平治天下，大智之人尚且不能平治天下，功名自然就不能树立了。功名不能树立，那民众的阶层，自然没有区别了。民众没有等级的区别，君臣的位分，也就失去尊严了。没有君主来管辖臣下，没有上级来管理下级，天下的人都尽情享乐，欲望与恶同体，欲望太多了，物质却有限，在这状况下，人类会有很激烈的斗争。所以百工制造出来的物质，全用来奉养一人，虽有能巧的，也不能兼擅技功，虽有能人，也不能兼官。人类如果互相离弃的话，必定要受物质匮乏之苦，生存在一处，没有阶级区分，必定要纷争。受困于物质匮乏，固然可忧虑，纷争更是祸害，若要避免祸害，莫如使人类划分出等级，就能相生相养了。强的欺侮弱的，有智慧的恐吓顽钝的，在下位不服从在上位的教化，年龄小的欺骗年老体衰的，不以德政来教化，这样,老的和小的,都会失去生存,年轻力壮的,都会趋向纷争。做辛劳之事,人都不会愿意,功勋利禄,人之所好,要是职业没有区分,人们必定都会厌恶去做辛劳之事,而去争功名了。男女的交合,夫妇的分别是很重要的,定亲、下聘、嫁娶,如果没有礼法的话,那人们必定有没有妻子的烦忧,就会有争夺女色的灾难了。所以大智慧之人,把人分成等级。

　　使国家富裕的办法,要节省建设的费用,使百姓能有宽余,而后妥善地储藏过剩的资源。用礼义节省费用,用政策使百姓富裕;百姓能够富裕,手里就有多余的钱;百姓手头有多余的钱,日子就过得好;百姓的日子过得好,田亩就会肥沃可耕;田亩肥沃可耕,出产就会增多数倍。官府能正常地取之于民,民间也不要浪费,过剩得有丘山般的高厚,时时地感觉得收不上来,需要焚烧。君子怎么会担心没有剩余呢?能知道节省资源,让民众有闲钱,必能得到仁圣贤良的美名,而且有堆积如山的财富。这没有别的缘故,是因为统治者能节用裕民罢了。如果不能节用裕民的话,人民就会贫困;人民若是贫困,田地就会走向荒芜;田地如果荒芜的话,所出的粮食,也自然会减半了。官府即使横征暴敛,也不会有收获;若还有人不顾耗费地使用,一定会有贪利强取的恶名,必然要面对空虚穷乏的现实。这又是为何呢?因为统治者不知道节用裕民啊!《康诰》上说:"像天空一样地覆照啊!你的仁德,充遍你的全身。"说的就是这个道理。

礼的法则,是使贵贱有等分,长幼有差别,贫富贵贱都能合乎他智愚的称量。所以天子袾裷衣冕,画龙于衣,帽子有旒,诸侯穿黑裷衣冕,大夫穿裨衣戴冕,士人用白鹿的皮做帽子,穿素积衣。有怎样的德行,就有相应的禄位,有怎样的禄位,必定要有怎样的功用。自士人以上,必须用礼乐来节制他;普通的民众,必须用法律来裁制他。测量地利的厚薄,而后立国;计算土地的肥硗,而畜养多少人众;根据每一个人的才德,而分配给他相应的工作。使人民的力量,能够正常生活,生活必能得收获,得来的收获,能够使百姓生存,使他们的衣食和日用的支出,能够出入相抵。时时都能剩下来一些,可以收起来再用,这就叫作称数。从天子到民众,不论事情的大小,都这样去推广。所以说:"朝廷上没有尸位素餐之人,人民不会侥幸偷生。"就是这个意思。

减轻田赋的税,降低关市的税,减少商人的税,不常兴工役,不占用农时,这样,国家就可以富裕了。这就是用良好的政治,来引导百姓。

人类必须群居,群居在一处,如不懂礼义,必定会引起争斗,若起了争斗,必引起混乱,混乱必造成穷困。所以没有礼义,是人类的灾难,礼义是天下的福,人君是把握礼义的。所以美,是美天下的大本,安治,是安治天下的根本,尊贵它,就是尊贵天下的根。古代的君主,用礼义来研判,用差别来区分,使有美的,有不美的,有厚的,有薄的,有安逸的,有辛苦的。并不是因为骄奢淫逸,是用来彰显仁义的表象,理顺人性的条理。所以做出雕琢的金玉、雕琢的木刻、青白黼黻的图案,使它能够辨别贵贱就可以了,并不追求美观;做出钟鼓、管磬、琴瑟、竽笙,使它能够辨别吉凶,调和欢情,改变气质,就可以了,并不要求其他的目的;做出宫室台榭,使能够避免潮湿,涵养其德,辨别轻重就可以了,并不太奢侈。《诗经》说:"雕琢文章,有美如金玉的气象,劝勉我的君王去行善,去纲纪四方。"就是这个说法。

穿多种颜色的衣服,吃多种口味的食物,把很多的财物给他管,天下人都把他尊为君主,并不是他能矫正荒淫奢泰,是因为治理天下,消除混乱,总领万物,协和万民,一同宰制天下,没有比仁人更合适的了。他的智慧,能够平治天下;他的仁德,能够理顺天下;他的德音,能够感化天下。得到他,天下就安定,没有他,天下就崩乱。百姓要依靠他的智慧,所以替他辛苦,使他安享尊荣,以保养他的智慧。人民钟爱他的仁德,所以为他前后奔忙,来摄护,以护卫他的仁心。人民赞美他的美德,所以做出雕刻黼黻的图案,来藩卫文饰,以保护他的美好。所以仁人在上位的话,百姓尊奉他,就像尊奉天帝一样,亲近他,就像亲近父母一样,为他出生入死也不推辞。这没有其他的缘故,是他所赞美的确实美,所得到的福德确实大,所惠及百姓的利益确实多啊!《诗经》里说:"我背粮食我拉车,我扶车子我牵牛,我们运输快完成,吩咐我们都回头。"

就是这个说法。

所以说,君子用仁义抚慰民众,民众用劳动事奉君王,劳力是让仁义驱使的。百姓的劳动,必待圣王才能有成;百姓群居,必待圣王整肃;百姓的钱财,必待圣王分配;百姓的地位,必待圣王才能安稳;百姓的寿命,必待圣王保护。父子不得不亲爱,兄弟不得不和顺,男女不得不欢乐,孩子得以长大,老人得以安养。所以说:"天地生人,圣人成人。"就是这个说法。

现在不这样了,加重征收,赋税与民争利;加重田赋的税,以夺取民食;苛加关市的税收,以刁难民事。不但如此,他们还互相拆台,互相陷害,颠倒黑白,以相倾覆。百姓都知道,这是注定要灭亡的,所以臣弑其君,下弑其上,变卖城池,背弃国家,不为君主赴难。这没有别的原因,是人主咎由自取的。《诗经》上说:"没有言语是不答的,没有仁德是不还报的。"就是这个说法。

兼足天下的大道,在确定职分,开垦土地标记土地,删刈杂草种植谷物,多施粪肥使田地肥沃,是农民众庶的工作;遵守农时,以使用百姓,促进农业,增广丰收,和协百姓,使人民不偷惰,是将帅的工作;高的地方不干旱,低的地方不淹没,寒暑调和,五谷按时成熟,是天地的运行;至于无所不覆,无所不爱,无所不制,即使是凶败水旱的年份,也能使百姓不受冻馁之患,这是圣君贤相的工作。

墨子的言论,焦虑不安地为天下人担心物资不足的问题。

不足不是天下的公患，只是墨子个人的担忧而已。譬如一亩生长五谷的土地，人如果善于耕种，一亩就可以种出数盆的产量，而且一年可以收获两次。然后瓜、桃、枣、李一株，可以产出众多的产量；然后葱蒜之类的蔬菜也种得遍地都是；然后六畜禽兽，只要有一只，就可以占满一车的位置。鼋鼍、鱼鳖、鳅鳝，按时繁殖，一只能变成一群；然后，飞鸟、野鸭、大雁之类多得就像大海上的烟雾；然后昆虫万物都在天地间生存，可以供养人的，数之不尽。天地生养万物，够人吃的，麻葛、茧丝、鸟兽的羽毛齿革，也是足够人穿着的。不足并不是天下的公患，只是墨子个人的担忧啊！

　　天下的公患，是扰乱社会，何以不去尝试着去寻求，扰乱社会的是谁呢？我认为，墨子"非乐"的观点，必使天下混乱，墨子"节用"的观点，必使天下贫困；这不是诋毁墨子，他的学说确实会导致这样的后果。墨子大而有天下，小而有一国，必将忧心忡忡，粗衣恶食，满脸忧愁地反对音乐。这样的话，一般人民的消费就必然少了，一般人民的消费如果少了，必不能满足大众的生活需求，大众的生活需求如果不能满足，那么赏赐就没有必要了。墨子大而有天下，小而有一国，必将减少仆从，减省职位，和百姓同心同德，辛勤度日。这样则威严不在，威严不在，刑罚也不管用了。赏赐不能行，则贤人便不能为我所用，刑罚不行，不肖之人便不能退去。贤人不能得，不肖不能退，则有才能和没有才能的，都不能得到适当的官职。这样万物则尽失常宜,事变也失去了应对,上失天时,下失地利,中失人和,天下沸腾,如同被烧焦了一样。墨子就是为之着短衣粗布,吃菽喝水,就能使国家富裕吗?他已经把根本都砍掉了,本源都被他绝断了,天下被他烧坏了啊!

圣王做事就不是这样,知道做君主的,不装饰美化,就不能统一人民;不富不厚,就不能管辖下级;不够精悍,就不能够禁止凶暴。所以必须敲大钟,击响鼓,吹竽笙,奏琴瑟,以快悦他的双耳;必须雕琢刻镂,黼黻文章,以快悦他的双眼;必须用猪狗稻粱,芬芳五味,以快悦他的口齿。然后众人各尽其职,行奖赏,置刑罚,让他戒惧,使天下的民众,都知道自己所喜欢的,都被王控制住了,所以赏赐公正。又使天下的民众,都知道自己所畏惧的,也被王控制住了,所以刑罚不虚。赏赐公正,刑罚不虚,则贤人得以进用,不肖之人得以罢黜,有才能和没有才能的,都可以使他来帮忙。这样的话,万事万物都能够合道,事情也可以得宜。上明天时,下得地利,中齐人和。财货如涌泉一般而来,好似河海一般;堆积得如丘山一样,多得堆积不下,须要焚毁。天下还怕什么不足的呢?所以儒术要是能行,则天下可以广大而富足,民众被役使,而能有功,敲钟击鼓地去和睦相处。《诗》道:"钟鼓喤喤地响,管磬玱玱地敲,上天赐我们福,福禄多么绵长。我们幸福优多,我们威仪整肃。酒醉了!饭饱了!福禄降临。"就是这个样子。

如果墨子的学说真的通行于天下,则天下愈加贫困,日趋斗争，劳苦顿踣而无功，忧戚悲苦，没有欢乐，而日日争讼。《诗经》上说："上天正在降重病，日日都有丧乱来，百姓从不说好话，可是大人不愿改！"就是这个模样。

不务正业，好行小恶，抚循百姓，如怜赤子。冬天熬粥取暖，夏天供应菜蔬瓜果和大麦粥，以换取一时的赞誉，这是偷窃之道！可以得到奸民的一时赞赏，但不是长久之道。事业必不能成功，功业必不能建立，这是奸诈的治术。急急忙忙地役使人民，建设事业，建立功勋，不顾非毁，不怕失去民心；事业虽然有成，百姓却不买帐，这也是偷合取容、劳民伤财的事。虽能有成，必然崩坏堕落，没有善终。所以沽名钓誉，好行小恶，固然不可；贪功冒进，以忘民劳，亦是不可，这两条都是奸道啊！

古之人不这样做，役使百姓，必使百姓夏天不中暑，冬天不受冻，疾作时不伤力，缓作时不误功，事业成就，功业树立，上下都能富裕。百姓敬爱君王，归附他好像水流一样，亲近他就像父母一般，为他出生入死而不退缩。这没有其他的原因，是他君主忠诚、温和、公平，才能如此的。君临天下之人，要想建功立业，心平气和，要比急功近利收效更快；忠信均平，比赏赐更能赢取人心。必先修正自己身上的缺失，再徐责其他人的，这样刑罚才有尊严。上面所说的三德，君主都能确实执行，人民的回应就像影子音响一般，虽想不明可以吗？《书经》上说："君主啊！聪明地管理臣下！自然调和而且迅速。"就是这样的。

　　所以不先教化就行诛罚，虽用严刑，人民也不能从善，只教化而不诛罚，奸民是不怕的；仅诛罚而不行赏，勤厉的人民，是不会奋进的。诛罚和赏赐，如果没有标准，百姓就会疑惑，风俗就会险恶，民众就会失和。所以先王明示礼义，来调和百姓，用信用来爱护民众，尚贤使能处置贤人，用爵禄赏赐来激励他们，减轻负担来调剂他们，根据时节安排劳作，仿佛大水一般来负载他们，养护他们，就像爱护孩子。这样，所以奸邪不作，盗贼不起，从此改过自新了。这是为何呢？是先王的原则平易可行，可以很好地稳定民心，他的政策坚强有力，他的制度明白清楚。所以说："在上的能统一，在下的就能团结；在上的分离，在下的也就会分崩离析。"就像草木枝叶，必和他的根本相似，就是这样的。

　　不利民而取利于民，不如使民得利再取民利；不爱民而用民，不如先爱民而后用民来得有效。先利人民再取民利，不如利民而后不取民利来得有利；先给人民小惠而后滥用人民的，不如关爱人民而不使用人民要有功效。惠利人民而不自取利，播撒关爱而不使用人民，可以得天下；先惠利人民而后取利，先关爱百姓而后用之，也能够保卫社稷；不利民而取民之利，不爱民而滥用民力，会危害他的国家。

　　观察各个国家的治乱程度好坏，到达这个国家的边境，大约就可以看清了。斥候十分混乱，关税十分苛细，这便是乱国。进到国境里,田地荒芜,城镇颓坏,这是贪婪的君主。朝廷上的人,尊贵的并不贤能,治理官吏的人,并无才能,亲信的人,并不恭谨,这便是昏君。凡是君主、宰相、大臣、官吏,对于钱财的获取与支出,极尽精打细算之能事,对于礼义法度,漫不经心,这就是一个耻辱的国家。如果耕种的人乐意耕田,战斗的人不畏死,大小官吏谨遵法度,朝廷之上重礼义,士大夫都能齐心协力,这便是治理得不错的国家。朝廷上的人都很聪明,官吏都有才能,亲信都很谨慎,这是贤明的君王。凡是君主、宰相、大臣、官吏,对于钱财的获取与支出宽易简便,对于礼义法度严肃认真,这是富强的国家。贤德相等,则关系近的先得高位,才能相当,则故旧之人先得官位,臣下百吏污秽的都能变成清白,凶悍的变成良善,急躁的变成平和,这就是明主的功劳。

　　观察各个国家的强弱贫富,有其征兆。君主不尊隆礼义则军队战斗力弱,君主不恤百姓则军队战斗力弱,不计信用则军队战斗力弱,赏赐不厚则军队战斗力弱,将帅无能则军队战斗力弱。在上的官员好大喜功则国家贫困,在上的官员多行贪欲则国家贫困,士大夫太多则国家贫困,工匠商人太多则国家贫困,没有合适的度量衡则国家贫困。如果百姓贫困,官员也不会好,百姓如果过得好,官员也会好。所以说,乡野近郊是财源的根本,粮仓、地窖、谷仓、米仓反而是财源的末端。百姓遵守天时,安居乐业,这是财货的源头;依照等级交纳钱粮,这是财货的支流。所以英明的君主必然安养和气,节制财富的支流,拓宽财富的源头,时时加以斟酌,便天下财富沛然有余,在上位的也不会忧愁匮乏。这样上下都富裕,没有地方储藏财富,这是极其通晓国计民生的人。

所以大禹的时候,十年水灾,商汤的时候,七年旱灾,而天下之人没有饥色;十年之后,谷物复熟,旧有余粮,还有堆积。这没有其他的道理,是了解了本末源流的大道啊!所以田野荒芜而仓廪充实,百姓空虚而府库盈满,这便是国蹶了。斩截根本,息灭源头,把财货收进国库,然而君王宰相,还不知道不对,那他的国家,覆亡可待。用整个国家来供养他,还不能满足,这便是至恶,昏君的极点了。想求富而亡国,想求利而丧身;古代国有万数,现只剩十几个了,这没有其他的原因,都是由于愚蠢啊!为人君的可以觉悟了,百里见方的国家,也能够独立。

凡是攻取他国的,不是为名,就是为利,或者因为怨恨。仁人对于国家,必修正志意,端正行为,广崇事业,履信修德,修正文理。身穿布衣,脚履麻鞋的士人,如果也能这样,就算住在穷巷中,王公大臣也不能与他争名。如果让他来治国,也不能遮蔽他的名声,像这样,那些追求声名的国家,就不会来攻打他了。

仁人如果当国,将要开辟田野,充实府库,整顿装备,上下一心,三军同仇,敌国如果远距离来攻伐,那肯定失败。境内防守屯聚,保卫它的险要,伺机进取。遇到敌军,冲锋陷阵,像拔麦芽一样。敌人得到的,还不足以补充失去的,敌人爱惜他的亲信,畏惧他的对手,这样的话,谋取利益的人,就不会来攻打我国了。

恭顺地以小事大,以弱事强,礼敬很丰厚,货贿很丰盛,出使的人,都是聪辩博赡的君子。对方只要是通人意的,怎么会生怨愤呢?这样,那些有怨愤的国家,就不会来攻打了。

猎取声名的不来攻我,贪图利益的也不来攻我,心怀怨忿的也不来了,则国家坚如磐石,国祚就像箕宿与翼宿一样长久。别人混乱,我独心安,别人危殆,我却安心,别人丧国失地,我却起而平乱。所以仁人治国,不但要保住自己的国家,还要开疆拓土。《诗经》上说:"贤人君子,道义不变,道义不变,威服四方。"说的就是这个现象。

保护国家的办法,有难有易,事奉强暴的国家难,让强暴的国家事奉我反而容易。事奉他以国宝,国宝用完了,交情也完结,订立盟约,没过几天盟约就解散了。零星割让土地去贿赂他们,国土弥缺,他们的贪欲却没有止境。事奉他们越恭顺,他们侵略你就愈剧烈,必定要国宝掠尽,国土尽割,才算完结。即使左边是尧,右边是舜,也不能用这种方法避难啊!正如一个处女,带着珠宝,挂着美玉,背着黄金,遇见中山的强盗,虽然她卑躬屈膝,像屋里的姬妾一般,也不能逃过被抢掠的厄运。所以如果没有治国平天下的大道,便只能低声下气地去畏惧他,就不能够保国安身,所以明君不事论说。必要修齐礼义,以整肃朝廷;修正法律,以整顿吏治;端正政治,以教化百姓,然后礼乐制度统一于朝廷,各种事务齐备于官府,百姓耕作于乡村。那么,邻近的国家就会来依附,远方的国家就会来皈依,上下一心,三军同力,名声如同中天,天下归心,军容强大,能够扫平天下。打个比方,这就好像大力士乌获与矮人焦侥搏斗一样容易。所以说:"事奉强暴的国家困难,使强暴的国家事奉我容易。"就是这个方式。

王霸

王道可以统一天下,使民众安乐,不知道治而治,这是王道。霸道可以富强一国,家给人足,励精图治,终日勤劳这是霸道。国家可以王,也可以霸,都有方法。并且一个国家的灭亡,也有来由,本篇详论此。

国者,天下之制利用也。人主者,天下之利势也。得道以持之,则大安也,大荣也,积美之源也。不得道以持之,则大危也,大累也,有之不如无之。及其綦也,索为匹夫,不可得也,齐湣、宋献是也。故人主天下之利势也,然而不能自安也,安之者必将道也。

故用国者,义立而王,信立而霸,权谋立而亡,三者,明主之所谨择也,仁人之所务白也。挈国以呼礼义,而无以害之,行一不义,杀一无罪,而得天下,仁者不为也。擽然扶持心国,且若是其固也。之所与为之者,则举义士也。之所以为布陈于国家刑法者,则举义法也。主之所极然,帅群臣而首乡之者,则举义志也。如是,则下仰上以义矣,是綦定也。綦定而国定,国定而天下定。仲尼无置锥之地,诚义乎志意,加义乎身行,箸之言语,济之日,不隐乎天下,名垂乎后世。今亦以天下之显诸侯,诚义乎志意,加义乎法则,度量箸之以政事,案申重之以贵贱杀生,使袭然终始犹一也。如是,则夫名声之部,发于天地之间也,岂不如日月雷霆然矣哉?故曰:"以国齐义,一日而白,汤、武是也。"汤以亳,武王以鄗,皆百里之地也。天下为一,诸侯为臣,通达之属,莫不从服,无它故焉,以济义矣,是所谓义立而王也。

　　德虽未至也,义虽未济也,然而天下之理略奏矣,刑赏已诺,信乎天下矣,臣下晓然,皆知其可要也。政令已陈,虽睹利败,不欺其民;约结已定,虽睹利败,不欺其与;如是,则兵劲城固,敌国畏之,国一綦明,与国信之,虽在僻陋之国,威动天下,五伯是也。非本政教也,非致隆高也,非綦文理也,非服人之心也。乡方略,审劳佚,谨畜积,修战备,齺然上下相信,而天下莫之敢当。故齐桓、晋文、楚庄、吴阖闾、越勾践,是皆僻陋之国也,威动天下,强殆中国,无它故焉,略信也,是所谓信立而霸也。

　　挈国以呼功利,不务张其义,齐其信,唯利之求。内则不惮诈其民,而求小利焉,外则不惮诈其与,而求大利焉。内不修正其所以有,然常欲人之有,如是,则臣下百姓,莫不以诈心待其上矣。上诈其下,下诈其上,则是上下析也。如是,则敌国轻之,与国疑之,权谋日行,而国不免危削,綦之而亡,齐闵、薛公是也。故用强齐,非以修礼义也,非以本政教也,非以一天下也,绵绵常以结引驰外为务。故强南足以破楚,西足以诎秦,北足以败燕,中足以举宋。及以燕、赵起而攻之,若振槁然,而身死国亡,为天下大戮,后世言恶,则必稽焉。是无它故焉,唯其不由礼义,而由权谋也。

三者,明主之所以谨择也,而仁人之所以务白也。善择者制人,不善择者人制之。

国者,天下之大器也,重任也,不可不善为择所,而后错之,错险则危;不可不善为择道,然后道之,涂薉则塞,危塞则亡。彼国错者,非封焉之谓也,何法之道,谁子之与也?故道王者之法,与王者之人为之,则亦王;道霸者之法,与霸者之人为之,则亦霸;道亡国之法,与亡国之人为之,则亦亡。三者明主之所以谨择也,而仁人之所以务白也。

故国者,重任也,不以积持之则不立。故国者,世所以新者也,是惮,惮非变也,改玉、改行也。故一朝之日也,一日之人也,然而厌焉有千岁之固,何也?曰:援夫千岁之信法以持之也,安与夫千岁之信士为之也。人无百岁之寿,而有千岁之信士,何也?曰:以夫千岁之法自持者,是乃千岁之信士矣。故与积礼义之君子为之,则王,与端诚信全之士为之,则霸,与权谋倾覆之人为之,则亡。三者,明主之所以谨择也,而仁人之所以务白也。善择之者制人,不善择之者人制之。

彼持国者必不可以独也,然则强固荣辱,在于取相矣。身能相能,如是者王。身不能,知恐惧而求能者,如是者强。身不能,不知恐惧,而求能者安。唯便僻左右亲比己者之用,如是者危削,綦之而亡。国者,巨用之则大,小用之则小。綦大而王,綦小而亡,小巨分流者存。巨用之者,先义而后利,安不恤亲,疏不恤贵贱,唯诚能之求,夫是之谓巨用之。小用之者,先利而后义,安不恤是非,不治曲直,唯便僻亲比己者之用,夫是之谓小用之。巨用之者若彼,小用之者若此。小巨分流者,亦一若彼,一若此也。故曰:粹而王,驳而霸,无一焉而亡。此之谓也。

国无礼则不正,礼之所以正国也,譬之犹衡之于轻重也,犹绳墨之于曲直也,犹规矩之于方圆也。既错之,而人莫之能诬也。《诗》云:"如霜雪之将将,如日月之光明,为之则存,不为则亡。"此之谓也。

国危则无乐君,国安则无忧民,乱则国危,治则国安。今君人者,急逐乐而缓治国,岂不过甚矣哉?譬之是由好声色而恬无耳目也,岂不哀哉?夫人之情,目欲綦色,耳欲綦声,口欲綦味,鼻欲綦臭,心欲綦佚,此五綦者,人情之所必不免也。养五綦者有具,无其具,则五綦者不可得而致也。万乘之国,可谓广大富厚矣,加有治辨强固之道焉。若是,则恬愉无患难矣,然后养五綦之具具也。故百乐者,生于治国者也,忧患者,生于乱国者也,急逐乐而缓治国者,非知乐者也。故明君者,必将先治其国,然后百乐得其中,暗君必将急逐乐而缓治国,故忧患不可胜校也,必至于身死国亡,然后止也,岂不哀哉!将以为乐,乃得忧焉,将以为安,乃得危焉,将以为福,乃得死亡焉,岂不哀哉!於乎!君人者,亦可以察若言矣。

故治国有道，人主有职。若夫贯日而治详，一日而曲列之，是所使夫百吏官人为也，不足以是伤游玩安燕之乐。若夫论一相以兼率之，使臣下百吏，莫不宿道乡方而务，是夫人主之职也。若是则一天下，名配尧、禹。之主者，守至约而详，事至佚而功，垂衣裳不下簟席之上，而海内之人，莫不愿得以为帝王。夫是之谓至约，乐莫大焉！

人主者，以官人为能者也，匹夫者，以自能为能者也。人主得使人为之，匹夫则无所移之，百亩一守，事业穷，无所移之也。今以一人兼听天下，日有余而治不足者，使人为之也。大有天下，小有一国，必自为之然后可，则劳苦耗悴莫甚焉！如是，则虽臧获，不肯与天子易势业，以是悬天下，一四海，何故必自为之？为之者，役夫之道也，墨子之说也。论德使能而官施之者，圣王之道也，儒之所谨守也。传曰："农分田而耕，贾分货而贩，百工分事而劝，士大夫分职而听，建国诸侯之君，分土而守，三公总方而议，则天子共己而已。"出若入若，天下莫不平均，莫不治辨，是百王之所同也，而礼法之大分也。

百里之地，可以取天下，是不虚其难者，在人主之知之也。取天下者，非负其土地而从之之谓也，道足以壹人而已矣。彼其人苟壹，则其土地且奚去我而适它？故百里之地，其等位爵服，足以容天下之贤士矣；其官职事业，足以容天下之能士矣；循其旧法，择其善者而明用之，足以顺服好利之人矣。贤士一焉，能士官焉，好利之人服焉，三者具，而天下尽无有是其外矣。故百里之地，足以竭势矣；致忠信，箸仁义，足以竭人矣；两者合而天下取，诸侯后同者先危。《诗》曰："自西自东，自南自北，无思不服。"一人之谓也。

羿、逢门者，善服射者也；王良、造父者，善服驭者也；聪明君子者，善服人者也。人服而势从之，人不服而势去之，故王者已于服人矣。故人主欲得善射，射远中微，则莫若羿、逢门矣；欲得善驭，及速致远，则莫若王良造父矣；欲得调壹天下，制秦、楚，则莫若聪明君子矣。其用知甚简，其为事不劳，而功名致大，甚易处而綦可乐也。故明君以为宝，而愚者以为难。

夫贵为天子，富有天下，名为圣王，兼制人，人莫得而制也。是人情之所同欲也，而王者兼而有是者也。重色而衣之，重味而食之，重财物而制之，合天下而君之。饮食甚厚，声乐甚大，台谢甚高，园囿甚广，臣使诸侯，一天下，是又人情之所同欲也，而天子之礼制如是者也。制度以陈，政令以挟，官人失要则死，公侯失礼则幽，四方之国，有侈离之德则必灭。名声若日月，功绩如天地，天下之人，应之如景响，是又人情之所同欲也，而王者兼而有是者也。故人之情，口好味，而臭味莫美焉；耳好声，而声乐莫大焉；目好色，而文章致繁，妇女莫众焉；形体好佚，而安重闲静莫愉焉；心好利，而穀禄莫厚焉。合天下之所同愿，兼而有之，睪牢天下而制之，若制子孙，人苟不狂惑戆陋者，其谁能睹是而不乐也哉？欲是之主，并肩而存，能建是之士不世绝，千岁而不合，何也？曰："人主不公，人臣不忠也。人主则外贤而偏举,人臣则争职而妒贤,是其所以不合之故也。"人主胡不广焉,无恤亲疏,无偏贵贱,惟诚能之求?若是,则人臣轻职业让贤,而安随其后。如是,则舜、禹还至,王业还起,功壹天下,名配舜、禹,物由有可乐如是其美焉者乎?呜呼!君人者,亦可以察若言矣。杨朱哭衢涂曰:"此夫过举跬步而觉跌千里者夫?"哀哭之。此亦荣辱安危存亡之衢已,此其为可哀,甚于衢涂。呜呼哀哉!君人者,千岁而不觉也。

无国而不有治法,无国而不有乱法;无国而不有贤士,无国而不有罢士;无国而不有愿民,无国而不有悍民;无国而不有美俗,无国而不有恶俗。两者并行而国在,在上偏而国安,在下偏而国危,上一而王,下一而亡。故其法治,其佐贤,其民愿,其俗美,而四者齐,夫是之谓上一。如是,则不战而胜,不攻而得,甲兵不劳而天下服。故汤以亳,武王以鄗,皆百里之地也。天下为一,诸侯为臣,通达之属,莫不从服,无它故焉,四者齐也。桀、纣即序于有天下之势,索为匹夫而不可得也,是无它故焉,四者并亡也。故百王之法不同若是,所归者一也。

上莫不致爱其下,而制之以礼,上之于下,如保赤子。政令制度,所以接下之人百姓,有不理者如豪末,则虽孤独鳏寡,必不加焉。故下之亲上,欢如父母,可杀而不可使不顺。君臣、上下、贵贱、长幼,至于庶人,莫不以是为隆正。然后皆内自省以谨于分,是百王之所以同也,而礼法之枢要也。然后农分田而耕,贾分货而贩,百工分事而劝,士大夫分职而听,建国诸侯之君,分土而守,三公总方而议,则天子共己而止矣。出若入若,天下莫不平均,莫不治辨,是百王之所同,而礼法之大分也。

若夫贯日而治平,权物而称用,使衣服有制,宫室有度,人徒有数,丧祭械用,皆有等宜,以是用挟于万物,尺寸寻丈,莫得不循乎制度数量然后行,则是官人使吏之事也,不足数于大君子之前。故君人者,立隆政本朝而当,所使要百事者,诚仁人也,则身佚而国治,功大而名美,上可以王,下可以霸;立隆正本朝而不当,所使要百事者非仁人也,则身劳而国乱,功废而名辱,社稷必危,是人君者之枢机也。故能当一人而天下取,失当一人而社稷危,不能当一人而能当千人百人者,说无之有也!既能当一人,则身有何劳而为?垂衣裳而天下定。故汤用伊尹,文王用吕尚,武王用召公,成王用周公旦。卑者五伯,齐桓公闺门之内,悬乐、奢泰、游抏之修,于天下不见谓修,然九合诸侯,一匡天下,为五伯长,是亦无它故焉,知一政于管仲也,是君人者之要守也。知者易为之兴力,而功名綦大,舍是而孰足为也?故古之人有大功名者,必道是者也!丧其国,危其身者,必反是者也!故孔子曰:"知者之知,固以多矣,有以守少,能无察乎?愚者之知,固以少矣,有以守多,能无狂乎?"此之谓也。

治国者分已定,则主相、臣下、百吏,各谨其所闻,不务听其所不闻,各谨其所见,不务视其所不见。所闻所见,诚以齐矣,则虽幽闲隐辟,百姓莫敢不敬分安制,以化其上,是治国之征也。

　　主道治近不治远,治明不治幽,治一不治二。主能治近,则远者理;主能治明,则幽者化;主能当一,则百事正。夫兼听天下,日有余而治不足者,如此也,是治之极也。既能治近,又务治远,既能治明,又务见幽,既能当一,又务正百,是过者也,过犹不及也,辟之是犹立直木而求其景之枉也。不能治近,又务治远,不能察明,又务见幽,不能当一,又务正百,是悖者也,辟之是犹立枉木而求其景之直也。故明主好要,而暗主好详,主好要则百事详,主好详则百事荒。君者论一相,陈一法,明一指,以兼覆之,兼炤之,以观其盛者也。相者论列百官之长,要百事之听,以饰朝廷臣下百吏之分。度其功劳,论其庆赏,岁终奉其成功,以效于君,当则可,不当则废,故君人劳于索之,而休于使之。

　　用国者,得百姓之力者富,得百姓之死者强,得百姓之誉者荣。三得者具,而天下归之;三得者亡,而天下去之;天下归之之谓王,天下去之之谓亡。汤、武者循其道,行其义,兴天下同利,除天下同害,天下归之。故厚德音以先之,明礼义以道之,致忠信以爱之,赏贤使能以次之,爵服赏庆以申重之;时其事,轻其任,以调齐之,潢然兼覆之,养长之,如保赤子;生民则致宽,使民则綦理,辩政令制度,所以接天下之人百姓,有非理者如豪末,则虽孤独鳏寡,必不加焉。是故百姓贵之如帝,亲之如父母,为之出死断亡而不愉者,无它故焉,道德诚明,利泽诚厚也。

乱世不然,污漫突盗以先之,权谋倾覆以示之,俳优、侏儒、妇女之请谒以悖之;使愚诏知,使不肖临贤,生民则致贫隘,使民则綦劳苦。是故百姓贱之如佢,恶之如鬼,日欲司闲,而相与投藉之,去逐之;卒有寇难之事,又望百姓之为己死,不可得也,说无以取之焉。孔子曰:"审吾所以适人,适人之所以来我也。"此之谓也。

伤国者何也?曰:"以小人尚民而威,以非所取于民而巧,是伤国之大灾也。"大国之主也,而好见小利,是伤国;其于声色、台榭、园囿也,愈厌而好新,是伤国;不好循正其所以有,啖啖常欲人之有,是伤国;三邪者在匈中,而又好以权谋倾覆之人断事其外,若是,则权轻名辱,社稷必危,是伤国者也。大国之主也,不隆本行,不敬旧法,而好诈故,若是,则夫朝廷群臣,亦从而成俗于不隆礼义,而好倾覆也。朝廷群臣之俗若是,则夫众庶百姓,亦从而成俗于不隆礼义,而好贪利矣。君臣上下之俗莫不若是,则地虽广,权必轻,人虽众,兵必弱,刑罚虽繁,令不下通。夫是之谓危国,是伤国者也。

儒者为之不然,必将曲辨,朝廷必将隆礼义而审贵贱;若是,则士大夫莫不敬节死制者矣。百官则将齐其制度,重其官秩，若是，则百吏莫不畏法而遵绳矣。关市几而不征，质律禁止而不偏，如是，则商贾莫不敦悫而无诈矣。百工将时斩伐，佻其期日而利其巧任，如是，则百工莫不忠信而不楛矣。县鄙将轻田野之税，省刀布之敛，罕举力役，无夺农时，如是，则农夫莫不朴力而寡能矣。士大夫务节死制，然而兵劲。百吏畏法循绳，然后国常不乱。商贾敦悫无诈，则商旅安，货通财，而国求给矣。百工忠信而不楛，则器用巧便而财不匮矣。农夫朴力而寡能，则上不失天时，下不失地利，中得人和而百事不废，是之谓政令行，风俗美。以守则固，以征则强，居则有名，动则有功，此儒之所谓曲辨也。

【译解】

　　国家是天下最有利的东西，天子是天下最有权势的。如果找到正确的道路，国家就会平安，国家就会光荣，成为创造美善的源泉。没有治国的方法，国家就会危险，成为患累，有国家还不如没有的好。等到危急的时候，即使想独自做一个平民，也不能够了，齐湣王和宋献公便是这样的君主。所以说，君主是天下的利器，可是不能平安，必要运用正确的方法。

　　均治国家的人，能够立义，就可以称王，能够立信，就可以称霸，要是阴谋耍诈，就只能灭亡了。这三种方法是英明的君主所谨慎选择的，也是仁人君子必须弄明白的。带领一国人来号召礼义，而不损害之。做一件不义的事，杀一个无罪的人,即使得到天下,仁者不为。他尽心为国,有如磐石,坚不可摧。和他一起从政的人,都很慷慨;所宣布的典刑都是正当的;君主率领群臣所努力的,皆是正事。这样,在下的有所用力,这便是民心所向。民心所向,国家自然安定,国家安定,则天下安宁。仲尼没有立锥之地,但他身体力行,言论合义,身后显名,传扬万世。如果有天下最显要的诸侯,能够主持正义,法律制度合理安排,又能在政策中落实,升沉赏罚,不相凌乱,使政策保持连贯,那么,这个国家的名声在天地间,岂不是像日月星辰一样显耀吗?所以说:"用国家来统一人心,一天就可以成功,汤、武就是这样。"商汤以亳而兴,武王以鄗而兴,都是百里的地方,而能够一统天下,天下诸侯,争相朝贺,有舟车可通的地方的人,都来贺喜。这没有其他的原因,因为他们有义,这就是真相。

  美德虽没有到位,道义虽没有做好,然而天下的条理,已略有规模,赏罚也能诚信于天下,臣下都明白他是可以结信的。政令发布,虽有利害,也不轻更;盟约已定,虽有利害,不变初心。这样,兵力劲强,城池坚固,敌人惧怕,国内统一,法律严整,结盟的诸侯都亲近他,即使是在一个偏僻的乡村,也能震动天下,五霸便是这样。行政没有根本,礼治不算完备,教化不够开明,也难以整顿民风。他们谨慎方略,分工劳动,整备粮仓,整修战备,就像牙齿密合一样上下一心,天下没有一个国家能够战胜他。齐桓、晋文、楚庄、阖闾、勾践,这些都是偏僻国家的君王，威震诸夏，强霸诸侯。这没有其他的原因，是他们能够取信啊！这就是以信而霸。

带领一国之人去追求利益，不去遵从正道，遵守信用，只知道贪婪。在国内不怕欺骗百姓以刁买人心，在国外不怕背信弃义以称霸，心里不修养自己的品行，而想夺取人家的财富，这样，官员百姓都会以欺诈对待君王了。君主欺骗百姓，百姓欺瞒君上，这样，上下就分崩离析了！那敌国就会轻视他，结盟的国家，也要分离，天天诡诈，国家就会危削，最后灭亡，齐闵、孟尝君就是这样。孟尝君有富强的属地，而不公正持国，不把治国放在心里，并不想一统天下，一味拉帮结伙，结交外援。所以南边可以破楚，西向可以抗秦，北面可以灭燕，中间吞服宋国，等到燕、赵起而攻之，一起来攻打他，仿佛摧枯拉朽一般，自己身死，国家灭亡，为天下所笑，后世提起耻辱，都要引用他。这没有特殊的道理，是因为他们不遵守礼教，而用权术啊！

义立而王，信立而霸，权谋立而亡，这三种方略，英明的君主，一定要谨慎选择，君子要认真参悟。善于选择方略的，就能攻无不克；不善于选择方略的，就会举步维艰。

国家是天下最大的东西，是最沉重的，不可不谨慎地择取治国方略，如果选择不对，就会危亡。治国不可不谨慎地选择道路，然后再行，道路上生有杂草，则险恶难通，险阻艰难，必有灾厄。诸侯的建立，并不只是封疆拓土，用什么方法去建设,选什么官员去治理,是更重要的。遵行王者的法度,与遵行王者法度的人治理国家,也就是王者了;遵行称霸之人的法则,与称霸之人一起工作,也能称霸;遵行亡国之人的方法,与亡国之人一起荒淫,便会亡国。这三种道路,英明的君主要谨慎选择,君子要认真参悟。

所以说,国家是重大的负担,如果不用久远的方法,遵守正道,就一定会走向倾覆。所以诸侯是世世更新的,这种更新并非变法,这不过是改变了他们的佩玉和行步之道而已。日子短得就像一个早晨,生命短得就像一个昼夜,可是能够据有千年的国家,这是什么原因呢?这是因为能用千年的方法来治理,又有忠纯的君子来操心。人没有百年的寿命,而有千年的君子,这是为什么呢?用千年的法则来端守自身,这就是千年的君子。所以同有礼义的君子一同治理,则可以称王;同有信用的君子一起治理,则可以称霸;同多行诡诈的人一起治理,就会灭亡。这三类方略,英明的君主要谨慎选择,君子要认真参悟。善于选择方略的人会成功,不善选择的人就会亡国。

守护国家不是一个人能够做的,然而强大、稳固、荣耀、辱没,都系于宰相的选择。自己贤能,宰相贤能,这样就可以称王;自己不能,恐惧而求取贤者,这样可以称霸;自己不能,而又不知道求取有才能的人,只知道亲信左右恭维自己的小人,这样的国家,必然走向灭亡。一个国策,大用之则可以大,小治之就只能小。大到极处,就能王天下;小到极处,就会亡国;大小双用,仅可生存。大用国策的,先礼义而后功利,不论亲疏贵贱,只问有无才能,这叫作大用。小用国策的,先功利而后礼义,不论是非曲直,只问是不是亲信,这叫作小用。大用了是这样,小用了是那样,小大参半,如水分流,又像这样,又像那样。所以说:"纯粹的可以王天下,夹杂的可以称霸,一样都没有就会消失。"就是这样。

国家一天没有礼,就不能正定。礼可以用来正定国家,就好像秤可以称轻重,绳墨可以正曲直,规矩可以正方圆一样,一经设置,人们就不能欺罔了。正如《诗经》上说:"像霜雪一样下落,像日月一样光明,那样做,就能够存在,不那样做,就会灭亡。"就是这样。

国家危难,就没有享乐的君王,国家太平,就没有忧伤的百姓,混乱则国危,安康则国安。现在的君主,急于求乐而缓于治国,这不是太过了吗?就好像是喜欢声色,而没有耳朵眼睛,这太悲哀了!大凡人情,眼睛喜欢美色,耳朵欣赏音声,嘴巴贪吃,鼻留香味,心怀欢乐,这五件事,是人情所不能避免的。但这五件事,一定有条件,没有条件,便得不到。万乘的国家,可以说广大富裕了,再加上国泰民安的大道,则高枕无忧,然后这五件事就都具备了。所以各种各样的欢乐,只有在治理得好的国家才有,忧愁哀叹,只发生在治理得不好的国家,急于追求快乐,而松于礼治,这就不懂乐。所以贤明的君主,必先治理国家,然后乐趣就都有了;昏庸的君主,必先享乐然后再收心,所以忧愁伤悲不可胜计,必等到身死国丧,然后方止,这岂不是太悲哀了吗?本要追求欢乐,却反而忧愁,本想求平安,却反而危险,本欲求福,反得丧乱,这岂不是很无奈?唉!为人君王的,也可以领悟了!

治国的人应该知道,君主应该守职。至于一天之内而周密完备,一日而得当,这是百官群吏的事,不足以侵害君主的欢乐。选择一个宰相,率领臣下百官,都能够向着大道的方向,这是君王的职分。这样,就能够一统天下,名声可以超过尧、舜,做君王的方法至简,而成果甚好,事情虽众,而成效甚大,低垂下裳,不下筵席,而天下的人,都愿意让他来当君主。这就叫作至约,乐趣甚大。

君主以用人为方略,匹夫以自己为方法。君主可以叫人去做,百姓没有什么可以放松的;一个人守着一百亩地,没有办法转给别人。今日,君主一个人兼治天下,并且很悠闲,仿佛每日的事都不够去做,这是叫他人去做的缘故啊!大而有天下,小而有国家,如果什么都自己去做,那辛苦困顿就没有比这更利害的了。这样即便是皂隶奴婢,也不愿跟天子交换,这样,天子执掌天下,协和万邦,为什么要一个人做呢?亲自去操劳,是墨子的习惯,而且太劳累。根据德行而授予官位,这是圣王的方略,儒者的方法。古书上说:"农夫分田种地,商人分货而去卖,百工分事而劳作,士大夫分工而行政,诸侯分土地而建国,三公总居权要,帮助天子,则天子垂拱而治罢了。"朝廷内外都能够协调,都可以开心,这是百王都认同的,这是礼法的大概。

百里大的地方,可以得天下,这并不难,关键是君主能知道天下的大道。取天下并不是让其他的君主来依附我,是我的方略可以开创未来。如果能够开创未来,那么还要什么土地呢?所以说,尽管只有一百里的土地,其官员设置,已经足够使用了;其职位设置,可以招揽天下的贤人;遵循旧例,选择好的而发扬光大,足以约束一般好利的人。贤能的人和我团结,有才能的人被我任用,贪利的人被我约束,这三者都有了,天下都会服从我。所以百里之地,可以观察天下的大势。诚信忠义,坚持仁义,可以招揽天下的贤才。两者如果都能做到,天下可以称王,诸侯如果不先归顺,就会危险。《诗经》上说:"从西到东,从东到西,由南向北,由北向南,四方之人,都能无怨。"是说他的道,可以征服天下。

羿和逢蒙是善于射箭的人,王良和造父是擅长驾车的人,聪明的君子是能够治理天下的人。人如果服从他,那么,权势就可以取得,人如果不服从他,那么,就不会有任何权势了,所以王者必须服众。君主如果要找到善于射箭的人,那没有比得上羿、逢蒙的了;如果要找到善于驾车的人,那没有比得上王良、造父的了;如果要统一天下,那没有比得上聪明的君子的了。他们无须用太多心思,做事很省力,而功名甚大,很容易相处而充满欢乐,贤明的君王以为珍宝,愚痴的君主不以为然。

　　高贵地做了天子,富有天下,统揽大权,可以兼理天下,人没有能够限制他的,这是人们都喜欢的。当王的人拥有天下,穿五颜六色的衣服,吃最可口的菜,拥有很多的财富,把整个天下都当作自己的财物。吃得很丰盛,音乐很动听,楼阁非常壮丽,园囿非常宽广,把诸侯当作臣子来驱使,天下一统。这又是人情所共同追求的,而天子的礼制就是这样。制度如果公布了话,群臣百官如果违背政令就处死,公侯伯爵如果违背制度就囚禁起来,四周的国家如果违背了制度就加以消灭。名声好像日月一样光辉,功业好像天地一样广大,天下之人响应他就像影子和回声一样。这又是人情所共同喜欢的,而做王的人全部占有这些。人的感情喜欢美味的食物,再没有比王者吃到的东西更美味的了;耳朵喜欢听美好的声音,再没有比王者所听的音乐更好听的了;眼睛喜欢美色,而眼前的景色炫丽繁富,美丽的女人随时恭候;身体偏重安逸,而安闲欢乐,没有比王者更轻松的了;心里喜欢财利,没有比天子更有钱的了。拥有了天下人都想拥有的一切,把天下人都看作自己的晚辈来管理,人只要不是极端愚蠢的话,有谁能看见这些而不快乐的呢? 想得到这一切的君主,接踵而来,欲建立这些功业的贤人,世世都有,这些君臣一千年都没能相遇,这是为什么呢? 这是由于君王不公、贤臣不多啊! 君主则贤善不用,任人唯亲,大臣则嫉贤妒能,争名逐利,这是他们所以不能精诚团结的缘故啊!君主为什么不唯才是举,选用善类,而只任用亲信呢?这样,许多官员就会主动让贤,追随其后。这样,舜、禹就会再次兴起,王业就会再次成功,功在千秋,名配尧、舜,人间的功勋,还有什么比这更快乐的呢?哎呀,现在的君主,也可以觉悟了。杨朱在岔道上啼哭:"这歧路要是走错半步,就要丧失千里的路程了!"痛哭流涕。这也是荣辱、安危、存亡的十字路口啊!这样的伤悲,比十字路口上的悲伤还要痛苦。哎呀,真是太伤感了!做君主的啊,一千年也不会理解的啊!

　　没有一个国家不能安定,没有一个国家不会混乱;每个国家都有贤能的人,每个国家都有无能的士。每个国家都有老实的百姓,每个国家都有剽掠的恶棍;每个国家都有良好的风俗,每个国家都有败坏的风气。一半良好,一半败坏,国家仅能存在;偏向良好的,国家可以安定;偏向败坏的,国家就危殆;全是良好的,国家就能称霸天下;全是败坏的,国家就会走向丧乱。那个国家法治完备,辅佐很良善,它的人民很勤奋,风俗很和谐,这四者能够齐备,这就是治世。这样的话,这个国家可以不战而胜,不攻而得,不必动用军队,就能够征服天下。所以汤以亳来取天下,武王以鄗来取天下,这都是只有一百里的土地;他们用一百里的地方统一了天下,诸侯被他们当作大臣,舟车到得了的地方,都会服从这个国家,这没有什么严重的原因,因为这四种因素这个国家都有一点。桀、纣即使拥有了天下这么大的势力，就是想做个百姓也做不到。这没有其他的原因，因为这四个因素，他们全没有了。所以百王的政策，各不相同，但是宗旨是一样的。

在上的君王总会热爱在下的百姓，而为他们制订礼教，在上的君王对待在下的百姓，如同保护小孩子一样。政治礼教，是用来治理在下的百姓的，如果有不合适的，哪怕很微小，即便是鳏寡孤独也不滥罚。所以百姓对待君王，就像对待父母一样，可以诛戮他们，但不可使他们背叛。君臣上下，贵贱长幼，以至平民百姓，都把这当作最高的礼教，然后自我反思，谨慎生活，这是百王都共同遵守的，并也是礼法的要点。然后农夫分田而耕，贾人分货而卖，百工分事而行，士大夫分工而治政。诸侯分封而治，朝廷上的官员总括其事，天子只要拱手就能治天下了。朝廷内外，都很安康，都治理得很好，这是百王共同遵守的，这是礼法的大要。

至于说到连续几日成功办事，调节万物，让它适合使用，让各级官吏的衣服有制度，住所有一定限度，仆从有一定的规矩，丧事、祭祀、器具、日用都有章法，把这种章法贯彻到日常应用中去，度量衡的标准都是遵照规定，然后才去做的，这是官员和使吏的事情，不能够在伟大的君王跟前说起。伟大的君主，如果确立本朝的制度能够得当，所号令使用的都是仁德之人，则身体安逸，国家平治，功勋广大，声名显扬，上可以称王，下可以制霸。确立本朝的制度如果不得当，号令使用的，如果不是仁德之人，则身体忧劳，国家混乱，功德废坠，声名羞辱，社稷也崩毁，这是君主的大要。所以，如果能用对一个人，就可以取得天下；如果用错了一个人，那么，国家就危险了。不能用对一个人，而能用对千人百人，那是没有的事。如果能用对一个人，那么，身体哪有什么感到疲劳的呢？摆摆样子，天下就能安定了。所以，汤任用伊尹，文王任用姜太公，武王任用姬奭，成王任用姬旦。五霸的功业比较低，齐桓公在寝宫里，悬挂编钟，奢侈无度，吃喝玩乐，天下没有人认为他正直，然而多次会合诸侯，守护天下，作为五霸的领袖，这没有其他的原因，他是明白该把政事全交给管仲来处理啊！这是君王必须要遵守的！有智慧的人容易做到这一点，而功名盛大，功德长久。除了这些，还有什么能够做的呢？所以古代的人有盛大功名的，一定是这样做的；丧失国家，威胁生命的，一定是违反了这些。所以孔子说："智者的智慧，已经很多了，以很多的智做很少的事，能不明察吗？愚者的智慧，已经很少了，以很少的智做很多的事，能不荒诞吗？"就是这个道理。

  治国的人，名分一经订立，则君主、丞相、群臣，各自关心自己所应该关心的，不去关心自己所不应该打听的；各自遵守自己的职分，不去关心自己能力不及的事。所见所闻的，如果真和自己的名分相配，即便是那些荒凉遥远的地方，百姓没有不安分守己的，以礼义来感受君上的恩泽，这是治国的征验。

  君主的法则，治理近处之事，不治理远处的事；治理明处之事，不治理暗处的事；治理根本之事，不治理琐碎杂事。君主能治理近处的事情，远处的事自然就能做好了；君主能治理明处的事情，暗处的事情也能做好了；君主能做好一件事，则一百件事也能做好。治理整个天下的境界，时间绰绰有余，而事情不够做，这是安治的极致。既想治理近处的事，又想治理远处的事，既想治理明处的事，又想见到暗处的事，既能处理根本的事，又想管理琐碎的事，这是过度了，还不如做不到，这就好像立一根直木，却要求它的影子是弯的。不能治理近处的事，却想治理远处的事，不能明察明处之事，又想见到暗处的事，不能做好一事，却想总括一切，这就太荒谬了，这就好像树立一个弯曲的木头，却要求影子直。所以，英明的君主喜欢抓要领，而昏庸的君主喜欢事必躬亲。君主喜欢简约，则所有事情都能办得很详细；君主喜欢详细，则所有事情都会荒废。君主只须选择一个宰相，颁布一套法律，阐明一项旨意，用这种手段来全面统治，普遍地照覆一切，来全面地观照自己的成功。宰相是可以总摄百官的，管理所有事情的裁断，以管理朝廷百官的职责。论功行赏，岁末的时候，将百官的功劳呈现在君主面前，称职的就留任，不称职的就换掉。所以，君主在选人的时候比较劳苦，而真正用人的时候就轻松了。

治理国家的君王，能够得到百姓的力量，就能富足；能够得到百姓的死力，就能强大；能够得到百姓的赞誉，就能光荣。三者齐备，天下就是他的了；这三者如果失去，天下就会背叛他。天下归心,就能称霸;天下如果背叛,就会灭亡。商汤、周武王遵守正道,遵奉礼义,兴天下的共利,除天下的共害,天下归心。所以君主遵守道德来引导百姓,彰明礼义来教化之,尽力做到忠信,以爱护他们,尊重能人,量才而用,用爵位、服饰、赏赐、提拔来鼓励他们。兴事必得时机,减轻人民的责任,以调剂之,仿佛像大水一样地养育他们,如同保护小孩子。生长人民极宽厚,使用人民极有条理,明辩政令制度;接近天下人民,有一丝不合于礼,虽是鳏寡孤独,也不会加到他们身上。所以百姓尊他为帝王,爱他如父母,为他出生入死也愿意,这没有别的原因,是他的道德确实诚厚啊!

乱世不这样。君主以卑劣来困扰人民,巧取豪夺明示人民,让俳优、矮子、女人使自己昏乱。让愚人教育有智的人,使不肖凌驾贤能,生长人民,贫穷窄隘,使役人民,极其辛苦。百姓轻贱他,如同讨厌鬼物一般,终日想把他驱逐出去。一旦有军事的事,又希望百姓为他出死力,这是不可能的啊!凡是论说,没有基于此的。孔子说:"审察我能给人的,便是人来报我的。"就是这个样子。

什么叫作伤国呢?任小人在上位,作威作福,不以时期,巧立名目,取于百姓,这是伤国的大灾。大国的君主,好贪小利,这也是伤国。对于声色犬马,本已有好的,又喜新厌旧,这更是伤国。不知修正自己,却想着人家的东西,这便是伤国的极致了。这三类奸邪,存于胸中,而许多权谋机诈的人又在外面做事，这样便权轻名辱，社稷危殆，这便是伤国的本质了。大国的君主，不务本分，不遵旧法，而好行狡诈，这样，朝廷的官员，也就跟着不遵礼义，好行颠覆了，百姓也跟着不遵从礼义，喜好贪欲了。君臣上下都是这样，土地即便广大，权势必是轻微的，人口虽然很多，兵力必然衰弱，刑罚虽繁重，政令不下行，这就是危殆的国家。

  儒者不这样，必定要委曲使合于理。朝廷上尊崇礼义，审视贵贱，士大夫都会尊崇礼义，死于职分。百官则整齐制度，提升俸禄，大小百官，遵守法律。关口检查违禁品，而不多加征税，法律禁止奸邪，而不偏听偏信，商人不搞机诈，敦厚谨愿，商贩也能安全，货财流通，国家丰足。百工以时期地去斩伐木类，缓些时日，使它能利于机巧，这样，则百工没有不忠信，而没有不牢固的器具了。对于外县，减轻田赋税则，免去杂税，少兴工役，不夺去耕种时间，这样，则农夫没有不尽力，而去他求了。士大夫能务忠义，效死职分，兵力可以强大。百吏畏惧法律，遵守道德，国家就不会混乱。商人敦厚谨愿，不行欺诈，商旅安货通财，国用就可以丰足。百工忠实，就不会有不牢固的器具，器用灵巧便利，财用不会困乏。农夫尽力耕种，不事他业，上不失天时，下不失地利，中能得人和，百事不废，这就叫作政通人和。用以守国，则国家安定，用以征伐，则百战百胜，不动则有美名，既动则有功勋，这就是儒家所说的曲折周到。

君道

做君主的,想要国家富强,成就王霸,必要明辨时代背景,去左右周旋;而最急之务,是能识人之贤愚。有才之人,为我所用,没有才能的,自然归服,天下万事也有了条理,国家自然能富强,成就王霸的事业。

有乱君,无乱国,有治人,无治法。羿之法非亡也,而羿不世中;禹之法犹存,而夏不世王。故法不能独立,类不能自行,得其人则存,失其人则亡。法者,治之端也;君子者,法之原也。故有君子,则法虽省,足以遍矣;无君子,则法虽具,失先后之施,不能应事之变,足以乱矣。不知法之义,而正法之数者虽博,临事必乱。故明主急得其人,而暗主急得其势。急得其人,则身佚而国治,功大而名美,上可以王,下可以霸;不急得其人而急得其势,则身劳而国乱,功废而名辱,社稷必危。故君人者,劳于索之,而休于使之。《书》曰:"惟文王敬忌,一人以择。"此之谓也。

合符节,别契券者,所以为信也;上好权谋,则臣下百吏诞诈之人,乘是而后欺。探筹、投钩者,所以为公也;上好曲私,则臣下百吏,乘是而后偏。衡石、称悬者,所以为平也;上好倾覆,则臣下百吏,乘是而后险。斗、斛、敦、概者,所以为啧也;

上好贪利,则臣下百吏,乘是而后丰取刻与,以无度取于民。故械数者,治之流也,非治之原也;君子者,治之原也。官人守数,君子养原,原清则流清,源浊则流浊。故上好礼义,尚贤使能,无贪利之心,则下亦将綦辞让,致忠信,而谨于臣子矣。如是,则虽在小民,不待合符节、别契券而信,不待探筹、投钩而公,不待衡石、称悬而平,不待斗、斛、敦、概而啧。故赏不用而民劝,罚不用而民服,有司不劳而事治,政令不烦而俗美。百姓莫敢不顺上之法,象上之志,而劝上之事,而安乐之矣。故藉敛忘费,事业忘劳,寇难忘死,城郭不待饰而固,兵刃不待陵而劲,敌国不待服而诎,四海之民,不待令而一,夫是之谓至平!《诗》曰:"王犹允塞,徐方既来。"此之谓也。

请问为人君?曰:以礼分施,均遍而不偏。请问为人臣?曰:以礼侍君,忠顺而不懈。请问为人父?曰:宽惠而有礼。请问为人子?曰:敬爱而致文。请问为人兄?曰:慈爱而见友。请问为人弟?曰:敬诎而不苟。请问为人夫?曰:致功而不流,致临而有辨。请问为人妻?曰:夫有礼,则柔从听侍;夫无礼,则恐惧而自竦也。此道也,偏立而乱,俱立而治,其足以稽矣。

请问兼能之奈何?曰:审之礼也。古者先王审礼,以方皇周浃于天下,动无不当也。故君子恭而不难,敬而不巩,贫穷而不约,富贵而不骄,并遇变态而不穷,审之礼也。故君子之于礼,敬而安之;其于事也,径而不失;其于人也,寡怨宽裕而无阿;其所为身也,谨修饰而不危;其应变故也,齐给便捷而不惑;其于天地万物也,不务说其所以然,而致善用其材;其于百官之事、技艺之人也,不与之争能,而致善用其功;其待上也,忠顺而不懈;其使下也,均遍而不偏;其交游也,缘义而有类;其居乡里也,容而不乱。是故穷则必有名,达则必有功,仁厚兼覆天下而不闵,明达用天地、理万变而不疑;血气和平,志意广大,行义塞于天地之间,仁知之极也,夫是之谓圣人,审之礼也。

请问为国?曰:闻修身,未尝闻为国也。君者,仪也,仪正而景正;君者,盘也,盘圆而水圆;君者,盂也,盂方而水方。君射则臣决,楚庄王好细腰,故朝有饿人。故曰:"闻修身,未尝闻为国也。"

君者,民之原也,原清则流清,原浊则流浊。故有社稷者,而不能爱民,不能利民,而求民之亲爱己,不可得也。民不亲不爱,而求其为己用,为己死,不可得也。民不为己用,不为己死,而求兵之劲,城之固,不可得也。兵不劲,城不固,而求敌之不至,不可得也。敌至而求无危削,不灭亡,不可得也。危削灭亡之情,举积此矣,而求安乐,是狂生者也。狂生者不胥时而落。故人主欲强固安乐,则莫若反之民;欲附下一民,则莫若反之政;欲修政美国,则莫若求其人。彼或蓄积而得之者不世绝,彼其人者,生乎今之世,而志乎古之道。以天下之王公莫好之也,然而于是独好之;以天下之民莫欲之也,然而于是独为之;好之者贫,为之者穷。然而于是独犹将为之也,不为少顷辍焉，晓然独明于先王之所以得之，所以失之，知国之安危臧否，若别白黑。是其人者也，大用之，则天下为一，诸侯为臣；小用之，则威行邻敌；纵不能用，使无去其疆域，则国终身无故。故君人者，爱民而安，好士而荣，两者无一焉而亡。《诗》曰："介人维藩，大师维垣。"此之谓也。

　　道者何也？曰：君道也。君者何也？曰：能群也。能群也者何也？曰：善生养人者也，善班治人者也，善显设人者也，善藩饰人者也。善生养人者，人亲之；善班治人者，人安之；善显设人者，人乐之；善藩饰人者，人荣之。四统者俱而天下归之，夫是之谓能群。不能生养人者，人不亲也；不能班治人者，人不安也；不能显设人者，人不乐也；不能藩饰人者，人不荣也。四统者亡，而天下去之，夫是之谓匹夫。故曰：道存则国存，道亡则国亡。省工贾，众农夫，禁盗贼，除奸邪，是所以生养之也。天子三公，诸侯一相，大夫擅官，士保职，莫不法度而公，是所以班治之也。论德而定次，量能而授官，皆使其人载其事，而各得其所宜。上贤使之为三公，次贤使之为诸侯，下贤使之为士大夫，是所以显设之也。修冠弁、衣裳、黼黻、文章、雕琢、刻镂，皆有等差，是所以藩饰之也。故由天子至于庶人也，莫不骋其能，得其志，安乐其事，是所同也；衣暖而食充，居安而游乐，事时制明而用足，是又所同也；若夫重色而成文章，重味而成珍备，是所衍也。圣王财衍以明辨异，上以饰贤良而明贵贱，下以饰长幼而明亲疏，上在王公之朝，下在百姓之家，天下晓然,皆知其非以为异也,将以明分达治而保万世也。故天子诸侯无靡费之用,士大夫无流淫之行,百吏官人无怠慢之事,众庶百姓无奸怪之俗,无盗贼之罪,其能以称义遍矣。故曰:"治则衍及百姓,乱则不足及王公。"此之谓也。

　　至道大形,隆礼至法,则国有常;尚贤使能,则民知方;纂论公察,则民不疑;赏克罚偷,则民不怠;兼听齐明,则天下归之。然后明分职,序事业,材技官能,莫不治理,则公道达而私门塞矣,公义明而私事息矣。如是,则德厚者进,而佞说者止,贪利者退,而廉节者起。《书》曰:"先时者,杀无赦,不逮时者,杀无赦。"人习其事而固,人之百事,如耳目鼻口之不可以相借官也。故职分而民不探,次定而序不乱,兼听齐明,而百事不留。如是,则臣下百吏至于庶人,莫不修己而后敢安正,诚能而后敢受职。百姓易俗,小人变心,奸怪之属,莫不反悫,夫是之谓政教之极。故天子不视而见,不听而聪,不虑而知,不动而功,块然独坐而天下从之如一体,如四肢之从心,夫是之谓大形。《诗》曰:"温温恭人,维德之基。"此之谓也。

　　为人主者,莫不欲强而恶弱,欲安而恶危,欲荣而恶辱,是禹、桀之所同也。要此三欲,辟此三恶,果何道而便?曰:在慎取相,道莫径是矣。故知而不仁不可,仁而不知不可,既知且仁,是人主之宝也,而王霸之佐也。不急得,不知;得而不用,不仁;无其人而幸有其功,愚莫大焉。今人主有六患,使贤者为之,则与不肖者规之,使知者虑之,则与愚者论之,使修士行之，则与污邪之人疑之，虽欲成功，得乎哉！譬之，是犹立直木而恐其景之枉也，惑莫大焉。语曰："好女之色，恶者之孽也；公正之士，众人之痤也；循乎道之人，污邪之贼也。"今使污邪之人论其怨贼，而求其无偏，得乎哉！譬之，是犹立枉木而求其景之直也，乱莫大焉。

故古之人为之不然，其取人有道，其用人有法。取人之道，参之以礼；用人之法，禁之以等；行义动静，度之以礼；知虑取舍，稽之以成；日月积久，校之以功。故卑不得以临尊，轻不得以悬重，愚不得以谋知，是以万举不过也。故校之以礼，而观其能安敬也；与之举错迁移，而观其能应变也；与之安燕，而观其能无流慆也，接之以声色、权利、忿怒、患险，而观其能无离守也。彼诚有之者，与诚无之者，若白黑然，可诎邪哉？故伯乐不可欺以马，而君子不可欺以人，此明王之道也。

人主欲得善射，射远中微者，悬贵爵重赏以招致之，内不可以阿子弟，外不可以隐远人，能中是者取之，是岂不必得之之道也哉？虽圣人不能易也。欲得善驭速致远者，一日而千里，悬贵爵重赏以招致之，内不可以阿子弟，外不可以隐远人，能致是者取之，是岂不必得之之道也哉？虽圣人不能易也。欲治国驭民，调壹上下，将内以固城，外以拒难，治则制人，人不能制也，乱则危辱灭亡，可立而待也，然而求卿相辅佐，则独不若是其公也，案唯便嬖亲比己者之用也，岂不过甚矣哉？故有社稷者，莫不欲强，俄则弱矣；莫不欲安，俄则危矣；莫不欲存，俄则亡矣。今有万国，古有数十焉，是无它故，莫不失之是也。故明主有私人，以金石珠玉，无私人，以官职事业，是何也？曰：本不利于所私也。彼不能而主使之，则是主暗也；臣不能而诬能，则是臣诈也；主暗于上，臣诈于下，灭亡无日，俱害之道也。夫文王非无贵戚也，非无子弟也，非无便嬖也，倜然乃举太公于州人而用之，岂私之也哉？以为亲邪？则周姬姓也，而彼姜姓也。以为故邪？则未尝相识也。以为好丽邪？则夫人行年七十有二，齫然而齿堕矣。然而用之者，夫文王欲立贵道，欲白贵名，以惠天下，而不可以独也，非于是子莫足以举之，故举是子而用之。于是乎贵道果立，贵名果明，兼制天下，立七十一国，姬姓独居五十三人，周之子孙，苟不狂惑者，莫不为天下之显诸侯，如是者，能爱人也。故举天下之大道，立天下之大功，然后隐其所怜所爱，其下犹足以为天下之显诸侯。故曰："唯明主为能爱其所爱，暗主则必危其所爱。"此之谓也。

　　墙之外，目不见也；里之前，耳不闻也；而人主之守司，远者天下，近者境内，不可不略知也。天下之变，境内之事，有弛易齫差者矣，而人主无由知之，则是拘胁蔽塞之端也。耳目之明，如是其狭也；人主之守司，如是其广也；其中不可以不知也，如是其危也，然则人主将何以知之？曰："便嬖左右者，人主之所以窥远收众之门户牖向也，不可不早具也。"故人主必将有便嬖左右足信者，然后可；其知惠足使规物，其端诚足使定物，然后可，夫是之谓国具。

人主不能不有游观安燕之时，则不得不有疾病物故之变焉。如是国者，事物之至也如泉原，一物不应，乱之端也。故曰：人主不可以独也。卿相辅佐，人主之基杖也，不可不早具也。故人主必将有卿相辅佐足任者，然后可；其德音足以填抚百姓，其知虑足以应待万变，然后可，夫是之谓国具。

四邻诸侯之相与，不可以不相接也，然而不必相亲也。故人主必将有足使喻志决疑于远方者，然后可；其辩说足以解烦，其知虑足以决疑，其齐断足以距难，不还秩，不反君，然而应薄扞患，足以持社稷，然后可，夫是之谓国具。

故人主无便嬖左右足信者，谓之暗；无卿相辅佐足任者，谓之独；所使于四邻诸侯者非其人，谓之孤，孤独而晻，谓之危，国虽若存，古之人曰亡矣。《诗》曰："济济多士，文王以宁。"此之谓也。

材人，愿悫拘录，计数纤啬，而无敢遗丧，是官人使吏之材也。修饬端正，尊法敬分，而无倾侧之心，守职循业，不敢损益，可传世也，而不可使侵夺，是士大夫官师之材也。知隆礼义之为尊君也，知好士之为美名也，知爱民之为安国也，知有常法之为一俗也，知尚贤使能之为长功也，知务本禁末之为多材也，知无与下争小利之为便于事也，知明制度、权物称用之为不泥也，是卿相辅佐之材也，未及君道也。能论官此三材者而无失其次，是谓人主之道也。若是，则身佚而国治，功大而名美，上可以王，下可以霸，是人主之要守也。人主不能论此三材者,不知道此道,安值将卑势出劳,并耳目之乐,而亲自贯日而治详,一日而曲辨之,虑与臣下争小察而鉴偏能,自古及今,未有如此而不乱者也。是所谓"视乎不可见,听乎不可闻,为乎不可成",此之谓也。

【译解】
　　有造成混乱的君主,没有能够被扰乱的国家;有治世的人,没有治世的法。后羿的射法并没有失传,后来学羿的并不能百发百中;夏禹的法度,至今仍在,而夏代已经不存在了。所以法律不能独自运行,得人则存在,失掉人就不能运行了。法律是政治的开端,君子是法律的实施者,有了君子,法律虽然简略,也可以遍治天下;没有君子的话,即使律例齐备,也会先后失措,不能应对事变,造成混乱。不知道法律的本质,只去修正法度的具体条例,即使十分完备,临事也必然杂乱无章。所以,明主急得贤人,暗主急得权势。急得贤人,则自身安佚,国家安治,功业广大,名声显赫,上王下霸;不务得人而务得势,则自身劳苦,国家混乱,功业废坠,声名掉价,国家危殆。所以,君主劳于得人,休于用人。《书经》说:"文王恭敬敬畏,选择贤人。"就是这样啊!

　　验合符节,分合契券,是为了保证信用。在上的喜好权谋机诈,臣下百吏则荒诞诡诈,必乘机来互相欺骗。抽签抓阄,是为了公正,君主喜欢偏私,臣下百吏也会互相偏私了。衡器是用来造成公平的,君主如果喜欢偏斜,大臣百官必然邪恶不正。度量衡是用来统一标准的,君主如果太贪利,则臣下必然多拿少给,盘剥百姓。所以,治国方法只是治国的支流,君子才是治国的本源啊!官人遵守律法,君子培养本源,本源清则支流清,本源浊则支流浊。君主能好礼义,尚贤使能,不存贪利,臣下必能辞让忠信,谨守本分。这样,即使是老百姓也不用等待合符区别度量衡,就能分别债券,就能信用;不用抽签、抓阄,就能公正;不用衡器称量,就能公平,不用标准;不用赏赐,民已向善;不用刑罚,人已拜服;官吏不劳,而事已治;政令不烦,风俗已美,百姓都顺从君主的法律,依从君主的意志,勤勉事上,事事安乐。所以征收不觉破费,事业废寝忘食,战争奋勇向前,城郭不筑而固,兵刃不磨而利,敌国不征而服,四海的民众,不用号令,已能一统,这便是天下太平。《诗经》说:"王道正大满四海,徐国已经来朝拜。"说的就是这个啊!

请问怎样做君主?答道:"以礼分施,公平无私。"请问怎样做大臣?答道:"以礼事君,忠顺不懈。"请问怎样做父亲?答道:"宽爱有礼。"请问怎样做儿子?答道:"敬爱恭顺。"请问怎样做哥哥?答道:"慈爱和善。"请问怎样做弟弟?答道:"恭敬友爱。"请问怎样做丈夫?答道:"取得功业,而不放荡,亲近妻子,保留界限。"请问怎样做妻子?答道:"有礼则听命,无礼则惶惧。"这些原则,偏立仍混乱,全立才安稳,这是治国治家的楷模。

请问要全部做到这些,该怎么办?答道:"应当善用礼法。古代的帝王善用礼法,周遍天下,一举一动,无不恰当。所以君子恭而不怯,敬而不惧,贫穷而不卑,富贵而不傲,如果遇到突发之事,不会束手无策,这是因为君子明白礼义啊!"君子对于礼义,恭敬安闲;对于事件,没有遗憾;对人少有怨恨,宽裕温柔;对于自身,谨慎修正,没有危殆;他应付变故非常果断;他对于天地万物,不急说出它的所以然,而能利用天地的能量;百官和有才艺的人,不去同他们争能,而能善用他们的能力;对于君主,忠顺而不懈怠;对于下臣,普遍而不偏私;对于交游,而有礼义;居于乡里,能宽容人,而不为人所乱。所以君子穷困必能有美名,通达则能有功勋;仁厚的功德,兼覆天下而不昏暗,明达周于天地,治理万事,没有疑惑;血气和平,志意广大,行义充塞在天地之间,这是仁义的极点啊!圣人能明白礼义啊!

请问怎样治国?答道:"只知有修身,未尝闻治国。"君主就像个标杆,百姓就像标杆的影子,标杆正直,影子也正直。君主仿佛是个盘,盘是圆的,盘里水也是圆的。君主仿佛是个盂,盂是方的,盂里的水也是方的。君主射箭,臣子就会套上扳指,楚庄王喜好细腰,朝内便多有饥饿的人。所以说:"只知有修身,未尝闻治国。"

君主是百姓的本源,本源清澈,支流也清澈,本源不清,则支流也不清。掌握国家的人,如果不能爱护百姓,却要百姓来爱护他,这是不可能的。百姓不亲不爱,却要百姓为他所用,为他出死力,这也是不可能的。百姓不为用,不为出死力,却要军事强大,城郭完固,这也不太可能的。兵力不坚强,城郭不完固,却要敌人不来攻打,也不可能的。敌人来攻打,而要土地不危削,也不可能的。危削灭亡之事,都在于此,而去求安乐,这就是草木的疯长。疯长的草木,不等待时候,就会凋落。所以,君主想要富强、完固、安乐,莫如反求于民;要想附一人民,莫如反求于政;要想修正美厚国家,莫如去求贤人。那些贤人有所蓄积,得到这些贤人的君主不会灭亡,那些人生于现代,有志于古代的大道。天下的君主,很少有喜好这样的,这些人却喜欢。天下的百姓,也很少喜欢古代的大道,这些贤人却非常喜欢。喜欢大道,故多贫贱,去行大道,故多穷困,他仍旧不顾地去做,不休停一刻,独自明于先王的所以得到和所以失去,了解国家的安危臧否,如同分别黑白一般。他这个人大用之,可以统一天下,诸侯都来称臣;小用之,可以威行邻国;即使不能用他,也不要任他离开国内,则国家可以在他的生前,不会发生变故。所以为君主的亲爱人民,可以安治;喜好贤士,可以光荣;这两件一件都没有,则必亡国。《诗经》说:"有大德的人,为国家的藩篱;大多的民众,为国家的墙垣。"就是这个道理。

道是什么?是君道啊!君是什么?是能够合群。能合群是什么意思?是善于生养人,善于治理人,善于任用安置人,善于用服饰来区分人。善于生养人的,人亲爱他;善于治理人的,人顺服他;善于任用安置人的,人喜悦他;善于用服饰来区分人的,人尊荣他。这四个要领都能掌握,天下的人都会归顺他,这便叫作能合群。不能生养人的,人必不亲爱他;不能治理人的,人必不顺服他;不能任用安置人的,人必不喜悦他;不能用服饰来区分人的,人必不尊荣他。这四类都没有的话,天下的人都遗弃他,这便叫作匹夫。所以说:"道存在则国家存在,道失去则国家灭亡。"减少商人,加多农夫,禁止盗贼,除去奸邪,便是生养百姓。天子有三公,诸侯有宰相,大夫得专官事,士人得保职分,都会按照法令制度来秉公办事,这便是治理百姓。讨论德行,而定等级,计量才能,而授以官爵,使每人都能按照自己的才能来做相适应的工作。最有贤才的,让他做三公;次一等的,让他做诸侯;再次一等的,让他做士大夫,便是任用安置人。修整冠弁衣裳,黼黻文章,雕琢刻镂,都有了等级,便是用服饰来区分人。所以从天子到百姓,都能自骋才能,得其志愿,安乐其事业,这是一样的。穿暖的,吃饱的,住安逸的,玩快乐的,实事求是,而用度富足,也是一样的。至于穿彩色成文章的衣服,吃五味的珍品,这是天子独有的。天子富于财富,以明辨不同的东西,上以修饰贤良,而明辨贵贱,下以修饰长幼,而明辨亲疏,上在王公的朝廷,下在百姓的家里,天下的人都知道他,并不是喜欢不同的东西,是用来明辨职分,通达安治,而保持万世。所以天子诸侯,没有妄费的用度,士大夫没有流淫的行为,大小官吏,没有怠慢的事业,民众没有奸怪的风俗,也不会产生盗贼,天子的才能,足以称说以普遍了。所以说:"治安则德泽加施百姓,混乱则不足以及于王公。"就是这个说法。

至道到了大形的时候,尊隆礼法,则国家有了常度;尚贤使能,则人民知道趋向;议论大公明察,则人民不疑;奖赏勤恪,刑罚偷惰,则人民不懈怠;兼听齐明,则天下归顺;然后明别职分,次序事业,才技官能,没有不治理的,则公道通达,私门闭塞,公义显明,私事绝息。这样,则有德厚的人来,而邪佞的言语止息;贪利的人退去,廉洁的人自然兴起。《书经》说:"先于时期的必杀,不及时期的必杀。"这样,人才可以安习事业,不会迁移,人的百事,如同耳目鼻口一般地不可以搬移。所以职有分位,而人民不怠慢;次列有定,而序位不乱;兼听齐明,而百事不废置。臣下百吏以至于民众,没有不修正自己而后敢安正的,没有不真有才能而敢受职位的,百姓改易风俗,小人改变他的心胸,所有奸怪的人,没有不变为谨愿,这便叫作政教的极点。所以天不用眼睛,可以看见;不用耳朵,可以听见;不用思虑,可以知道;不用劳动,可以有功;安闲地坐着,而天下归从他,仿佛是一个形体,又仿佛四肢依从内心一般,这便叫作大形。《诗经》说:"贤良的人有道德,是国家的基础。"就是这个道理。

做君主的都想富强,而不愿意卑弱;都想治安,而不愿意危殆;都想光荣,而不愿意侮辱,这虽是禹和桀也是同一心理的。要想富强、治安、光荣,没有卑弱、危殆、侮辱,应当用什么法子才可以呢?答道:"在于谨慎选择宰相,没有比这再急迫的。"有智虑而不仁爱,不可以;有仁爱没有智虑,也不可以;既有智虑,又能仁爱,这是君主的美宝,是王霸的基础。不急于求相,是不智;得到贤人而不用,是不仁;没有这种人,却希望有这样的功勋,昏愚没有再比这大的。现在的君主的大患,是叫贤人去做事,又叫不肖的人去纠正他;叫有才智的人去考虑,又叫昏愚的人去讨论;使正直有法的人去做事,又让污秽奸邪的人去疑惑,这样有可能成功吗?这就好像树立一根直木,却怕它的影子是曲的。古语说:"美女是丑女的灾难,正人是大众的疮病。遵循大道的人,是污秽奸邪人的盗贼。"叫污邪的人议论,而能不偏僻吗?譬如树立一根斜曲的树木,而要它的影子直,昏乱没有再比这大的了。

古人不这样做,他取人有道理,用人有法则。取人的道理,是验之于礼;用人的法则,是分别等级。行义动静,规之以礼;智虑取舍,以稽考他的成功;积之以日月,以计较他的功效。所以卑贱不得上临尊贵,轻的不能悬系重的,昏愚不能计谋才智,故万举而没有一失。计较他以礼,而观察他能否安敬;试之以举错迁移,而观察他能否应变;试之以安闲,而观察他能否不流于荒淫;让他接触声色、权利、愤怒、患难,而观察他能否不违离所守。他所真有的,没有的,如同白黑一般,这难道可以歪曲吗？所以伯乐不会被马欺骗，君子不会被人欺骗，这是明王的道理。

君主要想得到善于射远中微的人，应当悬贵爵的重赏，来招致他，在内不可以偏阿子弟，在外不可以隐蔽远方的人，只要能合格就行了，那岂是不能得到吗？虽是圣人也不能改易的。要想得到善于驾车、能远而且快、一天能走千里的人，应当悬贵爵的重赏，来招致他，在内不可以偏阿子弟，在外不可以隐蔽远方的人，只要能合格就行了，那岂是不能得到吗？虽是圣人也不能改易的。要想安治国家，使役人民，统一上下，在内可以城池完固，在外可以抵御外侮，治则可以制人，人不能制我，乱则危辱灭亡，可以立待，然而求取卿相辅佐，偏不那样的大公，只知用他亲近左右的人，岂不是过甚吗？所以有国家的，没有不想富强，但是一会儿就弱了；没有不想安治，但是一会儿就危殆了；没有不想存在，但是一会儿就灭亡了。古代有万国，现在不过十数国，这并没有别的缘故，是没有一个不是在这上而失去的。所以明主赐人以金石珠玉，不赐人以官职事业，这是什么道理？这不是爱人之道啊！他不能如此，而君主仍要使他如此，则是昏暗的君主；大臣不能，而自以为能，则是欺诈的大臣。君主昏暗于上，大臣欺诈于下，灭亡就没有几日，这是两害的道理。文王并不是没有贵戚，并不是没有子弟，并不是没有左右亲近，偏用一个做渔父的太公，这岂是私心吗？说是亲近吗？周朝姓姬，太公姓姜。说是有故旧的关系吗？他们是一向没有见过面的。说是好美丽吗？太公已经是七十二岁发白齿落的人了。然而还要用他，是文王想要立贵道，显白贵名，以惠泽天下，而不能独自去行，非这人不可，所以这样做。而贵道果然树立，贵名果然显明，治理天下，建设七十一个国家，本姓的独占了五十三人，凡是周的子孙，不是狂妄悖惑的，没有一个不是天下显大的诸侯。这样能惠爱人，所以显举天下的大道，树立天下的大功，然后私其所怜爱，其下尚可以为天下显大的诸侯。所以说："唯独贤明的君主，才能爱他的所爱；昏暗的君主，反而危殆他的所爱。"就是这个道理。

墙以外是眼睛看不见的，里门之前是耳朵听不到的，而君主的守司远至于天下，近至于境内，都是不可以不知道的。天下的变故，境内的事件，有了弛慢不齐的现象，而君主不知道，这便是拘胁蔽塞的开端。耳目的聪敏如此狭小，君主的守司如此广大，这是不能不知道的啊！然则君主要怎么样就可以知道呢？答道："左右亲近的人，便是君主所以察远收众的门户牖向，不可以不早具啊！"所以君主必定要有便嬖左右足信的人，他的智慧，足以使他规物，他的端正忠诚，足以安定事物，这就叫作国具。

君主不能没有游观安燕的时候，则不得没有疾病物故的事情。这时，国家大事的到来，好像泉源一般，一物来了，而不能应付，这便是混乱的开端。所以说："君主不可以独行。"卿相辅佐,是君主的几杖,不可以不早具办。所以君主必得有卿相辅佐,足以使任的人。他的德音足以镇抚百姓,他的智虑足以应付万变,这就是国具。

四邻诸侯相与往来,不可以不相结交,但是不必相亲,所以君主必要有足以喻志决疑于远方的人,他的辞辩足以解烦,他的智虑足以决疑,他的机变足以拒侮,不营私利,不背叛国君,然而应付薄迫,扞御祸患,足以保持国家,这就是国具。

所以君主没有左右亲近足信的人,叫作昏暗;没有卿相辅佐足以使任的人,叫作独;所使于四邻诸侯的,不是那样的人,叫作孤;孤独而暗昧的,叫作危殆,他的国家即使存在,古代的人已经说它是灭亡了!《诗经》说:"有这么多贤人,那文王自然安宁了。"就是这个道理。

使用人才的道理,谨愿勤勉,计数细微,而不敢遗弃丧失,这是官人使吏的才能。修饬端正,尊礼法,敬职分,而没有倾侧之心,守职循业,不敢损益,可传于世,而不可使侵夺,这是士大夫官吏的才能。知道隆崇礼义,是为尊君;知道好士,是为美名;知道爱民,是为安治国家;知道有常法,是为正一风俗;知道尚贤使能,是为长大功业;知道务本禁末,是为多才;知道不同在下的争小利,是为便于事业;知道明制度,权物称用,是为不拘泥,这是卿相辅佐的才能,不是合于君道的。能够讨论这三才的长短,分别授以官职,这才是君主的大道。这样,则自身安佚,国家安治,功业大而声名美,上可以王,下可以霸,这是君主的要守啊!君主不能官任三才,不知由此道,则必除却耳目的娱乐,亲自贯日而详治,一天的工夫,而委曲察辨,思虑同臣下争小智察,从古时到现在,没有像这样而可以不混乱的。这叫作看不能看见的,听不能听见的,做不能成功的,就是这个道理。

臣 道

做君主的道理,前篇已明,这篇是说做人臣的道理。

人臣之论:有态臣者,有篡臣者,有功臣者,有圣臣者。内不足使一民,外不足使距难,百姓不亲,诸侯不信,然而巧敏佞说,善取宠乎上,是态臣者也。上不忠乎君,下善取誉乎民,不恤公道通义,朋党比周,以环主图私为务,是篡臣者也。内足使以一民,外足使以距难,民亲之,士信之,上忠乎君,下爱百姓而不倦,是功臣者也。上则能尊君,下则能爱民,政令教化,刑下如影,应卒遇变,齐给如响,推类接誉,以待无方,曲成制象,是圣臣者也。故用圣臣者王,用功臣者强,用篡臣者危,用态臣者亡。态臣用则必死,篡臣用则必危,功臣用则必荣,圣臣用则必尊。故齐之苏秦、楚之州侯、秦之张仪,可谓态臣者也。韩之张去疾、赵之奉阳、齐之孟尝,可谓篡臣也。齐之管仲、晋之咎犯、楚之孙叔敖,可谓功臣矣。殷之伊尹、周之太公,可谓圣臣矣。是人臣之论也,吉凶贤不肖之极也,必谨志之,而慎自为择取焉,足以稽矣。

从命而利君,谓之顺;从命而不利君,谓之谄。逆命而利君,谓之忠;逆命而不利君,谓之篡。不恤君之荣辱,不恤国之臧否,偷合苟容,以持禄养交而已耳,谓之国贼。君有过谋过事,将危国家、陨社稷之惧也,大臣父兄,有能进言于君,用则可,不用则去,谓之谏。有能进言于君,用则可,不用则死,谓之争。有能比知同力,率群臣百吏,而相与强君挢君,君虽不安,不能不听,遂以解国之大患,除国之大害,成于尊君安国,谓之辅。有能抗君之命,窃君之重,反君之事,以安国之危,除君之辱,功伐足以成国之大利,谓之拂。故谏争辅拂之人,社稷之臣也,国君之宝也,明君所尊厚也,而暗主惑君以为己贼也。故明君之所赏,暗君之所罚也;暗君之所赏,明君之所杀也。伊尹、箕子,可谓谏矣;比干、子胥,可谓争矣;平原君之于赵,可谓辅矣;信陵君之于魏,可谓拂矣。传曰:"从道不从君。"此之谓也。

　　故正义之臣设,则朝廷不颇;谏争辅拂之人信,则君过不远;爪牙之士施,则仇雠不作;边境之臣处,则疆垂不丧。故明主好同,而暗主好独。明主尚贤使能,而飨其盛;暗主妒贤畏能,而灭其功,罚其忠,赏其贼,夫是之谓至暗,桀、纣所以灭也。

　　事圣君者,有听从,无谏争。事中君者,有谏争,无谄谀。事暴君者,有补削,无挢拂。迫胁于乱时,穷居于暴国,而无所避之,则崇其美,扬其善,违其恶,隐其败,言其所长,不称其所短,以为成俗。《诗》曰:"国有大命,不可以告人,妨其躬身。"此之谓也。

　　恭敬而逊,听从而敏,不敢有以私决择也,不敢有以私取与也,以顺上为志,是事圣君之义也。忠信而不谀,谏争而不谄,挢然刚折端志,而无倾侧之心,是案曰是,非案曰非,是事中君之义也。调而不流,柔而不屈,宽容而不乱,晓然以至道,而无不调和也,而能化易,时关内之,是事暴君之义也。若驭朴马,若养赤子,若食餧人,故因其惧也而改其过,因其忧也而辨其故,因其喜也而入其道,因其怒也而除其怨,曲得所谓焉。《书》曰:"从命而不拂,微谏而不倦,为上则明,为下则逊。"此之谓也。

事人而不顺者,不疾者也;疾而不顺者,不敬者也;敬而不顺者,不忠者也;忠而不顺者,无功者也;有功而不顺者,无德者也。故无德之为道也,伤疾、堕功、灭苦,故君子不为也。

有大忠者,有次忠者,有下忠者,有国贼者。以德复君而化之,大忠也。以德调君而辅之,次忠也。以是谏非而怒之,下忠也。不恤君之荣辱,不恤国之臧否,偷合苟容,以之持禄养交而已耳,国贼也。若周公之于成王也,可谓大忠矣。若管仲之于桓公,可谓次忠矣。若子胥之于夫差,可谓下忠矣。若曹触龙之于纣者,可谓国贼矣。

仁者必敬人。凡人非贤则案不肖也,人贤而不敬,则是禽兽也;人不肖而不敬,则是狎虎也。禽兽则乱,狎虎则危,灾及其身矣。《诗》曰:"不敢暴虎,不敢冯河,人知其一,莫知其它。战战兢兢,如临深渊,如履薄冰。"此之谓也。故仁者必敬人。

敬人有道,贤者则贵而敬之,不肖者则畏而敬之;贤者则亲而敬之,不肖者则疏而敬之。其敬一也,其情二也。若夫忠信端悫而不害伤,则无接而不然,是仁人之质也。忠信以为质,端悫以为统,礼义以为文,伦类以为理,喘而言,臑而动,而一可以为法则。《诗》曰:"不僭不贼,鲜不为则。"此之谓也。

恭敬,礼也;调和,乐也;谨慎,利也;斗怒,害也。故君子安礼乐利,谨慎而无斗怒,是以百举不过也,小人反是。

通忠之顺,权险之平,祸乱之从声,三者非明主莫之能知也。争然后善,戾然后功,生死无私,致忠而公,夫是之谓通忠之顺,信陵君似之矣。夺然后义,杀然后仁,上下易位然后贞,功参天地,泽被生民,夫是之谓权险之平,汤、武是也。过而通情,和而无经,不恤是非,不论曲宜,偷合苟容,迷乱狂生,夫是之谓祸乱之从声,飞廉、恶来是也。传曰:"斩而齐,枉而顺,不同而壹。"《诗》曰:"受小球大球,为下国缀旒。"此之谓也。

【译解】

人臣的类别:有态臣,有篡臣,有功臣,有圣臣。在国内不能让他统一人民,在国外不能让他抵御外侮,国内的百姓,不能和亲,国外的诸侯,不能亲信,然而能说会道,善于得到君主的宠爱,这便是态臣。上不能效致忠义,下不能取得美誉于百姓,不顾一切公道是非,只知互相联盟结党,以蛊惑君主,而图谋他个人的私利,这便是篡臣。在国内可以使他齐一百姓,在国外可以使他抵御外侮,百姓依附,士人亲信,对君主能致忠义,对于在下,能惠爱而不厌倦,这便是功臣。在上能尊隆君主,在下能惠爱百姓,政令教化,仿佛是影子同形体一样,应付变故,疾速得如同音响的回声，而不拘滞，委曲去做，都能成为制度法象，这便是圣臣。所以用圣臣的可以王，用功臣的可以强，用篡臣的必多危削，用态臣的必多灭亡。态臣得用，则君主必然死亡，篡臣得用，则君主必然危殆，功臣得用，则君主必然显荣，圣臣得用，则君主必然尊贵。齐国的苏秦、楚国的州侯、秦国的张仪，可说是是态臣一流的人。韩国的张去疾、赵国的奉阳君、齐国的孟尝君，可说是篡臣一流的人。齐国的管仲、晋国的咎犯、楚国的孙叔敖，可说是功臣。殷朝的伊尹、周朝的周公，可说是圣臣。这就是人臣的类别，并且是吉凶贤不肖的极点，君主必须谨记此道，慎重地去择取，则足以稽考用臣的方法了。

服从命令，而有利于君主，这叫作顺；服从命令，而于君主没有利的，这叫作谄。违抗命令，而有利于君主的，这叫作忠；违抗命令，而于君主没有利的，这叫作篡。不顾君主的荣辱，不顾国家的安危，偷合取容，只知以俸禄来结养外交，这叫作国贼。君主有过失的事，将要危殆国家了，大臣父兄有能够进言于君主，用则可，不用则去，这叫作谏。有能够进言于君主，用则可，不用则死，这叫作诤。有能够合智同力，领率群臣百吏一同矫正君主，君主虽不乐意，也不能不听从，因之解去国家的大祸，除去国家的大害，国家安治，君主尊荣，这叫作辅。有能违抗君的命令，窃其重器，违背君主的意志，而能安定国家的危殆，除去君主的耻辱，战功可以造成国家的大利，这叫作拂。所以谏、诤、辅、拂的人，是社稷的臣子，是国君的宝器，是明君所尊厚的，而昏暗悖惑的君主，以为是他的贼害。所以凡是明君所赏赐的，是暗主所责罚的，暗主所赏赐的，是明君要诛戮的。伊尹和箕子可算是谏，比干、子胥可算是诤，平原君对于赵国，可算是辅，信陵君对于魏国，可算是拂。古传上说："遵从大道，不仅是从着君上而已。"就是这个道理。

所以正义的臣子得用，则朝廷不偏邪；谏、诤、辅、拂的人能够得用，则君主不会有太大的过失。勇士得展其才能，则仇敌不敢动；边境有贤臣镇守，则边境不会丧失。所以明主同人治事，而暗主好独行己意；明主尚贤能，使役才智，而飨有他的功业，暗主嫉贤妒能，畏惧才智，而掩灭他的功业。刑罚忠良，赏赐奸贼，这便叫作至暗，桀、纣就是这样灭亡的。

事奉圣君，有听从，没有谏诤。事奉普通的君主，有谏诤，没有谄谀。事奉暴虐的君主，弥补其过失，不去矫正极谏。被迫处在混乱的时候，困穷地住在暴虐的国家，而没有法子躲避，那就崇扬他的美善，隐蔽他的恶败，称说他的所长，不说他的所短，以为风俗。《诗经》说："国有大命，不可告诉他人，提防妨害了自身。"就是这个说法。

恭敬而谦逊，听命而敏捷，不敢私自决断，不敢用私意做决定，以遵奉君主为自己的志向，这是事奉圣君的方法。忠信谏诤，而不谄谀，刚直端正，而无倾侧离贰之心，是就说是，非就说非，这是事奉普通君主的方法。调和而不流湎，柔从而不屈曲，宽容而不为所乱，明白地告以大道，而无不调和，变化君主暴戾的性子，用大道贯通他的心，这是事奉暴虐君主的方法。如同驾御未驯良的马，如同保养赤子，如同给饿极了的人吃；趁着他恐惧，改正他的过失，趁着他忧虑，改变他的旧性，趁着他喜悦，引他入于道，趁着他愤怒，除去怨恶的人，委曲地都得到。《书经》说："顺从命令而不违背，微微谏诤而不怠倦，在上则明智，在下则和逊。"就是这个道理。

事奉君主而不合君心，是因为不积极；积极而仍不合，是因为不够恭敬；恭敬而仍不合，是因为不是发自内心；发自内心而仍不合，是因为没有功勋；有功勋而仍不合，是因为没有品德；没有品德，必多伤败、堕坏、灭没，君子不这样做的。

有大忠，有次忠，有下忠，有国贼。用德行来答报君主，使君主化于美善，这是大忠。用美德来匡救人君，这是次忠。用正确的道理来谏诤君主的过失，触怒了他，这是下忠。不顾君主的荣辱，不顾国家的安危，偷合取容，只知以俸禄来结养外交，这是国贼。像周公对于成王，是大忠；像管仲对于桓公，是次忠；像子胥对于夫差，是下忠；像曹触龙对于殷纣，就是国贼了。

仁德之人必尊敬人。大凡一个人，不是贤人，就是不肖。贤人不去尊敬，自己就像动物一样了；不肖的人不恭敬的话，则如同玩弄老虎。自己是动物则乱，玩弄老虎则危，灾难就到身上了。《诗经》说："不敢空手打老虎，不敢光脚去过河，人只知其一，不知其二啊！战战兢兢，恭敬小心，如同临着深渊，就像踩着薄冰。"就是这个道理。所以仁德之人必尊敬人啊！

尊敬人有原则。贤人则尊重地尊敬他，不肖之人则恐惧地恭敬他。贤人则亲近地尊敬他，不肖之人则疏远地恭敬他。恭敬的表面是一样的，而内心情感是两样的。至于忠信、端庄、谨愿，而无伤害之心，无论对于何人，都是这样的，这是仁德之人的本质。忠信以为质，端正以为体，礼义以为文，伦常以为礼，说话做事，都可以作为法则。《诗经》说："不贼不乱，这就是法则啊！"就是这个道理。

恭敬是礼义，调和是快乐，谨慎是利益，争斗愤怒是祸害。所以安于礼，乐于利，谨慎而没有争斗之意，百样的举动，都不会有过失，小人是这样的反面。

通雍塞之忠，使它归于平顺，变危险的事，使它至于平安，祸患总是伴随着附和君主而来，这三类不是贤明之君，必不能了解。谏诤君主，然后能行善，违背君主，然后能立功，出死力奋战，不为私事而妨害公务，这就叫作通雍塞之忠，使它归于平顺，信陵君是这样的。必夺然后有义，必杀然后有仁，上下变易禄位，然后归于正道，功业参配天地，恩泽被及人民，这叫作变危险的事，使它至于平安，汤、武是这样的。君本有过失，而曲通其情以为顺善，和顺上意而没有常守，不顾是非，不问曲直，偷合取容，迷惑昏乱，如草木的狂生，这就叫作祸患总伴随着附和君主而来，飞廉、恶来是这样的。古传说："有参差才有整齐，有委曲才有顺遂，不同才有一致。"《诗经》说："汤接受天命，去结下国诸侯的旌旗。"就是这个道理。

议兵

　　物质演进,作战的武器也日新月异,作战战术更逐日科学化。《议兵》篇中所称说的,当然不适合今天所需要。但是人情千古不变,如果要一个国家兵力强胜,百姓是很重要的,这是荀子的基本思想。

　　临武君与孙卿子议兵于赵孝成王前。

　　王曰:"请问兵要?"

　　临武君对曰:"上得天时,下得地利,观敌之变动,后之发,先之至,此用兵之要术也。"

　　孙卿子曰:"不然。臣所闻古之道,凡用兵攻战之本,在乎壹民。弓矢不调,则羿不能以中微;六马不和,则造父不能以致远;士民不亲附,则汤、武不能以必胜也。故善附民者,是乃善用兵者也。故兵要在乎善附民而已。"

　　临武君曰:"不然,兵之所贵者势利也,所行者变诈也。善用兵者,感忽悠暗,莫知其所从出。孙、吴用之,无敌于天下,岂必待附民哉?"

　　孙卿子曰:"不然。臣之所道,仁人之兵,王者之志也;君之所贵,权谋势利也,所行攻夺变诈也,诸侯之事也。仁人之兵,不可诈也;彼可诈者,怠慢者也,路亶者也,君臣上下之间,滑然有离德者也。故以桀诈桀，犹巧拙有幸焉；以桀诈尧，譬之若以卵投石，以指挠沸，若赴水火，入焉焦没耳。故仁人上下，百将一心，三军同力。臣之于君也，下之于上也，若子之事父，弟之事兄，若手臂之扞头目而覆胸腹也，诈而袭之，与先惊而后击之，一也。且仁人之用十里之国，则将有百里之听；用百里之国，则将有千里之听；用千里之国，则将有四海之听，必将聪明警戒，和传而一。故仁人之兵，聚则成卒，散则成列；延则若莫邪之长刃，婴之者断；兑则若莫邪之利锋，当之者溃。圜居而方止，则若盘石然；触之者角摧，案角鹿埵、陇种、东笼而退耳。且夫暴国之君，将谁与至哉？彼其所与至者，必其民也；而其民之亲我，欢若父母，其好我，芬若椒兰；彼反顾其上，则若灼黥，若仇雠。人之情虽桀、跖，岂又肯为其所恶贼其所好者哉？是犹使人之子孙自贼其父母也。彼必将来告之，夫又何可诈也？故仁人用，国日明，诸侯先顺者安，后顺者危，虑敌之者削，反之者亡。《诗》曰：'武王载发，有虔秉钺，如火烈烈，则莫我敢遏。'此之谓也。"

孝成王、临武君曰："善。请问王者之兵，设何道何行而可？"

孙卿子曰："凡在大王，将率末事也。臣请遂道王者诸侯强弱存亡之效，安危之势。君贤者，其国治；君不能者，其国乱。隆礼贵义者，其国治；简礼贱义者，其国乱。治者强，乱者弱，是强弱之本也。上足卬，则下可用也；上不卬，则下不可用也。下可用则强,下不可用则弱,是强弱之常也。隆礼效功,上也;重禄贵节,次也;上功贱节,下也,是强弱之凡也。好士者强,不好士者弱;爱民者强,不爱民者弱;政令信者强,政令不信者弱;民齐者强,民不齐者弱;赏重者强,赏轻者弱;刑威者强,刑侮者弱;械用兵革攻完便利者强,械用兵革窳楛不便利者弱;重用兵者强,轻用兵者弱;权出一者强,权出二者弱,是强弱之常也。

"齐人隆技击,其技也,得一首者,则赐赎锱金,无本赏矣。是事小敌毳,则偷可用也;事大敌坚,则涣焉离耳,若飞鸟然,倾侧反复无日。是亡国之兵也,兵莫弱是矣。是其出赁市佣而战之几矣。

"魏氏之武卒,以度取之。衣三属之甲,操十二石之弩,负服矢五十个,置戈其上,冠轴带剑。赢三日之粮,日中而趋百里。中试则复其户,利其田宅。是数年而衰,而未可夺也,改造则不易周也。是故地虽大,其税必寡,是危国之兵也。

"秦人其生民也狭厄,其使民也酷烈,劫之以势,隐之以厄,忸之以庆赏,鳅之以刑罚。使天下之民,所以要利于上者,非斗无由也。厄而用之,得而后功之,功赏相长也。五甲首而隶五家,是最为众强长久,多地以正。故四世有胜,非幸也,数也。

"故齐之技击,不可以遇魏氏之武卒;魏氏之武卒,不可以遇秦之锐士;秦之锐士,不可以当桓、文之节制;桓、文之节制,不可以敌汤、武之仁义,有遇之者,若以焦熬投石焉。兼是数国者,皆干赏蹈利之兵也,佣徒鬻卖之道也,未有贵上、安制、綦节之理也。诸侯有能微妙之以节,则作而兼殆之耳。故招近募选,隆势诈,尚功利,是渐之也;礼义教化,是齐之也。故以诈遇诈,犹有巧拙焉;以诈遇齐,辟之犹以锥刀堕太山也,非天下之愚人莫敢试。故王者之兵不试。汤、武之诛桀、纣也,拱挹指麾,而强暴之国莫不趋使,诛桀、纣,若诛独夫!故《泰誓》曰"独夫纣",此之谓也。

"故兵大齐则制天下,小齐则治邻敌。若夫招近募选,隆势诈,尚功利之兵,则胜不胜无常,代翕代张,代存代亡,相为雌雄耳矣。夫是之谓盗兵,君子不由也。

故齐之田单,楚之庄蹻,秦之卫鞅,燕之缪蚏,是皆世俗之所谓善用兵者也。是其巧拙强弱,则未有以相君也,若其道一也,未及和齐也;掎契司诈,权谋倾覆,未免盗兵也。齐桓、晋文、楚庄、吴阖闾、越勾践,是皆和齐之兵也,可谓入其域矣。然而未有本统也,故可以霸而不可以王。是强弱之效也。"

孝成王、临武君曰:"善。请问为将?"

孙卿子曰:"知莫大乎弃疑,行莫大乎无过,事莫大乎无悔。事至无悔而止矣,成不可必也。故制号政令,欲严以威;庆赏刑罚,欲必以信;处舍收藏,欲周以固;徙举进退,欲安以重,欲疾以速;窥敌观变,欲潜以深,欲伍以参;遇敌决战,必道吾所明,无道吾所疑。夫是之谓六术。无欲将而恶废,无急胜而忘败,无威内而轻外,无见其利而不顾其害,凡虑事欲孰,而用财欲泰,夫是之谓五权。所以不受命于主有三:可杀而不可使处不完,可杀而不可使击不胜,可杀而不可使欺百姓,夫是之谓三至。凡受命于主而行三军,三军既定,百官得序,群物皆正,则主不能喜,敌不能怒,夫是之谓至臣。虑必先事而申之以敬,慎终如始,终始如一,夫是之谓大吉。凡百事之成也,必在敬之,其败也,必在慢之。故敬胜怠则吉,怠胜敬则灭;计胜欲则从,欲胜计则凶。战如守,行如战,有功如幸。敬谋无圹,敬事无圹,敬吏无圹,敬众无圹,敬敌无圹,夫是之谓五无圹。慎行此六术、五权、三至,而处之以恭敬无圹,夫是之谓天下之将,则通于神明矣。"

临武君曰:"善。请问王者之军制?"

孙卿子曰:"将死鼓,御死辔,百吏死职,士大夫死行列。闻鼓声而进,闻金声而退,顺命为上,有功次之。令不进而进,犹令不退而退也,其罪惟均。不杀老弱,不猎禾稼,服者不禽,格者不舍,奔命者不获。凡诛,非诛其百姓也,诛其乱百姓者也。百姓有扞其贼,则是亦贼也。以故顺刃者生,苏刃者死,奔命者贡。微子开封于宋,曹触龙断于军,殷之服民,所以养生之者也,无异周人。故近者歌讴而乐之,远者竭蹶而趋之,无幽闲僻陋之国,莫不趋使而安乐之,四海之内若一家,通达之属,莫不从服,夫是之谓人师。《诗》曰:"自西自东,自南自北,无思不服。"此之谓也。王者有诛而无战,城守不攻,兵格不击,上下相喜则庆之,不屠城,不潜军,不留众,师不越时。

故乱者乐其政，不安其上，欲其至也。"

临武君曰："善。"

陈嚣问孙卿子曰："先生议兵，常以仁义为本，仁者爱人，义者循理，然则又何以兵为？凡所为有兵者，为争夺也。"

孙卿子曰："非女所知也。彼仁者爱人，爱人，故恶人之害之也；义者循理，循理，故恶人之乱之也。彼兵者，所以禁暴除害也，非争夺也。故仁人之兵，所存者神，所过者化，若时雨之降，莫不说喜。是以尧伐驩兜，舜伐有苗，禹伐共工，汤伐有夏，文王伐崇，武王伐纣，此四帝两王，皆以仁义之兵行于天下也。故近者亲其善，远方慕其德，兵不血刃，远迩来服，德盛于此，施及四极。《诗》曰：'淑人君子，其仪不忒。'此之谓也。"

李斯问孙卿子曰："秦四世有胜，兵强海内，威行诸侯，非以仁义为之也，以便从事而已。"

孙卿子曰："非女所知也。女所谓便者，不便之便也；吾所谓仁义者，大便之便也。彼仁义者，所以修政者也，政修则民亲其上，乐其君而轻为之死。故曰：'凡在于军，将率末事也。'秦四世有胜，諰諰然常恐天下之一合而轧己也，此所谓末世之兵，未有本统也。故汤之放桀也，非其逐之鸣条之时也，武王之诛纣也，非以甲子之朝而后胜之也，皆前行素修也，此所谓仁义之兵也。今女不求之于本而索之于末，此世之所以乱也。"

礼者，治辨之极也，强国之本也，威行之道也，功名之总也；王公由之，所以得天下也，不由，所以陨社稷也。故坚甲利兵,不足以为胜,高城深池,不足以为固,严令繁刑,不足以为威;由其道则行,不由其道则废。

楚人鲛革、犀兕以为甲,鞈如金石,宛钜铁釶,惨如蜂虿,轻利僄遫,卒如飘风;然而兵殆于垂沙,唐蔑死,庄蹻起,楚分而为三四。是岂无坚甲利兵也哉?其所以统之者非其道故也。汝、颍以为险,江、汉以为池,限之以邓林,缘之以方城,然而秦师至而鄢、郢举,若振槁然。是岂无固塞隘阻也哉?其所以统之者非其道故也。纣剖比干,囚箕子,为炮烙刑,杀戮无时,臣下懔然,莫必其命。然而周师至而令不行乎下,不能用其民。是岂令不严,刑不繁也哉?其所以统之者非其道故也。

古之兵,戈、矛、弓、矢而已矣,然而敌国不待试而诎。城郭不辨,沟池不拑,固塞不树,机变不张,然而国晏然不畏外而明内者,无它故焉,明道而分钧之,时使而诚爱之,下之和上也如影响,有不由令者,然后诛之以刑。故刑一人而天下服,罪人不邮其上,知罪之在己也。是故刑罚省而威流,无它故焉,由其道故也。古者帝尧之治天下也,盖杀一人、刑二人而天下治。传曰:"威厉而不试,刑错而不用。"此之谓也。

凡人之动也,为赏庆为之,则见害伤焉止矣。故赏庆、刑罚、势诈,不足以尽人之力,致人之死。为人主上者也,其所以接下之百姓者,无礼义忠信,焉虑率用赏庆、刑罚、势诈,除厄其下,获其功用而已矣。大寇则至,使之持危城,则必畔,遇敌处战,则必北,劳苦烦辱,则必奔,霍焉离耳,下反制其上。故赏庆、刑罚、势诈之为道者,佣徒鬻卖之道也,不足以合大众,美国家,故古之人羞而不道也。故厚德音以先之,明礼义以道之,致忠信以爱之,尚贤使能以次之,爵服庆赏以申之;时其事,轻其任,以调齐之,长养之,如保赤子;政令以定,风俗以一,有离俗不顺其上,则百姓莫不敦恶,莫不毒孽,若祓不祥,然后刑于是起矣。是大刑之所加也,辱孰大焉!将以为利邪?则大刑加焉,身苟不狂惑戆陋,谁睹是而不改也哉?然后百姓晓然皆知修上之法,像上之志而安乐之。于是有能化善、修身、正行、积礼义、尊道德,百姓莫不贵敬,莫不亲誉,然后赏于是起矣。是高爵丰禄之所加也,荣孰大焉!将以为害邪?则高爵丰禄以持养之,生民之属,孰不愿也?雕雕焉,悬贵爵重赏于其前,悬明刑大辱于其后,虽欲无化,能乎哉?故民归之如流水,所存者神,所为者化而顺;暴悍勇力之属,为之化而愿;旁辟曲私之属,为之化而公;矜纠收缭之属,为之化而调,夫是之谓大化至一。《诗》曰:"王犹允塞,徐方既来。"此之谓也。

凡兼人者有三术:有以德兼人者,有以力兼人者,有以富兼人者。彼贵我名声,美我德行,欲为我民,故辟门除涂以迎吾入。因其民,袭其处,而百姓皆安,立法施令,莫不顺比。是故得地而权弥重,兼人而兵俞强,是以德兼人者也。非贵我名声也,非美我德行也,彼畏我威,劫我势,故民虽有离心,不敢有畔虑,若是,则戎甲俞众,奉养必费。是故得地而权弥轻,兼人而兵俞弱,是以力兼人者也。非贵我名声也,非美我德行也，用贫求富，用饥求饱，虚腹张口，来归我食，若是，则必发夫掌窌之粟以食之，委之财货以富之，立良有司以接之，已期三年，然后民可信也。是故得地而权弥轻，兼人而国俞贫，是以富兼人者也。故曰：以德兼人者王，以力兼人者弱，以富兼人者贫，古今一也。

兼并易能也，唯坚凝之难焉。齐能并宋而不能凝也，故魏夺之。燕能并齐而不能凝也，故田单夺之。韩之上地，方数百里，完全富足而趋赵，赵不能凝也，故秦夺之。故能并之而不能凝，则必夺，不能并之，又不能凝其有，则必亡。能凝之，则必能并之矣。得之则凝，兼并无强。古者汤以薄，武王以滈，皆百里之地也，天下为一，诸侯为臣，无它故焉，能凝之也。故凝士以礼，凝民以政，礼修而士服，政平而民安。士服民安，夫是之谓大凝，以守则固，以征则强，令行禁止，王者之事毕矣！

【译解】

临武君同孙卿子在赵孝成王面前议论用兵。

王说："请问用兵的要义？"

临武君说："上得天时，下得地利，观察敌人的变动，后敌而发，先敌而至，这是用兵的要术。"

孙卿子说："不对，臣所听闻古代的道理，凡用兵攻战的根本，在乎齐一百姓。弓箭要是不能调和，虽后羿也不能射中细微；六匹马要是不调和，虽造父也不能驾车至于远方；士民要是不亲附，虽是汤、武也不能必胜。所以善于和附百姓，才是善于用兵的，用兵的要义，就是善于和附百姓。"

临武君说："不对，用兵所贵的，在于乘势争利，所行的是机变诡诈。善于用兵的，在顷刻之间，机变百端，都不知是从何而出。孙武、吴起用这方法，所以无敌于天下，岂是先和附百姓吗？"

孙卿子说："不对，臣所说的是仁人的用兵，是王者的志向。所贵者权谋势利，所行者攻夺变诈，这是诸侯的事业。仁人的用兵，是不可以用欺诈的；那些行欺诈的，怠慢羸怠，君臣上下之间都涣离了。所以桀同桀诈，便有巧拙，有侥幸；但桀同尧诈，便是以鸡蛋去碰石头，以手指去搅开水，如同去投水火，进去就烧枯沉没了。所以仁人上下百将，都一样心，三军的兵士一齐尽力。臣对于君，下对于上，如同儿子事奉父亲，弟弟事奉长兄，如同手足保护头目而兼及胸腹。用机诈去偷袭他，同先惊恐了他，而后去击打他是一样的。仁人治理十里的国家，就知道百里的情况；治理百里的国家，就知道千里的情况；治理千里的国家，就知道四海的情况，仁人的军队，耳聪目明，警戒严密，协调团结，齐心协力。所以仁人的兵，集聚可以成卒，散布也可成列，像莫邪的长刃，有来犯的必断，又像莫邪的利锋，碰到的必败，无论阵势方圆，都如磐石一般，触其锋者，必大败而退！暴国的君主，是谁同他来呢？同他来的，必是他的百姓，而他的百姓亲附我，喜欢我，如同见了父母，如同爱好椒兰。他们反顾他的君主，仿佛是仇人，人情虽是像桀、跖一样，也岂肯为他所恨的人，来贼害他所喜好的呢？譬如是叫人的子孙，去贼害他的父母，他们必定来告诉我的，这又怎么可以诈袭呢？所以仁人用国，日益明察，诸侯先顺服的平安，后顺服的危殆，与他为敌的，土地必削，反背他的，必然灭亡。《诗经》说：'我王发扬威武，恭敬使用干戈，如火一般炎烈，没有人敢阻遏。'就是这个说法。"

孝成王和临武君都说："好，请问王者的用兵，要怎样才行？"

孙卿子说："这是在于大王，至于将帅，那是末事啊！臣请遂道王者诸侯强弱存亡的效验，安危的形势。君主贤明的国家安治，君主不能的国家混乱。隆礼贵义的，国家安治；轻视礼义的，国家混乱；安治的强，混乱的弱，这是强弱的根本。上能仰治，则下可以用；上不能仰治，则下不可以用。下可以用则强，下不可以用则弱，这是强弱的常道。尊隆礼义，效验战功，是上等的国家；重禄位，贵忠义，是次等的国家；专尚战功，鄙贱忠义，是下等的国家，这是强弱的大凡。好贤士的强，不好贤士的弱，爱百姓的强，不爱百姓的弱。政令信，百姓齐一，赏重刑威，械用兵革攻完便利的强。政令不信，民不齐一，赏轻刑罚侮僈，械用兵革破旧的弱。谨慎用兵的强，轻率用兵的弱，权出一人的强，权出二人的弱，这是强弱的常道。

"齐人尊隆技击，得敌人一个首级，便赐给他八两黄金，不问兵之胜败,只问有无敌人首级,没有固定的奖赏。这对于小而弱的敌人,可以勉强使用,遇到坚强的大敌,那就溃散了,如同飞鸟乱飞的样子,这是亡国的兵,没有再比这弱的,这与用市井佣人去交战,有什么分别呢?

"魏国的兵勇,根据一定的标准来录取:穿三种依次相连的铠甲,操持十二石的弓,背负五十支箭,置戈其上,戴盔佩剑。担三日的粮食,自朝至正午,走一百里。考试合格,则免除他家的徭役,让他家住在便利的地方。数年后,他筋力衰弱了,也不会夺去他的优待,再行召募,赏赐也就不够了。所以土地虽大,而税收甚少,这是危殆国家的兵。

"秦国生养百姓穷蹙,使用百姓酷烈,以威势劫迫百姓,趋之于战争,用奖赏来鼓励他们,用刑罚来威胁他们,使秦国的百姓,除了争战,没有第二条发达的路。使百姓穷困,作战有所得而后加功,使奖赏随着功劳而增多。得到五个首级就可以役使五户人家,所以秦国最是众强长久,多地而有赋税,所以四世有功,这并非侥幸,而是有其必然的。

"所以齐国的技击,不可以遇魏国的武卒,魏国的武卒,不可以遇秦国的锐士,秦国的锐士,不可以当齐桓、晋文的节制,齐桓、晋文的节制,不可以敌汤、武的仁义。有遇到这种军队的,如同拿烧焦了的物件去碰掷石头一样。这几国都是求赏求利的兵,同佣徒鬻卖气力是一样的,并不能贵爱君主,为他效死,安于制节而不为非啊!诸侯有能尽精微于仁义的,则必能擒灭他们了。所以招近募选,尊隆势诈,专尚功利,这是欺诈,礼义教化才能齐一。以欺诈的去应对欺诈的,其间还有巧拙。要是以欺诈的去抗衡齐一的,譬如是拿锥刀去毁泰山,要不是天下的愚人,必不敢去尝试的。所以王者的兵,天下无人敢敌。汤、武诛伐桀、纣,拱揖指麾,而强暴的国家,没有不为所用的,诛伐桀、纣,如同杀一个独夫,《泰誓》上说的"独夫纣",就是这个说法。

"所以兵大齐一,则能称霸天下,小齐一,则则能治服邻国。至于招近募选、尊隆势诈、专尚功利的兵,胜不胜是没有一定的,忽强忽弱,忽存忽亡,互相为雌雄,这可说是盗兵,君子是不用的。

齐国的田单、楚国的庄蹻、秦国的卫鞅,燕国的缪虮,这都是世俗所称说善于用兵的。他们的巧拙强弱并不相同,用兵方法却是一样的,并没有能够使军队和齐,只有欺诳谲诈、权谋倾覆,不免是强盗之兵。齐桓、晋文、楚庄、吴阖闾、越句践,这是和齐的兵,进了礼义教化的境界,然而还是没有本统,所以可以霸,而不可以王,这是强弱的效验。"

孝成王和临武君都说:"好,请问为将的道理?"

孙卿子说:"智慧没有能再大于弃疑惑,行为没有能再大于没有过,事没有能再大于没有后悔,事能做到没有后悔就行了,成功是不可必的。所以制度政令要严而威;赏赐刑罚要有信用;物资的储藏要周密牢固;徙举进退要安重,要疾速;窥视敌人而观察他的变动,要潜隐深入,要杂错参五;遇见敌人同他决战,必行我所明察的,不要行我所疑虑的,这就叫作六术。不要热衷为将而怕被罢免,不要因为胜而忘记败,不要威内而轻于外,不要见到利而不顾它的害处。大凡考虑事情要精熟,用财要宽舒,这就叫作五权。所以有三事是可以不听君主命令的:宁可被杀,而不可使军队处于不安全的地方;宁可被杀,而不可让军队去打不能胜的敌人;宁可被杀,而不可让军队欺负百姓,这就叫作三至。凡是受了君主的命令而用三军,三军既定,百官得序,群物都得其正,君主不能叫他喜,敌人不能叫他怒,这就叫作至臣。谋虑必在事先,而加之以敬,谨慎终始如一,这就叫作大吉。凡百事的成功,必在于能恭敬,它的失败,必在于怠慢。所以恭敬能胜过怠慢则吉祥,怠慢胜过恭敬则毁灭;计虑胜过私欲则顺,私欲胜过计虑则凶。战时如守,行时如战,有功如侥幸。敬谋不旷怠,敬事不旷怠,敬官吏不旷怠,敬民众不旷怠,敬敌人不旷怠,这叫作五不旷。谨慎地做到六术、五权、三至,而以恭敬不旷怠自处,这就是天下的大将,可以通于神明了。"

临武君说:"好,请问王者的军制是怎样的?"

孙卿子说:"将死职于鼓,御人死职于辔,百吏死职于守,士大夫死于行列。听见鼓声就前进,听到金声才后退,服从命令为上,有功尚在其次。不叫他前进而前进,同不叫他后退而后退,所犯的罪是一样的。不杀老弱的人,不践踏禾麦,已顺服的不去追擒,抵抗的必不舍去,来归附的不当成俘虏。大凡诛伐,并不是诛伐百姓,而是诛伐乱百姓的人,百姓有依附贼君的，那也是贼。所以回避我军的生，抵抗我军的死，归服的赦免其罪。微子启封于宋地，曹触龙被斩于军，殷朝来归服的百姓，所以生养他的同周人一样。所以近处歌颂，远处归服，没有一个幽闲僻陋的国家，不来供趋使而快乐的，四海欢若一家，四通八达的地方，没有不服从，这就叫作人师。《诗经》说：'由西边，由东边，由南边，由北边，四方的人，没有一个不服从。'就是这个道理。王者有诛伐而没有攻战，敌军拒守不用攻，敌军抵抗不用击，敌人上下都相爱悦而称道他，不用毁屠城池，不用潜袭，不久留兵众，行役不过时。乱国的百姓爱悦王者，不乐意自己的君主，都想王者的兵去。"

临武君说："好。"

陈嚣来问孙卿子说："先生说用兵，常以仁义为根本，仁人亲爱人，有义的人遵循理法，那么何必用兵呢？大凡所以要用兵，是因为争夺啊！"

孙卿子说："这不是你所知道的。仁人亲爱人，正因为亲爱人，所以厌恶害人；有义的人遵循理法，正因为道循礼法，所以厌恶人乱理。所以仁义的兵，是禁止暴虐，消除祸害的。仁人的兵所存止的地方，人畏他如神，所经过的地方，没有不感化，仿佛时雨的降临，没有不喜悦的。所以尧伐驩兜，舜伐有苗，汤伐有夏，文王伐崇，武王伐纣；这四帝（尧、舜、禹、汤）两王（文王、武王）都是以仁义的兵行于天下。所以近处亲爱他的善，远处钦慕他的德，用兵不用血刃，远近就来归服，美德施及四方。《诗经》说:'贤人君子,义法不差。'就是这个道理。"

李斯来问孙卿子说:"秦国四世有胜兵,富强海内,威行诸侯,并不以仁义,只以便于从事啊!"

孙卿子说:"这不是你所知道的。你所说的便利,是不便利的便利;我所说的仁义,才是有大便利于人的便利!他的仁义,是来修正政治的,政治修正,则百姓亲爱乐意,而愿为他死。所以说:'大凡用兵,将帅尚是末事。'秦国四世有胜兵,而常常恐怕天下合一,来欺侮他,这叫作末世的兵,没有本统的。所以殷汤放逐夏桀,并不在驱逐鸣条的时候,武王伐纣,不是因甲子之朝而后胜他的,是他们所行的早已修美了,这就叫作仁义的兵。现在你不在根本求,而去求之于末,这所以要乱啊!"

礼是治国的准则,强国的本根,威行的大道,功名的总要。王公照这样去做,所以能得有天下,不照这样去做,便陨灭他的国家。所以坚甲利兵,不能算强胜;高城深池,不能算坚固;严令繁刑,不能算威德。顺从道理去做,则可以行;不顺从道理去做,则堕废。

楚国人用鲨鱼和犀牛的皮来做铠甲,坚硬得像金石;宛地产的铁矛就像蜂蝎的刺一样;而楚兵作战轻利急疾,如同飘风。然而楚国危殆于垂沙,大将唐蔑战死,庄蹻借此作乱,楚国分为四国,这岂是没有坚甲利兵吗?是楚国治国的道理不对。以汝、颍为险,以江、汉为池,以邓林为界限,以方城为缘绕,然而秦人的兵一到,连鄢郢国都都给夺去,仿佛敲击枯叶一般,这岂是没有固塞险阻吗？是楚国治国的道理不对。纣剖比干的心，幽囚箕子，做炮烙的刑，杀戮没有限度，臣下惶惶，不知能否保全生命。然而周师一到，命令就不能下行，不能用他的百姓，这岂是命令不严、刑法不繁吗？是殷纣治国的道理不对。

　　古代的兵器，仅仅是戈、矛、弓、箭，然而敌国不待试用，已经顺服。城郭不用治，沟池不用掘，要塞不用建立，机变不用施展，然而国家安治，不畏于外，而强固于内。这没有别的缘故，是显明大道而平均礼义，以时使役而真诚惠爱，故臣民拥护君主，如同影子音响一样。如有不服从命令的，则诛之以刑罚，刑罚只及于一人，而天下的人都归服，受刑的人并不怨恨，因为知道自己有罪。所以刑罚不繁，威德下行，这没有别的缘故，是由于大道啊！古时帝尧治理天下，不过杀一人，刑两人，天下就安治了。古传说："威令严厉，不用去试；刑法措置，不必去用。"就是这个道理。

　　凡人的勤动，是为了赏赐，要是勤动而有伤害，则不去做了。所以赏赐、刑罚、势诈，不足以尽人的力量，致人的死力。做君主的，所以对待百姓，没有礼义忠信，大率用赏赐、刑罚、势诈威胁他的在下，得到他的功用而已。一旦外寇来了，叫他去保守城池，则必背叛；叫他去攻打敌人，则必败北；劳苦烦辱，则必奔溃，涣然离散，在下的反而挟制了在上。所以赏赐、刑罚、势诈，是佣徒鬻卖的道理，不足以和一百姓，美厚国家，古时的人是羞于称说的。必先之以厚德，道之以礼义，用忠信去爱他们，尚贤使能，为他们安排职位，然后再使用爵禄庆赏以做鼓励；以时使役，减轻力役，以调济长养，如同保护小儿，政令因以安定，风俗齐一。有背离风俗，不顺服在上的，百姓没有不憎恨，没有不毒孽，就像被除不祥；然后用大刑来惩罚，这被大刑所罚之人，是多么耻辱啊！要说他是利呢？则大刑来罚，只要不是狂惑戆陋的人，哪有看见这样还不改的？然后百姓都明白地遵循君主的法则，按照君主的意志而安乐。遂有能够化善、修身、正行、积礼义、尊道德的人，这种人百姓没有不礼义恭敬的，没有不亲爱称誉的。这种人会有丰厚的赏赐、高贵的爵位、丰厚的薪禄来加施，是莫大的光荣！要说是有害呢？会有高爵丰禄来持养，凡是百姓，谁不愿意这样呢？明白地悬着贵爵重赏在百姓前面，悬着刑罚大辱在百姓后面，百姓怎么可能不顺化呢？所以百姓归附他，如水向下流，所到的地方，畏他如神，凡所施为，都感化归顺，暴悍勇力的人，化为谨愿，旁僻曲私的人，化为公正，夸诞委曲的人，化为调和，这就叫作大化至一。《诗经》说："王的功猷，充塞四海，远方的人，都来归附。"就是这个道理。

  大凡兼并他国的方法有三种：有用德行来兼并的，有用力量来兼并的，有用财富来兼并的。尊贵我的声名，尊美我的德行，想做我的百姓，开门扫除道路来迎接我。因了百姓的爱悦，而居处他的土地，百姓都安乐，立法施令，没有不亲附。所以得到土地，而权威更重，兼并人家，而兵力更强，这是用德行兼并的。不是尊贵我的声名,不是尊美我的德行,怕我的威,惧我的势,虽有离贰之心,不敢有背叛之虑。这样,则戎甲愈重,奉养的费用必多。所以得到土地,而权威反而减轻,兼并别国,而兵力更弱,这是以力量兼并的。不是尊贵我的声名,不是尊美我的德行,因为贫而求富,因为饥饿而求饱,饿着肚子、张着口来归附求食。这样,必要发放仓廪的米粟给他们吃,分配货财使他们富足,立贤良的有司以管理他们,过了三年,这些百姓才能信实。所以得到土地而权威更轻,兼并他国而国家更穷,这是用财富来兼并的。所以说:"用德行来兼并的王,用力量来兼并的弱,用财富来兼并的贫。"古今是一样的。

  兼并别国是容易的事,但是想坚凝很难。齐国能兼并宋国,而不能坚凝固有,所以魏国又来夺取。燕国能兼并齐国,而不能坚凝固有,所以田单又将他夺取回来。韩国的上党有数百里大,完全富足地来投降赵国,赵国不能坚凝固有,所以秦国又来夺了去。所以能兼并,而不能坚凝,则必被人夺取;不能兼并,又不能坚凝,所有的则必灭亡。能坚凝的,则必能兼并;得到了就能坚凝,则没有强国不可以被兼并了。古时汤的亳、武王的镐,都是百里大的土地,而能统一天下,诸侯都来为他的臣子,这没有别的缘故,是能坚凝啊!所以坚凝士人用礼,坚凝百姓用政,礼法修正,而士人顺服,政治公平,而百姓安乐,这就叫作大凝;用来保守则坚固,用来征伐则强胜,政令下行,禁厉自止,王者的事业就完成了。

强国

　　国家所以能强盛,不在于器械坚利,人口众多,是他有可以强盛的道理。只要遵循着致强之道去行事,自然可以逐日强盛,能够保守国家,而土地自广。

　　刑范正,金锡美,工冶巧,火齐得,剖刑而莫邪已。然而不剥脱,不砥厉,则不可以断绳。剥脱之,砥厉之,则劖盘盂,刎牛马,忽然耳。彼国者亦强国之剖刑已。然而不教诲,不调一,则入不可以守,出不可以战。教诲之,调一之,则兵劲城固,敌国不敢婴也。彼国者,亦有砥厉,礼义节奏是也。故人之命在天,国之命在礼。人君者,隆礼尊贤而王,重法爱民而霸;好利多诈而危,权谋、倾覆、幽险而亡。

　　威有三:有道德之威者,有暴察之威者,有狂妄之威者。此三威者,不可不孰察也。礼乐则修,分义则明,举错则时,爱利则形。如是,百姓贵之如帝,高之如天,亲之如父母,畏之如神明。故赏不用而民劝,罚不用而威行,夫是之谓道德之威。礼乐则不修,分义则不明,举错则不时,爱利则不形。然而其禁暴也察,其诛不服也审,其刑罚重而信,其诛杀猛而必,黭然而雷击之,如墙厌之。如是,百姓劫则致畏,嬴则敖上,执拘则最,得间则散,敌中则夺,非劫之以形势,非振之以诛杀,则无以有其下,夫是之谓暴察之威。无爱人之心,无利人之事,而日为乱人之道,百姓讙敖,则从而执缚之,刑灼之,不和人心。如是,下比周贲溃,以离上矣,倾覆灭亡,可立而待也,夫是之谓狂妄之威。此三威者,不可不孰察也,道德之威成乎安强,暴察之威成乎危弱,狂妄之威成乎灭亡也。

公孙子曰:"子发将西伐蔡,克蔡,获蔡侯,归致命曰:'蔡侯奉其社稷,而归之楚。舍属二三子而治其地。'既楚发其赏,子发辞曰:'发诫布令而敌退,是主威也;徙举相攻而敌退,是将威也;合战用力而敌退,是众威也。臣舍不宜以众威受赏。'"

讥之曰:"子发之致命也恭,其辞赏也固。夫尚贤使能,赏有功,罚有罪,非独一人为之也。彼先王之道也,一人之本也,善善恶恶之应也,治必由之,古今一也。古者明王之举大事,立大功也,大事已博,大功已立,则君享其成,群臣享其功,士大夫益爵,官人益秩,庶人益禄。是以为善者劝,为不善者沮,上下一心,三军同力,是以百事成而功名大也。今子发独不然,反先王之道,乱楚国之法,堕兴功之臣,耻受赏之属,无僇乎族党,而抑卑其后世,案独以为私廉,岂不过甚矣哉?故曰:子发之致命也恭,其辞赏也固。"

荀卿子说齐相曰:"处胜人之势,行胜人之道,天下莫忿,汤、武是也。处胜人之势,不以胜人之道,厚于有天下之势,索为匹夫,不可得也,桀、纣是也。然则得胜人之势者,其不如胜人之道远矣。夫主相者,胜人以势也,是为是,非为非,能为能,不能为不能,并己之私欲,必以道夫公道,通义之可以相兼容者,是胜人之道也。今相国上则得专主,下则得专国,相国之于胜人之势,亶有之矣。然则胡不驱此胜人之势,赴胜人之道,求仁厚明通之君子,而托王焉,与之参国政,正是非?如是,则国孰敢不为义矣?君臣上下,贵贱长少,至于庶人,莫不为义,则天下孰不欲合义矣?贤士愿相国之朝,能士愿相国之官,好利之民,莫不愿以齐为归,是一天下也。相国舍是而不为,案直为是世俗之所以为,则女主乱之宫,诈臣乱之朝,贪吏乱之官,众庶百姓皆以贪利争夺为俗,曷若是而可以持国乎?今巨楚悬吾前,大燕鳅吾后,劲魏钩吾右,西壤之不绝若绳。楚人则乃有襄贲、开阳以临吾左,是一国作谋,则三国必起而乘我,如是,则齐必断而为四,三国若假城然耳,必为天下大笑。曷若?两者孰足为也?夫桀、纣,圣王之后子孙也,有天下者之世也,势籍之所存,天下之宗室也。土地之大,封内千里,人之众数以亿万,俄而天下倜然,举去桀、纣而奔汤、武,反然举恶桀、纣而贵汤、武,是何也?夫桀、纣何失,而汤、武何得也?曰:是无它故焉,桀、纣者,善为人所恶也,而汤、武者,善为人所好也。人之所恶何也?曰:污漫、争夺、贪利是也。人之所好者何也?曰:礼义、辞让、忠信是也。今君人者,辟称比方,则欲自并乎汤、武,若其所以统之,则无以异于桀、纣,而求有汤、武之功名,可乎?故凡得胜者,必与人也,凡得人者,必与道也。道也者何也？曰："礼义、忠信是也。"故自四五万而往者强胜，非众之力也，隆在信矣；自数百里而往者安固，非大之力也，隆在修政矣。今已有数万之众者也，陶诞比周以争与，已有数百里之国者也，污漫突盗以争地。然则是弃己之所安强，而争己之所以危弱也，损己之所不足，以重己之所有余，若是其悖缪也，而求有汤、武之功名可乎？辟之是犹伏而咶天，救经而引其足也，说必不行矣，愈务而愈远。为人臣者，不恤己行之不行，苟得利而已矣，是渠冲入穴而求利也，是仁人之所羞而不为也。故人莫贵乎生，莫乐乎安，所以养生安乐者，莫大乎礼义。人知贵生乐安而弃礼义，辟之是犹欲寿而刎颈也，愚莫大焉。故君人者爱民而安，好士而荣，两者亡一焉而亡。《诗》曰："价人维藩，大师维垣。"此之谓也。

"力术止，义术行，曷谓也？"曰："秦之谓也。威强乎汤、武，广大乎舜、禹，然而忧患不可胜校也，諰諰然常恐天下之一合而轧己也，此所谓力术止也。"

"曷谓乎威强乎汤、武？""汤、武也者，乃能使说己者用耳。今楚父死焉，国举焉，负三王之庙，而辟于陈、蔡之间，视可、司间，案欲剡其胫，而以蹈秦之腹。然而秦使左案左，使右案右，是乃使雠人役也，此所谓威强乎汤、武也。"

"曷谓广大乎舜、禹也？"曰："古者百王之一天下、臣诸侯也，未有过封内千里者也。今秦南乃有沙羡与俱，是乃江南也，北与胡、貉为邻，西有巴、戎；东在楚者，乃界于齐，在韩者踰常山,乃有临虑,在魏者乃据圉津,即去大梁百有二十里耳,其在赵者,剡然有苓,而据松柏之塞,负西海而固常山。是地遍天下也,威动海内,强殆中国,然而忧患不可胜校也,諰諰然常恐天下之一合而轧己也,此所谓广大乎舜、禹也。"

"然则奈何?"曰:"节威反文,案用夫端诚信全之君子治天下焉,因与之参国政,正是非,治曲直,听咸阳,顺者错之,不顺者而后诛之。若是,则兵不复出于塞外,而令行于天下矣。若是,则虽为之筑明堂于塞外而朝诸侯,殆可矣!假今之世,益地不如益信之务也。"

应侯问孙卿子曰:"入秦何见?"

孙卿子曰:"其固塞险,形势便,山林川谷美,天材之利多,是形胜也。入境,观其风俗,其百姓朴,其声乐不流污,其服不挑,甚畏有司,而顺古之民也。及都邑官府,其百吏肃然,莫不恭俭敦敬,忠信而不楛,古之吏也。入其国,观其士大夫,出于其门,入于公门,出于公门,归于其家,无有私事也。不比周,不朋党,倜然莫不明通而公也,古之士大夫也。观其朝廷,其间听决,百事不留,恬然如无治者,古之朝也。故四世有胜,非幸也,数也,是所见也。故曰:'佚而治,约而详,不烦而功,治之至也。'秦类之矣。虽然,则有其諰矣。兼是数具者而尽有之,然而县之以王者之功名,则倜倜然其不及远矣。是何也?则其殆无儒邪?故曰:'粹而王,驳而霸,无一焉而亡。'此亦秦之所短也。"

积微月不胜日,时不胜月,岁不胜时。凡人好傲慢小事,大事至,然后兴之务之,如是则常不胜,夫敦比于小事者矣。是何也？则小事之至也数,其悬日也博,其为积也大,大事之至也希,其悬日也浅,其为积也小。故善日者王,善时者霸,补漏者危,大荒者亡。故王者敬日,霸者敬时,仅存之国,危而后戚之,亡国至亡而后知亡,至死而后知死,亡国之祸败,不可胜悔也！霸者之善箸焉,可以时托也,王者之功名,不可胜日志也。财物货宝,以大为重,政教功名反是,能积微者速成。《诗》曰："德𬨎如毛,民鲜克举之。"此之谓也。

凡奸人之所以起者,以上之不贵义,不敬义也。夫义者,所以限禁人之为恶与奸者也。今上不贵义,不敬义,如是,则下之人百姓,皆有弃义之志,而有趋奸之心矣。此奸人之所以起也。且上者下之师也,夫下之和上,譬之犹响之应声,影之像形也。故为人上者,不可不顺也。夫义者,内节于人,而外节于万物者也,上安于主,而下调于民者也。内外上下节者,义之情也。然则凡为天下之要,义为本,而信次之。古者禹、汤本义务信而天下治,桀、纣弃义倍信而天下乱。故为人上者,必将慎礼义,务忠信,然后可,此君人者之大本也。

堂上不粪,则郊草不瞻旷芸。白刃扞乎胸,则目不见流矢。拔戟加乎首,则十指不辞断。非不以此为务也,疾养缓急之有相先者也。

【译解】

铸器物的型范只要平正,金、锡就可以美丽,冶工要是巧艺,则火候得宜,开型出来的剑,就会像莫邪那样。然而不剥脱其皮,不砥砺其锋,则连绳子都割不断;剥脱砥砺以后,则可以割盘盂,杀牛马,就很容易了。一个普通的国家是强国的模型,要是不去教诲百姓,调一百姓,则在内不可以保守,在外不可以战斗。教诲调一以后,则兵士劲强,城池完固,敌人不敢来侵犯。一个国家也有砥砺,礼义法令就是。所以人的寿命在于天,国家的寿命在于礼。做君主的隆崇礼义,尊贵贤人,则可以王;慎重法令,亲爱百姓,则可以霸;好财利,多欺诈,则危殆;权谋、倾覆、幽险,则灭亡。

威严有三种:有道德的威严,有暴察的威严,有狂妄的威严。这三种威严,不可以不精思熟察。礼乐修美,义分显明,举措得时,亲爱厚利,形现于外。这样,百姓必尊贵他如同上帝,推高他像天,亲爱他如同父母,敬畏他如同神明;不用赏赐,而百姓劝善,不用刑罚,而威令下行,这就叫作道德的威严。礼乐不修正,义分不显明,举措不得时,亲爱厚利不外见,然而他禁止强暴很明察,诛罚不服从很严密,刑罚重而信实,诛杀猛而果行,仿佛雷霆下击,如墙倒压。这样,百姓受于劫胁则畏惧,放纵宽舒则傲慢在上,以威势拘束则合聚,得空间则散漫,敌人一进攻就会逃。不以形势来劫胁,不以诛杀来震动,则不能有他的在下,这就叫作暴察的威严。没有爱人之心,没有利人之事,天天做乱人之事,百姓有喧噪的,则去执缚他,用刑罚来烧灼,不顺和人心。这样,则在下的奔走溃散,离背他的在上,国家的倾覆灭亡,可以站着就等到了,这就叫作狂妄的威严。这三种威严,不可不精思熟察。道德的威严,可以造成安强;暴察的威严,可以造成危弱;狂妄的威严,可以造成灭亡。

公孙子说:"子发带了兵去伐蔡国,打败了蔡国,擒住了蔡侯,回来同他的君主说:'蔡侯奉了他的社稷来投降楚国,臣请君主派两三个臣子去治理蔡国的土地。'既而楚国行赏赐,子发辞让说:'发教布令,而敌人退去,这是主上的威严;交战相攻,而敌人退去,这是将帅的威严;合战用力,而敌人退去,这是战士的威严。臣不应当以战士的威严受庆赏赐。'"荀卿批评此事道:"子发回来复命,很是恭敬有礼,他推辞奖赏,实在是固陋了!大凡尚贤使能,赏有功,刑罚有罪,不是一人所做的,是古代圣王的道理,齐一人的本根,善善恶恶的报应。治理国家必由此道,古今都是一样的。古时贤明的君主,创举大事,树立大功;大事已广博,大功已树立,则人君享其成,群臣享其功,士大夫增益官爵,官人增益薪秩,庶人增益廪禄。因此善人劝进,不善的人知惧,上下一心,三军同力,所以百事可成,而功名远大。子发他偏不这样,违背先王的大道,混乱楚国的法则,毁堕兴功的臣志,耻于受赏;虽是以后无僇于族党,而卑抑他的后世,独以为这是私廉,岂不是过甚了吗?所以说:'子发的复命很是恭敬有礼,他的辞赏,却固陋了!'"

荀卿子同齐国的宰相说:"处在胜人的形势,行天下的大道,天下没有一个不愿意,汤、武是这样的;处在胜人的形势,不行胜人的大道,厚有天下的威势,但想做匹夫都不能得到,桀、纣是这样的。那么,有胜人的形势,是不如有胜人的大道啊!

"做宰相是有胜人形势的,是为是,非为非,能为能,不能为不能,遗弃自己的私欲,必遵循公道通义,可以相兼容,这是胜人的大道。现在相国,上得以专主,下得以专国,相国对于胜人的形势,真是有了啊!那么,为什么不驾驭这胜人的形势,往赴胜的大道呢?求仁厚明通的君子,而托之于君主,叫他参与国政,正是非,这样,则国内谁敢做不义的事呢?君臣上下,贵贱长少,以至于庶人,没有一个不向礼义去做,则天下谁不想要合于义呢?贤士愿意在相国的朝上,能士愿意做相国的官,好利的人民,没有不愿意来归附齐国,这就是齐一天下。相国舍去此道不做,只去做世俗所做的,则女主乱于宫,诈臣乱于朝,贪吏乱于官,百姓都以贪利争夺为风俗,像这样,可以保持国家吗?今巨楚悬于前,大燕蹴踏于后,劲魏钩取于右,西界的地方,不绝如同绳子一般。楚国则有襄贲、开阳挟制左面,这一国起而图谋攻伐齐国,那三国必起而乘我的后面,这样,则齐必分为数国,齐国就如同三国的寄城啊!必为天下大笑,你说是怎样呢?这胜人之道和胜人的形势,是哪一件可做呢?

"桀、纣是圣王的子孙,有天下的世继,势籍的所在,天下的宗室。土地有千里之大,人数有亿万,而天下倜然地都弃桀、纣,而归顺汤、武,都厌恶桀、纣,而尊贵汤、武,这是什么道理呢?究竟桀、纣有何失,汤、武有何得?这没有别的缘故,桀、纣善于做人所厌恶的事,汤、武善于做人所喜好的事。"什么是人所厌恶的?污漫、争夺、贪利,便是人所厌恶的。什么是人所喜好的?礼义辞让,便是人所喜好的。现在的君主,总想自比汤、武,但他的治国,并不同桀、纣两样,而想求有汤、武的功名,可以吗?大凡能够得胜,必定要得人,要得人,必要得道。什么是道?就是礼让忠信。所以只有四五万人而往的强胜,并不是大众的力量,是能隆崇于信;从数百里的土地,而去统治天下,并不是有大力,是能隆于修政。今已有了数万人众,而荒诞比周以争党与,已有了数百里大的国,而污漫突盗以争土地,这是放弃自己的所强,而去争他的所危,损灭自己的所不足,以重多自己的有余。像这样的悖谬,而求有汤、武的功名,譬如伏在地上,想去舔天,救自缢的人,而去拖他的脚,这是必不可行的,愈务而愈远了!

"做人臣的不问自己的所行能行与否,只知苟且地求利,这是如同钻入地穴去攻城一样,仁人是以为可羞不做的。所以人没有再贵于能生养,没有再比安逸快乐的;所以能够养生安乐,是没有再大于礼义的。一个人知道尊贵生养,乐意安逸,而遗弃礼义,譬如想长寿,而用刀去刎头颈,真是愚笨透顶！所以做君主的，亲爱百姓则安治，能好贤士则光荣，这两样没有一样，则灭亡。《诗经》说："有大德的人，国家的藩篱；大多的百姓，国家的墙垣。"就是这个道理。

"强力的方法行不通，仁义的方法行得通，怎么讲呢？"答道："这是说秦国啊！秦国有汤、武的威强，有舜、禹的广大，然而忧患不可胜计，常常恐怕天下合从来践踏他，这叫作强力的方法行不通。"

"怎么叫作有汤、武的威强？"答道："汤、武只能使悦己的从顺啊！现在楚王的父亲死了，国也灭了，背负三王的神主，而避于陈、蔡的地方；默视有空隙的机会，想剌秦的胫，蹈秦的腹。然而秦国能叫他左，叫他右，这是能叫仇人为使役，这就比汤、武的威强还大。"

"怎么叫作有舜、禹的广大呢？"答道："古代百王的统一天下，臣服诸侯，没有过于千里大的封疆的。今秦国南有沙羡与俱，是有了江南；北面同胡、貉做邻国；西面有巴、戎；东面占领的楚地，乃同齐国为界限；在韩国的委军已过了常山而得到临虑；在魏国的占据了围津，距离大梁仅有一百二十里了；在赵国的，有了苓地，占据松柏要塞，背负西海，而以常山为固。这可以说是地遍天下，威动海内，强力足以危殆中国。然而他的忧患，是不可胜计，常常恐怕天下合从来践踏他，这就叫作比舜、禹还广大。"

"这样，秦国该怎么办呢？"答道："是应当减节威强，复用文治，选用端诚信全的君子，来治天下。参与国政，正是非，治曲直，听治咸阳，服顺的放下，不服顺的才去诛伐，则兵可以不用再出塞外，而政令行于天下了，虽为秦王在塞外的地方建筑明堂，而朝会诸侯，也可以了。现今时代增益土地，是不如增益诚信要紧啊！"

应侯问孙卿子说："到秦国去看见些什么？"孙卿子说："要塞险固，形势便利，山林川谷美富，天所产生的材利厚足，这是形胜。到了境内，观察他的风俗，百姓敦朴，声乐不流荡污浊，服装不纤佻，畏服官吏，是古代圣王治下的百姓。到了都邑官府里面，百吏整肃，没有不恭俭、敦敬、忠信而不坚固的。到了国都，观察他的士大夫，出于私门，入于公门，再回到家里，都没有私事，不比周，不朋党，没有不明通公正的，像古代的大夫。再上观于他的朝廷，听决百事，没有积压，安闲得仿佛同没有事一样，像古代的朝廷。所以他四世能强胜，并不是侥幸，是有其必然性的。所以说：'安佚而治，守约而详，不烦劳而有功，这是安治的极点。'秦国像是这样了，然而它是有恐惧的。有这样的风貌，但是用王者的功名去悬度他，则不及得很远啊！""这是什么道理呢？""想是没有大儒啊！所以说：'精粹可以王，强驳可以霸，这二者没有一样，则灭亡。'这也是秦国的所短啊！"

积细微的事，按月不如按日，按季不如按月，按年不如按季。大凡一个人好傲慢细微的事件，大事来了，然后再去料理，这样，反而比不上那些专做小事的人了。这是为什么呢？小事件来的次数多，悬系日子也多，而积聚也大；大事件来的次数稀少，悬系日子也浅，积聚也少。所以爱惜每一天的称王，爱惜每一季的称霸，等到敝漏然后弥补的危弱，荒废百事不问的灭亡。所以王者认真对待每一天，霸者认真对待每一季；仅存的国家等到危弱，然后才忧戚；灭亡的国家到灭亡，才知道是灭亡了，等到死，然后才知道是死了，亡国的祸败，是不可胜悔的！霸者美善的显著，是可以季节记录的，王者的功名，则不可以日子来记录。财宝货物以大为贵重，政教功名与此相反，能够积于细微的，可以速成。《诗经》说："德行轻得如鸿毛，百姓很少能举起。"就是这个道理。

大凡奸人所以出现，是因为在上的不贵义，不敬义。义是所以禁人为奸的，在上的不贵义，不敬义，百姓有了弃义之意，有了趋奸之心，奸人就出现了。在上是在下的师表，在下附和在上，譬如音响的回应，影子的象形。所以在上不可不顺于义啊！义在内节制于人，在外节制万物，上安于人主，下调一百姓，内外上下，都能中节，这便是义的功用。凡为天下的，都要以义为根本，而信第二。古时禹、汤本义务信，而天下安治；桀、纣弃义背信，而天下乱。所以为人上的，必要谨慎礼义，务存忠信，这是君主的根本！

堂上的地方，还没有清洁，哪还有工夫去料理郊外的野草呢？刀子抵着胸口，眼睛便看不见飞箭外来；戟架在头上，必用手来救护，而忘了手指要被砍断。这不是不把野草、飞箭、手指当回事，而是因为事有轻重缓急，有必先做的啊！

译解荀子

天 论

前篇《非相》中说过："各个人的事业，是由于各个人努力挣扎来的。"我们将史传上名人的遭遇，来默察一下，就可以了解，他所以能成功，完全是由于努力，绝对不是侥幸。所以说："成名绝非偶然。"国家的强弱安危，也是类此的。国家的安危强弱，自有其所以自取之道。我们应当在因子和原则上去求，切不可以万事都归之于天。

天行有常，不为尧存，不为桀亡，应之以治则吉，应之以乱则凶。强本而节用，则天不能贫；养备而动时，则天不能病；修道而不贰，则天不能祸。故水旱不能使之饥渴，寒暑不能使之疾，祅怪不能使之凶。本荒而用侈，则天不能使之富；养略而动罕，则天不能使之全；倍道而妄行，则天不能使之吉。故水旱未至而饥，寒暑未薄而疾，祅怪未至而凶。受时与治世同，而殃祸与治世异，不可以怨天，其道然也。故明于天人之分，则可谓至人矣。

不为而成，不求而得，夫是之谓天职。如是者虽深，其人不加虑焉，虽大不加能焉，虽精不加察焉，夫是之谓不与天争职。天有其时，地有其财，人有其治，夫是之谓能参。舍其所以参而愿其所参，则惑矣。

列星随旋，日月递照，四时代御，阴阳大化，风雨博施，万物各得其和以生，各得其养以成，不见其事而见其功，夫是之谓神。皆知其所以成，莫知其无形，夫是之谓天。唯圣人为不求知天。

天职既立，天功既成，形具而神生，好恶、喜怒、哀乐臧焉，夫是之谓天情。耳、目、鼻、口、形能各有接，而不相能也，夫是之谓天官。心居中虚，以治五官，夫是之谓天君。财非其类，以养其类，夫是之谓天养。顺其类者谓之福，逆其类者谓之祸，夫是之为天政。暗其天君，乱其天官，弃其天养，不能务本节用，逆其天政，背其天情，以丧天功，夫是之谓大凶。圣人清其天君，正其天官，备其天养，顺其天政，养其天情，以全其天功。如是，则知其所为，知其所不为矣，则天地官而万物役矣。其行曲治，其养曲适，其生不伤，夫是之谓知天。

故大巧在所不为，大智在所不虑，所志于天者，已其见象之可以期者矣。所志于地者，已其见宜之可以息者矣。所志于四时者，已其见数之可以事者矣。所志于阴阳者，已其见知之可以治者矣。官人守天，而自为守道也。

治乱天邪？曰：日月、星辰、瑞历，是禹、桀之所同也，禹以治，桀以乱，治乱非天也。时邪？曰：繁启蕃长于春夏，畜积收藏于秋冬，是又禹、桀之所同也，禹以治，桀以乱，治乱非时也。地邪？曰：得地则生，失地则死，是又禹、桀之所同也，禹以治，桀以乱，治乱非地也。《诗》曰："天作高山，大王荒之，彼作矣,文王康之。"此之谓也。

天不为人之恶寒也辍冬,地不为人之恶辽远也辍广,君子不为小人匈匈也辍行。天有常道矣,地有常数矣,君子有常体矣,君子道其常,而小人计其功。《诗》曰:"何恤人之言兮!"此之谓也。

楚王后车千乘,非知也,君子啜菽饮水,非愚也,是节然也。若夫心意修,德行厚,知虑明,生于今而志乎古,则是其在我者也。故君子敬其在己者,而不慕其在天者。小人错其在己者,而慕其在天者。君子敬其在己者,而不慕其在天者,是以日进也。小人错其在己者,而慕其在天者,是以日退也。故君子之所以日进,与小人之所以日退,一也,君子小人之所以相悬者,在此耳。

星坠木鸣,国人皆恐,曰:是何也?曰:"无何也。是天地之变,阴阳之化,物之罕至者也。怪之,可也;而畏之,非也。夫日月之有蚀,风雨之不时,怪星之党见,是无世而不常有之。上明而政平,则是虽并世起,无伤也。上暗而政险,则是虽无一至者,无益也。夫星之坠,木之鸣,是天地之变,阴阳之化,物之罕至者也。怪之,可也;而畏之,非也。

物之已至者,人祅则可畏也。楛耕伤稼,耘耨失薉,政险失民。田薉稼恶,籴贵民饥,道路有死人,夫是之谓人祅。政令不明,举错不时,本事不理,夫是之谓人祅。礼义不修,内外无别,男女淫乱,则父子相疑,上下乖离,寇难并至,夫是之谓人祅。祅是生于乱,三者错,无安国,其说甚尔,其灾甚惨。勉力不时,则牛马相生,六畜作祅,可怪也,而不可畏也。传曰:"万物之怪,书不说。"无用之辩,不急之察,弃而不治。若夫君臣之义,父子之亲,夫妇之别,则日切瑳而不舍也。"

雩而雨,何也?曰:无何也,犹不雩而雨也。日月食而救之,天旱而雩,卜筮然后决大事,非以为得求也,以文之也。故君子以为文,而百姓以为神,以为文则吉,以为神则凶也。

在天者莫明于日月,在地者莫明于水火,在物者莫明于珠玉,在人者莫明于礼义。故日月不高,则光晖不赫;水火不积,则晖润不博;珠玉不睹乎外,则王公不以为宝;礼义不加于国家,则功名不白。故人之命在天,国之命在礼。君人者隆礼尊贤而王,重法爱民而霸,好利多诈而危,权谋倾覆幽险而尽亡矣。

大天而思之,孰与物畜而制之?从天而颂之,孰与制天命而用之?望时而待之,孰与应时而使之?因物而多之,孰与骋能而化之?思物而物之,孰与理物而勿失之也?愿于物之所以生,孰与有物之所以成?故错人而思天,则失万物之情。

百王之无变,足以为道贯,一废一起,应之以贯,理贯不乱。不知贯,不知应变,贯之大体未尝亡也。乱生其差,治尽其详,故道之所善,中则可从,畸则不可为,匿则大惑。水行者表深,表不明则陷;治民者表道,表不明则乱。礼者,表也,非礼,昏世也,昏世,大乱也。故道无不明,外内异表,隐显有常,民陷乃去。

万物为道一偏,一物为万物一偏,愚者为一物一偏,而自以为知道,无知也。慎子有见于后,无见于先;老子有见于诎,无见于信;墨子有见于齐,无见于畸;宋子有见于少,无见于多。有后而无先,则群众无门;有诎而无信,则贵贱不分;有齐而无畸,则政令不施;有少而无多,则群众不化。《书》曰:"无有作好,遵王之道,无有作恶,遵王之路。"此之谓也。

【译解】

天道是常行的,不因为尧而存,不因为桀而亡,应之以安治则吉祥,应之以混乱则凶险。务于农桑而节妄用,则天不能使他穷;衣食足而动作顺时,则天不能使他疾病;遵循道德而没有差失,则天不能祸害他。所以虽有水旱,不能使他饥渴;虽有寒暑,不能使他疾病;自然出现了变异,也不能使他凶险。农桑已荒,而支用侈费,则天不能使他富;衣食不足,而动又不以时,则天不能使他全;违背天道,行为荒妄,则天不能使他吉祥。所以水旱没有来,而已经饥饿;寒暑没有到时候,已经疾病;自然没有变异,而已经凶险了。他受的天时是和治世一样,而祸殃是和治世两样的,这不可以怨天,是他所行的道使他这样的。所以能够明于天人之分,则可以说是至人了。

不去做而成功,不去求而能得到,这是天的职分。虽像这样的深,而人不加虑,虽大而不加能,虽精而不加察,这叫作不同天争职。天有时，地有财，人有治，这叫作参于天地。舍去人事，而想去知晓天意，则是昏惑了。

　　列星的旋转，日月的相递互明，四时相替，阴阳的大化，风雨的广博施行，万物都各得和气以生长，都各得到生养以成功，看不见行事，而只看见功勋，这叫作神。都知道其成功，而不知道其无形，这叫作天。只有圣人不求能知天。

　　天职天功，一齐成立了，形具而神生，好恶喜怒哀乐，都藏在里面，这叫作天情。耳目鼻口各与物接，而不能互相为因，这叫作天官。心居于中空的地方，以节制五官——耳、目、口、鼻、形体——这叫作天君。控制不是自己的同类，而供养同类，这叫作天养。和顺自己的同类，叫作福，违背自己的同类，叫作祸，这叫作天政。昏暗了天君，混乱了天官，放弃了天养，违逆了天政，背离了天情，以致丧失了天功，这叫作大凶。圣人清醒其天君，修正其天官，完备其天养，依顺其天政，涵养其天情，以完全其天功。这样，圣人就知道自己所当做和所不当做，而可以任运天地，使役万物了。他的行为曲尽治道，所养曲尽适当，所生无所伤害，这才是真正的知天。

　　所以大巧在所不为，大智在所不虑。所知于天的，见于天的垂象，就可以知道节候。所知于地的，见于土宜，就可以知道生息。所知于四时的，见于气数，就可以知道料理事物了。所知于阴阳的，见于和气，就知道可以治理了。圣人让别人去守天，而自己守着治国的大道。治和乱是天吗？日月、星辰、瑞历，这是禹、桀所同的，而禹治桀乱，治乱是不于天相干的。那么是季节吗？繁茂的生长在春夏的时候，畜积收藏在秋冬的时期，这也是禹、桀所同的，而禹治桀乱，治乱是不于季节相干的。那么是地吗？得地则可以生养，失去地则死，这又是禹、桀所同的，而禹治桀乱，治乱是不于地相干的。《诗经》说："天作高大的岐山，太王来安治；太王作于前，文王治于后。"就是这个道理。

天不因为人怕冷，而消除冬天；地不因为人怕辽远，而去了广大；君子不因为小人的訇訇，而改变他的行为。天有常道，地有常数，君子有常体。君子守于常道，小人计较一时的功利。《诗经》说："我自守于礼，何必在乎人家说话呢？"就是这个道理。

楚国的君王，后车有千乘，并不是因为聪明，君子吃菽饮水，并不是因为愚蠢，是他们各人的命运。要是心志修洁，德行美厚，知虑通明，生于现今，而有志于古时的大道，这就是自己的事了。君子急于做自己的事，不去求那在于天命的；小人弃置自己的事，而去求在天的。君子求己不求天，所以道德日进；小人放置自己的事而去求天，所以道德日退。君子、小人所以日进日退，其求慕之心本是一样的，而君子、小人所以相悬远，也在于此啊！

星坠木鸣，一国都惶恐了，这是为什么？答道：不为什么。这是天地阴阳的变化，物类的希有，感到奇怪则可以，怕就不对了。日月亏蚀，风雨不调，怪星出现，没有哪个时代是没有的。在上贤明，政治公平，则虽一时并起，也没有关系；在上昏暗，政治险危，虽一件类此的事都没有，也没有用处。星坠木鸣，是天地阴阳的变化，物类的希有，感到奇怪可以，怕就不对了。

所有的灾祸中，人事之反常最可怕啊！粗放的耕种伤了禾稼，粗放的锄草失了岁时，政治险恶，失了民心，田地荒秽，禾稼败恶，米贵民饥，道路上有死人，这就是人事之反常。政令不良，举动措置不以时，农事不去治理，这就是人事之反常。礼义不修正，内外无分别，男女淫乱，父子生疑，上下乖离，寇盗灾难，同时发生，这就是人事之反常。反常生于混乱，这三种反常交错于国中，国必不安。反常之说虽浅近，而为灾害却很惨酷。力役不以时，则牛马相生，六畜变异，可以奇怪，而不可怕。古传说："万物的怪事，书上不说。"没有用的论辩，不是急务，应放下而不管。至于君臣的礼义、父子的亲爱、夫妇的分别，则日日切磋也不能舍去的。

祈祷而能下雨，是什么道理？这并没有什么道理，如同不祈祷而下雨一样。日月亏蚀而去救护，天旱而去祈祷，卜筮然后决大事，并不是以为求而可以得到，不过用此来文饰政事罢了。所以君子以为是文饰，而百姓以为是神明。以为文饰则吉，以为神明则凶。

在天没有明过日月的，在地没有明过水火的，在物没有明过珠玉的,在人没有明过礼义的。所以日月要不高远,则光辉不显赫;水火不积厚,则晖润不广博;珠玉不光明于外,则王公不以为宝;礼义不加被于国,则功名不露白。所以人之命在于天,国之命在于礼。君主隆崇礼义,尊贵贤士,可以王;慎重法令,亲爱百姓,可以霸;好贪利欺诈,则危弱;权谋、倾覆、幽险,则灭亡。

尊天而思慕,怎比得上使物畜积而裁制它?从天而颂美它的盛德,怎比得上制裁天命而利用它?等待天时,怎比得上因时制宜?地大物博,怎比得上因地制利?物我分明,怎比得上以人御物?思物之理,怎比得上享物之德?所以措置人事而思其天理,就失去万物之情了。

百王所不改易的事,足以为道的条贯,世虽有废有起,治则应以条贯,知道治理的条贯,就不会紊乱了。不知以礼为条贯,则不知应变。条贯的大体并没有亡绝,凡是混乱,是由于条贯出现了差谬,安治,是由于条贯实施得精详。所以道的好处,要适中而从,偏则不可,差慝则大惑。行水的看水表之深浅,表要不显明,则会滔溺;治民的以道为表,表要不明达,则会混乱。礼就是表,违背礼义就是昏世,昏世是最大的混乱。所以道没有不明,外内各有所表,隐显有常法,百姓陷溺的祸患,就可以除去了。

万物是道的一偏,一物是万物的一偏。愚人处于自己的一偏,而自以为知道,这岂是智吗?慎子有见于处后,而不见于在前;老子有见于屈曲,而不见于伸张;墨子有见于齐一,而不见于畸杂;宋子有见于渺少处,而不见于广多处。有后而没有前,则众人失去引导;有屈曲没有伸张,则贵贱没有分别;有齐一没有畸杂,则政令无所施化;有渺少没有广多,则大众不能感动。《书经》说:"不要有偏僻的爱好,当顺从王者的道;不要有不中正的厌恶,当顺从王者的路。"就是这个道理。

正论

我们往往爱议论别人的是非,仿佛十分有见解的样子,等到真正处理事情的时候,却又手足无措。所以如此的原因,是礼义不明,中心浮躁,以致讥评论断,无有真实。

世俗之为说者曰:"主道利周。"是不然。主者,民之唱也;上者,下之仪也。彼将听唱而应,视仪而动;唱默则民无应也,仪隐则下无动也;不应不动,则上下无以相有也。若是,则与无上同也,不祥莫大焉。故上者,下之本也;上宣明,则下治辨矣;上端诚,则下愿悫矣;上公正,则下易直矣。治辨则易一,原悫则易使,易直则易知。易一则强,易使则功,易知则明,是治之所由生也。上周密,则下疑玄矣;上幽险,则下渐诈矣;上偏曲,则下比周矣。疑玄则难一,渐诈则难使,比周则难知。难一则不强,难使则不功,难知则不明,是乱之所由作也。故主道利明不利幽,利宣不利周。故主道明则下安,主道幽则下危。故下安则贵上,下危则贱上。故上易知,则下亲上矣;上难知,则下畏上矣。下亲上则上安,下畏上则上危,故主道莫恶乎难知,莫危乎使下畏己。传曰:"恶之者众则危。"《书》曰:"克明明德。"《诗》曰:"明明在下。"故先王明之,岂特玄之耳哉?

世俗之为说者曰："桀、纣有天下，汤、武篡而夺之。"是不然。以桀、纣为常有天下之籍则然，亲有天下之籍则不然，天下谓在桀、纣则不然。古者天子千官，诸侯百官，以是千官也，令行于诸夏之国，谓之王。以是百官也令行于境内，国虽不安，不至于废易遂亡，谓之君。圣王之子也，有天下之后也，势籍之所在也，天下之宗室也。然而不材不中，内则百姓疾之，外则诸侯叛之，近者境内不一，遥者诸侯不听，令不行于境内。甚者诸侯侵削之，攻伐之，若是则虽未亡，吾谓之无天下矣。圣王没，有势籍者罢，不足以悬天下，天下无君。诸侯有能德，明威积，海内之民莫不愿得以为君师，然而暴国独侈，安能诛之？必不伤害无罪之民，诛暴国之君，若诛独夫。若是，则可谓能用天下矣，能用天下之谓王。汤、武非取天下也，修其道，行其义，兴天下之同利，除天下之同害，而天下归之也。桀、纣非去天下也，反禹、汤之德，乱礼义之分，禽兽之行积其凶，全其恶，而天下去之也。天下归之之谓王，天下去之之谓亡。故桀、纣无天下，而汤、武不弑君，由此效之也。汤、武者，民之父母也。桀、纣者，民之怨贼也。今世俗之为说者，以桀、纣为君，而以汤、武为弑，然则是诛民之父母，而师民之怨贼也，不祥莫大焉！以天下之合为君，则天下未尝合于桀、纣也。然则以汤、武为弑，则天下未尝有说也，直堕之耳。

故天子唯其人。天下者，至重也，非至强莫之能任；至大也，非至辨莫之能分；至众也，非至明莫之能和。此三至者，非圣人莫之能尽,故非圣人莫之能王。圣人备道全美者也,是悬天下之权称也。桀、纣者,其知虑至险也,其志意至暗也,其行之为至乱也。亲者疏之,贤者贱之,生民怨之,禹、汤之后也,而不得一人之与。剖比干,囚箕子,身死国亡,为天下之大僇,后世之言恶者必稽焉,是不容妻子之数也。故至贤畴四海,汤、武是也,至罢不容妻子,桀、纣是也。今世俗之为说者,以桀、纣为有天下而臣汤、武,岂不过甚矣哉?譬之是犹伛巫、跛匡,大自以为有知矣。

故可以有夺人国,不可以有夺人天下,可以有窃国,不可以有窃天下也。可以夺之者,可以有国,而不可以有天下,窃可以得国,而不可以得天下。是何也?曰:国,小具也,可以小人有也,可以小道得也,可以小力持也;天下者,大具也,不可以小人有也,不可以小道得也,不可以小力持也。国者,小人可以有之,然而未必不亡也;天下者,至大也,非圣人莫之能有也。

世俗之为说者曰:"治古无肉刑而有象刑,墨黥,慅婴,共,艾毕,菲,对屦,杀,赭衣而不纯,治古如是。"是不然。以为治邪?则人固莫触罪,非独不用肉刑,亦不用象刑矣。以为人或触罪矣,而直轻其刑,然则是杀人者不死,伤人者不刑也。罪至重而刑至轻,庸人不知恶矣,乱莫大焉。凡刑人之本,禁暴恶恶,且征其未也。杀人者不死而伤人者不刑,是谓惠暴而宽贼也,非恶恶也。故象刑殆非生于治古,并起于乱今也。

治古不然。凡爵列、官职、赏庆、刑罚，皆报也，以类相从者也，一物失称，乱之端也。夫德不称位，能不称官，赏不当功，罚不当罪，不祥莫大焉！昔者武王伐有商，诛纣，断其首，悬之赤旆。夫征暴诛悍，治之盛也；杀人者死，伤人者刑，是百王之所同也，未有知其所由来者也。刑称罪则治，不称罪则乱。故治则刑重，乱则刑轻；犯治之罪固重，犯乱之罪固轻也。《书》曰："刑罚世轻世重。"此之谓也。

世俗之为说者曰："汤、武不能禁令，是何也？曰：楚、越不受制。"是不然，汤、武者，至天下之善禁令者也。汤居亳，武王居鄗，皆百里之地也，天下为一，诸侯为臣，通达之属，莫不振动从服，以化顺之，曷为楚、越独不受制也？彼王者之制也，视形势而制械用，称远迩而等贡献，岂必齐哉？故鲁人以榶，卫人用柯，齐人用一革，土地刑制不同者，械用备饰不可不异也。故诸夏之国同服同仪，蛮、夷、戎、狄之国，同服不同制。封内甸服，封外侯服，侯卫宾服，蛮夷要服，戎狄荒服。甸服者祭，侯服者祀，宾服者享，要服者贡，荒服者终王。日祭，月祀，时享，岁贡，夫是之谓视形势而制械用，称远近而等贡献，是王者之至也。彼楚、越者，且时享、岁贡、终王之属也，必齐之日祭、月祀之属，然后曰受制邪？是规磨之说也，沟中之瘠也，则未足与及王者之制也。语曰："浅不足与测深，愚不足与谋知，坎井之蛙，不可与语东海之乐。"此之谓也。

世俗之为说者曰："尧、舜擅让。"是不然。天子者，势位至尊,无敌于天下,夫有谁与让矣?道德纯备,智惠甚明,南面而听天下,生民之属莫不振动从服,以化顺之。天下无隐士,无遗善,同焉者是也,异焉者非也,夫有恶擅天下矣?曰:"死而擅之。"是又不然。圣王在上,图德而定次,量能而授官,皆使民载其事而各得其宜,不能以义制利,不能以伪饰性,则兼以为民。圣王已没,天下无圣,则固莫足以擅天下矣。天下有圣而在后者,则天下不离,朝不易位,国不更制,天下厌然,与乡无以异也,以尧继尧,夫又何变之有矣?圣不在后子而在三公,则天下如归,犹复而振之矣,天下厌然,与乡无以异也,以尧继尧,夫又何变之有矣?唯其徙朝改制为难。故天子生则天下一隆,致顺而治,论德而定次,死则能任天下者,必有之矣。夫礼义之分尽矣,擅让恶用矣哉?曰:"老衰而擅。"是又不然。血气筋力则有衰,若夫智虑取舍则无衰。曰:"老者不堪其劳而休也。"是又畏事者之议也。天子者,势至重而形至佚,心至愉而志无所诎,而形不为劳,尊无上矣。衣被则服五采,杂闲色,重文绣,加饰之以珠玉。食饮则重大牢而备珍怪,期臭味,曼而馈,代睪而食,雍而彻乎?五祀,执荐者百人,侍西房。居则设张容,负依而坐,诸侯趋走乎堂下。出户而巫觋有事,出门而宗祝有事。乘大路、趋越席以养安,侧载睪芷以养鼻,前有错衡以养目,和鸾之声,步中《武》《象》,骤中《韶》《护》以养耳。三公奉轭持纳,诸侯持轮,挟舆,先马,大侯编后,大夫次之,小侯、元士次之,庶士介而夹道,庶人隐窜,莫敢视望。居如大神,动如天帝,持老养衰,犹有善于是者与？老者,休也,休犹有安乐恬愉如是者乎？故曰:诸侯有老,天子无老,有擅国,无擅天下。古今一也。夫曰"尧、舜擅让",是虚言也,是浅者之传,陋者之说也。不知逆顺之理,小大、至不至之变者也,未可与及天下之大理者也。

世俗之为说者曰:"尧、舜不能教化,是何也？曰:朱、象不化。"是不然也。尧、舜至天下之善教化者也,南面而听天下,生民之属莫不振动从服,以化顺之。然而朱、象独不化,是非尧、舜之过,朱、象之罪也。尧、舜者,天下之英也,朱、象者,天下之嵬,一时之琐也。今世俗之为说者,不怪朱、象而非尧、舜,岂不过甚矣哉？夫是之谓嵬说。羿、逢门者,天下之善射者也,不能以拨弓、曲矢中;王梁、造父者,天下之善驭者也,不能以辟马、毁舆致远;尧、舜者,天下之善教化者也,不能使嵬琐化。何世而无嵬,何时而无琐？自太皞、燧人,莫不有也。故作者不祥,学者受其殃,非者有庆,《诗》曰:"下民之孽,匪降自天。噂沓背憎,职竞由人。"此之谓也。

世俗之为说者曰:"太古薄葬,棺厚三寸,衣衾三领,葬田不妨田,故不掘也。乱今厚葬饰棺,故抇也。"是不及知治道,而不察于抇不抇者之所言也。凡人之盗也,必以有为,不以备不足,足则以重有余也。而圣王之生民也,皆使当厚优犹不知足,而不得以有余过度。故盗不窃,贼不刺,狗豕吐菽粟,而农贾皆能以货财让。风俗之美,男女自不取于涂,而百姓羞拾遗。故孔子曰:"天下有道,盗其先变乎!"虽珠玉满体,文绣充棺,黄金充椁,加之以丹矸,重之以曾青,犀象以为树,琅玕、龙兹、华觐以为实,人犹且莫之抇也。是何也?则求利之诡缓,而犯分之羞大也。

夫乱今然后反是。上以无法使,下以无度行,知者不得虑,能者不得治,贤者不得使。若是,则上失天性,下失地利,中失人和,故百事废,财物诎而祸乱起。王公则病不足于上,庶人则冻餧羸瘠于下,于是焉桀、纣群居,而盗贼击夺以危上矣。安禽兽行,虎狼贪,故脯巨人而炙婴儿矣。若是,则有何尤抇人之墓、抉人之口,而求利矣哉?虽此倮而薶之,犹且必抇也,安得葬薶哉?彼乃将食其肉而齕其骨也。夫曰"太古薄葬,故不抇也,乱今厚葬,故抇也",是特奸人之误于乱说,以欺愚者而潮陷之,以偷取利焉,夫是之谓大奸!传曰:"危人而自安,害人而自利。"此之谓也。

子宋子曰:"明见侮之不辱,使人不斗。人皆以见侮为辱,故斗也,知见侮之为不辱,则不斗矣。"应之曰:"然则亦以人之情为不恶侮乎?"曰:"恶而不辱也。"曰:"若是,则必不得所求焉。凡人之斗也,必以其恶之为说,非以其辱之为故也。今俳优、侏儒、狎徒,詈侮而不斗者,是岂钜知见侮之为不辱哉?然而不斗者,不恶故也。今人或入其央渎,窃其猪彘,则援剑戟而逐之,不避死伤,是岂以丧猪为辱也哉?然而不惮斗者,恶之故也。虽以见侮为辱也,不恶则不斗,虽知见侮为不辱,恶之则必斗。然则斗与不斗邪？亡于辱之与不辱也，乃在于恶之与不恶也。夫今子宋子不能解人之恶侮，而务说人以勿辱也，岂不过甚矣哉？金舌弊口，犹将无益也。不知其无益则不知，知其无益也，直以欺人则不仁，不仁不知，辱莫大焉！将以为有益于人，则与无益于人也，则得大辱而退耳，说莫病是矣。"

子宋子曰："见侮不辱。"应之曰："凡议必将立隆正，然后可也；无隆正，则是非不分而辨讼不决。故所闻曰：'天下之大隆，是非之封界，分职名象之所起，王制是也。'故凡言议期命，是非以圣王为师，而圣王之分，荣辱是也。是有两端矣：有义荣者，有势荣者，有义辱者，有势辱者。志意修，德行厚，知虑明，是荣之由中出者也，夫是之谓义荣。爵列尊，贡禄厚，形势胜，上为天子诸侯，下为卿相士大夫，是荣之从外至者也，夫是之谓势荣。流淫污僈，犯分乱理，骄暴贪利，是辱之由中出者也，夫是之谓义辱。詈侮捽搏，搖笞膑脚，斩断枯磔，藉靡舌縪，是辱之由外至者也，夫是之谓势辱。是荣辱之两端也。故君子可以有势辱，而不可以有义辱，小人可以有势荣，而不可以有义荣，有势辱，无害为尧，有势荣，无害为桀。义荣势荣，唯君子然后兼有之；义辱势辱，唯小人然后兼有之。是荣辱之分也。圣王以为法，士大夫以为道，官人以为守，百姓以为成俗，万世不能易也。今子宋子案不然，独诎容为己虑，一朝而改之，说必不行矣。譬之，是犹以砖涂塞江海也，以焦侥而戴太山也,蹎跌碎折,不待顷矣。二三子之善于子宋子者,殆不若止之,将恐得伤其体也。"

子宋子曰:"人之情欲寡,而皆以己之情为欲多,是过也。故率其群徒,辨其谈说,明其譬称,将使人知情欲之寡也。"应之曰:"然则亦以人之情为欲,目不欲綦色,耳不欲綦声,口不欲綦味,鼻不欲綦臭,形不欲綦佚。此五綦者,亦以人之情为不欲乎?"曰:"人之情欲是已。"曰:"若是,则说必不行矣。以人之情为欲此五綦者而不欲多,譬之是犹以人之情为欲富贵而不欲货也,好美而恶西施也。古之人为之不然,以人之情为欲多而不欲寡,故赏以富厚,而罚以杀损也,是百王之所同也。故上贤禄天下,次贤禄一国,下贤禄田邑,愿悫之民完衣食。今子宋子以是之情为欲寡而不欲多也。然则先王以人之所不欲者赏,而以人之所欲者罚邪?乱莫大焉!今子宋子严然而好说,聚人徒,立师学,成文曲,然而说不免于以至治为至乱也,岂不过甚矣哉?"

【译解】

世俗的人说:"君主的治术,周密为佳。"这是不对的。君主是百姓的领唱,在上是在下的标杆;百姓是听领唱而应和,看标杆而动作。领唱要是沉默,则百姓无可应和,标杆隐蔽,则在下无可动作;不应不动,则上下无以相须。这样,则是同没有上下一样,不祥没有比这再大的。所以在上是在下的根本,在上能够宣明,则在下能够治办;在上的端诚公正,则在下的谨愿平易正直。能够治办,则容易齐一;谨愿,则容易使役;平易正直,则容易使他明智。容易齐一,则坚强;容易使役,则有功;容易明智,则可以通达,这是安治的所生。在上要是周密,则下多疑惑;上幽险,则下欺诈;上偏曲,则在下的朋党。使他疑惑,则难齐一;欺诈,则难使役;朋党,则难明智。难齐一,则不能强;难使役,则没有功;难明智,则不通达,这是混乱的起因。所以君主利于明,不利于幽;利于宣达,不利周密。君主明达,则下安治;君主幽险,则在下艰危。下安治,则尊贵在上;下艰危,则贱恶在上。在上的易知,则在下的亲爱;在上的难知,则在下的畏惧。所以君主的治术,没有比难知再糟糕的,没有比使在下的畏惧再危险的。古传说:"怨恶的人多,则危殆。"《书经》说:"能显明美德。"《诗经》说:"显明美德于在下。"所以先王显明美德,岂是深藏呢?

世俗的人说:"桀、纣有天下,汤、武去篡夺。"这是不对的。说桀、纣拥有天子的地位,则可以,说是践行了天子的地位,则不可以,说是天下的人在于桀、纣,则更不对。古时天子有千官,诸侯有百官;以千官而政令行于诸夏各国的,叫作王;以百官而政令行于境内,国家虽不安治,不至于废亡,叫作君。圣王的子孙,是有天下的后人,天下势位之所在,是天下的宗室;然而没有才能,行不中正,在内则百姓疾恨,在外则诸侯怨叛;近处境内,不能齐一,远处诸侯,不愿服顺,政令不能行于境内,甚至诸侯都来侵削他,攻伐他,这样虽没有灭亡,我要说他已没有天下了。圣王已没有,势位疲弱,不足以悬系天下,天下如同没有君主一样。诸侯有大威德智慧的,海内的人民,没有不愿意以他为君师。如果有暴虐的国家、独修的人君,则去诛伐他,必不伤害没有罪的百姓,诛暴国之君,如同杀独夫。这样,则可说是能用天下了,能用天下,就可以称王。汤、武没有夺取天下,修道行义,兴天下的同利,除天下的同害,故天下来归附他们。天下来归的叫作王,天下遗弃的叫作亡,所以桀、纣没有天下,而汤、武不曾弑君,由此可以看出。汤、武是百姓的父母,桀、纣是百姓的怨贼。今世俗的人以桀、纣为君,以汤、武为弑君,这简直是诛百姓的父母,而去师百姓的怨贼,不祥没有比这再大的。天下共同向往的才是君,而天下未尝向往桀、纣,这样,以汤、武为弑,便是无稽之谈,简直是毁谤啊!

所以天子得是一个理想的人,天下是重器,非强毅不能胜任;范围广大,非通辨不能分别;人口众多,非明达不能和一。这三种德,非圣人不能尽有,所以非圣人不能王天下,圣人备德全美,是悬衡天下的权称。桀、纣的智虑奸险,意志昏暗,行为混乱;疏远亲近,轻贱贤人,百姓怨恶,虽是圣王禹、汤的后人,而没有一个人去帮他们。剖比干,囚箕子,身死国亡,为天下的大耻,后代说到恶,必要提到他们,这是妻子儿女都不愿收容的啊!所以至贤可以俦匹四海,汤、武是这样的;至废不能容于妻子儿女,桀、纣是这样的。今世俗的人却说,桀、纣是君,汤、武是臣,岂不太无知了吗?这就好比那些残废的巫婆神汉,却自以为有见识一样。

所以有夺来的国,没有夺来的天下,可以偷窃一国,不可以偷窃天下。夺可以有国,而不可以有天下;窃可以得国,而不可以得天下,这是为什么呢?国是小具啊,或可用小人的方法而占有;天下是大具,不可以小人的方法而占有。一个国小人可以占有,然而未必不灭亡;天下至大,非圣人不能持有的。

世俗的人说:"古时没有肉刑,只有象刑:用墨刑来代替黥刑;用系上草帽带来代替劓刑;犯宫刑的,用割去衣前的蔽膝来代替;犯剕刑,用穿麻鞋来代替;犯杀头之罪,穿褚衣而无衣领,古代治理得好,就是这样子。"这是不对的。古代要是安治,就没有人会犯罪,非独不用肉刑,连象刑也用不着。古代如果有人犯罪,却减轻刑罚,那么就是杀人不抵罪,伤人不受刑了。犯罪重而刑罚轻,那平常人就不会知道犯罪的后果,祸乱没有比这再大了。大凡刑罚的本旨,是禁止暴恶,而儆其将来。杀人的不死,伤人的不刑,则是惠利暴虐而宽容盗贼,不是禁止横恶了。所以象刑,不是生于治古,而是起于乱今。

治古不是这样,凡是爵列、官职、赏赐、刑罚,都以人的行为为前提,以人的善恶,从而或赏或刑。赏罚失了权度,便是祸乱的起端。道德不称爵位,才能不称官职,赏赐不当其功,刑罚不当其罪,不祥没有再比这大的。从前武王伐商诛纣,断其头而悬在旗子上。所以征伐强暴，诛戮横悍，是盛德之治。杀人抵命，伤人受刑，是百王所同一，天经地义的。刑罚称于罪，则安治；不称罪，则混乱。所以欲治则要刑重，欲乱就会刑轻；犯治世的罪本来就重，犯乱世的罪不得不轻。《书经》说："刑罚有的时代轻，有的时代重。"说的就是这个。

　　世俗的人说："汤、武不能施行禁令，为什么这么说呢？因为楚、越不接受汤、武的制度。"这话不对，汤、武是很善于施行禁令的。汤的亳、武王的镐，都是百里大的土地，而天下为一，诸侯为臣，四通八达，无不服从感化，怎么能说楚、越不受制呢？王者的制度，是看了形势才制械用，测量远近而等分贡献，难道一定要整齐划一吗？所以鲁人用碗，卫人用盂，齐人用皮器；土地形势不同，械用备饰当然不能没有差别。诸夏的国家礼敬天子，同一礼义服制；蛮夷、戎狄礼敬天子，则不同制。王畿以内的叫甸服，王畿以外的叫侯服，侯服五百里以外的叫宾服，再之外的蛮夷叫要服，戎狄之人叫作荒服。甸服日祭于祖考，侯服的月祀于曾祖，宾服时享于二祧，要服每岁入贡，荒服终一世而入朝。日祭，月祀，时享，岁贡，终王。这叫作看了形势才制械用，测量远近而等分贡献，是王者最高的制度。那楚、越，是时享、岁贡、终王一类的国家，必要将他放在日祭、月祀的一类，然后才算接受汤、武的制度吗？这是不准确的说法啊！就像冻饿沟中的乞丐，不足以同他论说王制。古语说："浅的不可以测幽，愚人不可同论谋，坏井的虾蟆，不可同它说东海之乐。"就是这个道理。

　　世俗的人说："尧、舜禅让君位。"这是不对的。天子是至尊的势位,没有敌过他的,有谁可以让呢? 道德纯备,智慧圣明,南面而听治天下,百姓都服从归化。天下没有隐士,没有遗善,与天子同的为是,与天子异的为非,事事治理,又何必禅让呢? 世俗的人又说："死后才禅。"这也不对。圣王在上位,以道德来定次列,揣量才能以授官爵,使役人去行事,都能适当。不能用义来制利,不能用礼来矫正臣下的恶性,则把他贬为平民。圣王已死,天下如果再没有圣王,也就无可禅让了;但天下的人,如有能继述圣王的,则天下依归不离叛,朝不易位,国不更制,天下安然,同从前一样,这是以尧继尧,又有什么改变呢? 如果继圣不出于圣王的子孙,而出于三公,则天下的人,同样如归家一般,衰息又复振起,天下安然,同从前一样,这也是以尧继尧,有什么改变呢? 只有徙朝改制是困难的。所以天子活着的时候,则天下齐一,祥顺而安治,以道德而定次列;天子去世,能任天下之人一定会出现。这样,礼义便有所归,何必要禅让呢? 世俗的人又说："衰老而禅。"这也不对。血气筋力有衰老,智虑取舍是没有衰老的。又说："老而不堪劳而禅。"这又是畏惮劳苦的议论。天子权势重大,而形体安佚,心智愉闲,而志无所屈,身体不会因为当了天子而劳苦,这是至尊无上的。穿五色之衣,而杂以间色重彩文绣,加饰以珠玉。饮食则猪、牛、羊,而齐备珍怪美味,缦杂歌舞,击鼓然后进食,奏《雍》然后撤食于灶,执持笾豆荐陈的人,侍待于西房。所居的地方,则设置大小屏风,靠中间坐着,诸侯趋走于堂下。出内门而有男女巫觋袚除不祥,出国门则有宗祝行祀。乘大路之车,坐结蒲之席,以和养安乐;旁边放着罢芷香草,以和养鼻臭;前有错综文彩,以和养目色;和鸾铃声,步中《武》《象》,演奏《韶》《护》的音乐,以和养耳音。三公扶轼持缰,诸侯扶轮、护车、引马,大侯排列于后,小侯、元士在次,庶士被甲而行,庶人隐蔽,没有敢观望的。天子居处如大神,举动如天帝,人的持老养衰,有胜过这样的吗?老了就休息,休息有这样安闲愉悦的吗?所以说:"诸侯有衰老,天子无衰老;有禅让的国家,没有禅让的天下,古今是一样的。"说尧、舜禅让,是欺人的虚言,是浅陋的传说,不知顺逆的大理,不知小大当否的变化,不可以同他谈论天下的大理。

世俗的人说:"尧、舜不能教化,因为丹朱、象没被感化。"这是不对的。尧、舜是天下最善于教化的,南面而听治天下,没有不服顺的。然而丹朱、象独不化,这不是尧、舜的过失,是丹朱、象的罪过。尧、舜是天下的英俊,丹朱、象是一时的庸人。而今天世俗的人,不怪丹朱、象而非毁尧、舜,岂不太过分了吗?这叫作狂妄的论说。羿、逢门是天下善于射箭的人,然而不能用不正的弓、弯曲的箭,去射中细微。王良、造父是天下善于驾车的人,然而不能以瘸腿的马、毁坏的车子,去走远路。尧、舜是天下善于教化的人,然而不能使庸陋的人感化。

庸陋的人,何世何时没有?在太皞、燧人时代就有了。所以倡这言论的不祥,学习则受殃,反对才吉祥。《诗经》说:"下民的受难,与天无关,当面谈说,背后憎恶,是由人造成的。"就是说的这个。

世俗的人说:"太古时代,用薄葬礼,棺只三寸厚,衣被只三套,葬于田里,不妨害种田,所以没有人盗掘。今天的时代,用厚葬礼,所以多有盗墓之事。"这是还没有通晓治道,而不知道盗墓的原因的人的论说。凡人所以为盗,定是有原因的,不是因为不足,就是想增多他的所有。圣王对于百姓,都使他们富厚知足,不使有余。所以盗不偷窃,贼不掠取,猪、狗不食人食,农商皆能辞让,风俗美厚,男女不在道路上碰面,百姓羞于在路旁拾取遗物。所以孔子说:"天下有道,盗贼会先改变吧!"虽是满体珠玉,又把黄金文绣放进棺里,再用丹青去文饰棺椁,用犀角和象牙雕刻成树,用琅玕、龙兹、华觐的珠玉去充实圹穴,也没有人去盗掘,这是为什么呢?是因为求利的诈心被抑制了,而犯礼的羞辱增加了啊!今天不是这样,上使民无法,下行事无度,有智慧而不能思虑,有才能而不能治事,贤德之人不能使民。这样,上失天时,中失地利,下失人和,百事废置,财物穷乏,祸乱并起。王公不足于上,百姓穷饿于下,如同使桀、纣群居,盗贼自然击夺、危殆在上了。如禽兽横行,如虎狼贪戾,以大人为脯,以小儿为炙的事也出现了,又何必怪人去掘坟墓,夺逝者嘴里的珠玉呢?像这样,即便露体裸尸去埋,仍要被盗掘,必不能久的,因为会被食肉啃骨啊!说太古薄葬不被盗掘,乱今天厚葬所以被盗,都是奸人狂乱的论说,用来欺骗愚人,使他陷于不仁不孝,而来偷取私利的,这就是大奸!古传说:"危殆人以自安,祸害人以自利。"就是指的这个。

  子宋子说:"能够清楚地知道欺侮不是羞辱,就可以不争斗。若以欺侮为羞辱,就会争斗。要是知道欺侮不是羞辱,就可以不争斗了。"荀子回答道:"那么人情不厌恶欺侮吗?"子宋子说:"虽厌恶,并不以为羞辱。"荀子回答道:"这样就不能达到您的愿望了。大凡人之争斗,必因为厌恶羞辱,并不是因为羞辱本身。那些俳优、侏儒、狎徒,被人欺侮而并不争斗,并不是因为知道见侮为不辱的道理,他们然而不争斗,是因为不厌恶啊!现在有一人进到人家的沟里,偷了主人的猪,主人则必持剑戟,不避死伤去驱逐他,这岂是以丢猪为羞辱呢?不怕争斗,是因为厌恶窃贼啊!虽以见侮为羞辱,不厌恶则不争斗;虽知见侮为不辱,感到厌恶就会争斗。斗与不斗,与见辱与不见辱无关,而是厌恶与不厌恶的问题。今子宋子不能消除人的厌恶,却要劝人不把羞辱当羞辱,这不是太过分了吗?虽说得舌头断了,也没有用处的。不知道没有用,是不智;知道没有用,却去欺骗人,则不仁;不仁不智,是莫大的羞辱,以为有益于人,却都与人无益,不过大羞惭而退啊!学说里没有比这更糟糕的了。"

子宋子说:"见欺侮不以为羞辱。"荀子回答道:"凡是议论,必要立中正的标准,不中正,则是非不分,而辩讼不能判决。我曾听说:'天下的大中,是非的界限,名分职象的起源,就是古圣王的制度。'所以议论名物,莫不以圣王为师,而圣王以荣辱为大分。荣辱有两类:有义荣,有势荣,有义辱,有势辱。志意修洁,德行美厚,智虑明达,如此之荣,叫作义荣。爵位尊贵,贡禄优厚,形势胜重,上为天子、诸侯,下为卿相、士大夫,此荣由外而来,叫作势荣。荒淫污侵,乱理犯分,骄傲横暴,贪利,这样生出的羞辱,叫作义辱。责之以刑罚,毁坏其形体,此辱从外而来,叫作势辱。这两类荣辱,君子可以有势辱,不可以有义辱,小人可以有势荣,不可以有义荣。有势辱的,并不妨碍其为尧;有势荣的,并不妨碍其为桀。义荣势荣,君子才能兼有;义辱势辱,小人必然兼有,这便是荣辱的大分。圣王以为法则,士大夫以为道,官人以为持守,百姓用以成风俗,虽万世不能改易。今子宋子不这样,独自想要屈容受辱,为他的大道,一朝便要改去圣王之道,其说必不行于世的。譬如以泥团去填塞江海,用三尺矮人去驮泰山,是可以想见的。你们仰慕子宋子,要去劝止他啊,不然,将来他要受大羞辱的。"

子宋子说:"人情的需求很少,而世人以为需求很多,这是错误的。所以率领群徒广引众譬,极力谈说,就是想让人知道人情的需求少啊!"荀子回答说:"那么,您是以为人的眼不想看见美色，耳不想听见妙声，嘴不想吃到美味，鼻子不想闻到芬芳，形体不想安享快乐，这五样也是人情不想要的吗？"子宋子说："人情是要这些的。"荀子说："这样，您的学说必不能行于世了。以为人情想要这五种享受而不欲多，就好像说人欲富贵而不要货物，爱美色而厌恶西施。古时是不这样的，认为人情欲多不欲少，故以富厚为赏赐，以罚没为刑罚，这是百王都一样的。所以上贤为天子，次贤为国君，下贤有田邑，谨愿的百姓完足衣食。今子宋子以为人情欲少不欲多，难道先王以人所不欲的为赏赐，以人所欲的为刑罚吗？混乱没有比这再大了。今子宋子俨然好自称说，集聚人众，立师学而成文典，但他的学说不免以至治为至乱，岂不是大错特错吗？"

礼论

上古时代没有礼制,也没有尊卑亲疏。中古以后,才有了礼仪,而后才有了人伦,人们的纷争从此都以礼义来防范。礼本是刑的补助,刑必待犯罪而后有,故礼有防止犯罪的作用。同时,礼又是人心的维系,情感的联络,要想情感能永久存在,是非礼不可的。《礼论》这篇,就是分析礼的本旨。

礼起于何也?曰:人生而有欲,欲而不得,则不能无求,求而无度量分界,则不能不争,争则乱,乱则穷。先王恶其乱也,故制礼义以分之,以养人之欲,给人之求。使欲必不穷乎物,物必不屈于欲,两者相持而长,是礼之所起也。

故礼者,养也。刍豢稻粱,五味调香,所以养口也。椒兰芬苾,所以养鼻也。雕琢刻镂,黼黻文章,所以养目也。钟鼓管磬,琴瑟竽笙,所以养耳也。疏房檖貌,越席床笫几筵,所以养体也。故礼者,养也。

君子既得其养,又好其别。曷谓别?曰:"贵贱有等,长幼有差,贫富轻重皆有称者也。故天子大路越席,所以养体也。侧载睪芷,所以养鼻也。前有错衡,所以养目也。和鸾之声,步中《武》《象》,趋中《韶》《护》,所以养耳也。龙旗九旒,所以养信也。寝兕、持虎、蛟韅、丝末、弥龙,所以养威也。故大

243

路之马,必倍至教顺,然后乘之,所以养安也。孰知夫出死要节之所以养生也?孰知夫出费用之所以养财也?孰知夫恭敬辞让之所以养安也?孰知夫礼义文理之所以养情也。故人苟生之为见,若者必死;苟利之为见,若者必害;苟怠惰偷懦之为安,若者必危;苟情说之为乐,若者必灭。故人一之于礼义,则两得之矣;一之于情性,则两丧之矣。故儒者将使人两得之者也,墨者将使人两丧之者也,是儒、墨之分也。"

礼有三本:天地者,生之本也;先祖者,类之本也;君师者,治之本也。无天地恶生,无先祖恶出,无君师恶治?三者偏亡焉,无安人。故礼上事天,下事地,尊先祖而隆君师,是礼之三本也。

故王者天太祖,诸侯不敢坏;大夫士有常宗,所以别贵始。贵始,得之本也。郊止乎天子,而社止于诸侯,道及士大夫,所以别尊者事尊,卑者事卑,宜大者巨,宜小者小也。故有天下者事十世,有一国者事五世,有五乘之地者事三世,有三乘之地者事二世。持手而食者,不得立宗庙,所以别积厚,积厚者流泽广,积薄者流泽狭也。

大飨,尚玄尊,俎生鱼,先大羹,贵食饮之本也。飨尚玄尊而用酒醴,先黍稷而饭稻粱,祭齐大羹而饱庶羞,贵本而亲用也。贵本之谓文,亲用之谓理,两者合而成文,以归大一,夫是之谓大隆。故尊之尚玄酒也,俎之尚生鱼也,俎之先大羹也,一也。利爵之不醮也,成事之俎不尝也,三臭之不食也,一也。

大昏之未发齐也,大庙之未入尸也,始卒之未小敛也,一也。大路之素未集也,郊之麻絻也,丧服之先散麻也,一也。三年之丧,哭之不文也,《清庙》之歌,一倡而三叹也,悬一钟,尚拊之膈,朱弦而通越也,一也。

凡礼,始乎棁,成乎文,终乎悦校,故至备,情文俱尽,其次,情文代胜,其下,复情以归大一也。天地以合,日月以明,四时以序,星辰以行,江河以流,万物以昌,好恶以节,喜怒以当。以为下则顺,以为上则明,万物变而不乱,贰之则丧也。礼岂不至矣哉?立隆以为极,而天下莫之能损益也。本末相顺,终始相应,至文以有别,至察以有说。天下从之者治,不从者乱,从之者安,不从者危,从之者存,不从者亡。小人不能测也。

礼之理诚深矣,坚白同异之察,入焉而溺,其理诚大矣。擅作典制辟陋之说,入焉而丧,其理诚高矣。暴慢恣睢,轻俗以为高之属,入焉而坠。故绳墨诚陈矣,则不可欺以曲直;衡诚悬矣,则不可欺以轻重。规矩诚设矣,则不可欺以方圆;君子审于礼,则不可欺以诈伪。故绳者,直之至;衡者,平之至;规矩者,方圆之至;礼者,人道之极也。然而不法礼,不足礼,谓之无方之民;法礼足礼,谓之有方之士。礼之中焉,能思索,谓之能虑;礼之中焉,能勿易,谓之能固;能虑能固,加好者焉,斯圣人矣。故天者,高之极也;地者,下之极也;无穷者,广之极也;圣人者,道之极也。故学者固学为圣人也,非特学为无方之民也。

礼者,以财物为用,以贵贱为文,以多少为异,以隆杀为要。文理繁,情用省,是礼之隆也。文理省,情用繁,是礼之杀也。文理情用,相为内外表里,并行而杂,是礼之中流也。故君子上致其隆,下尽其杀,而中处其中,步骤、驰骋、厉骛,不外是矣,是君子之坛宇、宫廷也。人有是,士君子也,外是,民也。于是其中焉,方皇周挟,曲得其次序,是圣人也。故厚者,礼之积也;大者,礼之广也;高者,礼之隆也;明者,礼之尽也。《诗》曰:"礼义卒度,笑语卒获。"此之谓也。

礼者,谨于治生死者也。生,人之始也;死,人之终也;终始俱善,人道毕矣。故君子敬始而慎终,终始如一,是君子之道,礼义之文也。夫厚其生而薄其死,是敬其有知而慢其无知也,是奸人之道而倍叛之心也。君子以倍叛之心接臧谷,犹且羞之,而况以事其所隆亲乎?故死之为道也,一而不可得再复也,臣之所以致重其君,子之所以致重其亲,于是尽矣。故事生不忠厚,不敬文,谓之野;送死不忠厚,不敬文,谓之瘠。君子贱野而羞瘠,故天子棺椁十重,诸侯五重,大夫三重,士再重。然后皆有衣衾多少厚薄之数,皆有翣菨文章之等,以敬饰之,使生死终始若一,一足以为人愿,是先王之道,忠臣孝子之极也。天子之丧动四海,属诸侯;诸侯之丧动通国,属大夫;大夫之丧动一国,属修士;修士之丧动一乡,属朋友。庶人之丧合族党,动州里,刑余罪人之丧,不得合族党,独属妻子。棺椁三寸,衣衾三领,不得饰棺,不得昼行,以昏殣凡缘而往埋之。反无哭泣之节,无衰麻之服,无亲疏月数之等,各反其平,各复其始。已葬埋,若无丧者而止,夫是之谓至辱。

礼者谨于吉凶,不相厌者也。紸纩听息之时,则夫忠臣孝子,亦知其闵已,然而殡敛之具,未有求也。垂涕恐惧,然而幸生之心未已,持生之事未辍也。卒矣,然后作具之,故虽备家,必踰日然后能殡,三日而成服。然后告远者出矣,备物者作矣。故殡,久不过七十日,速不损五十日,是何也?曰:远者可以至矣,百求可以得矣,百事可以成矣。其忠至矣,其节大矣,其文备矣。然后月朝卜日,月夕卜宅,然后葬也。当是时也,其义止,谁得行之?其义行,谁得止之?故三月之葬,其貌以生设饰死者也,殆非直留死者以安生也,是致隆思慕之义也。"

丧礼之凡,变而饰,动而远,久而平。故死之为道也,不饰则恶,恶则不哀,迩则玩,玩则厌,厌则忘,忘则不敬。一朝而丧其严亲,而所以送葬之者,不哀不敬,则嫌于禽兽矣,君子耻之。故变而饰,所以灭恶也,动而远,所以遂敬也,久而平,所以优生也。

礼者,断长续短,损有余,益不足,达爱敬之文,而滋成行义之美者也。故文饰粗恶声乐,哭泣恬愉忧戚,是反也。然而礼兼而用之,时举而代御,故文饰、声乐、恬愉,所以持平奉吉也,粗衰、哭泣、忧戚,所以持险奉凶也,故其立文饰也,不至于窕冶,其立粗衰也,不至于瘠弃。其立声乐恬愉也,不至于流淫惰慢,其立哭泣哀戚也,不至于隘慑伤生,是礼之中流也。

故情貌之变,足以别吉凶,明贵贱亲疏之节,期止矣。外是,奸也,虽难,君子贱之。故量食而食之,量要而带之,相高以毁瘠,是奸人之道也,非礼义之文也,非孝子之情也,将以有为者也。故说豫娩泽,忧戚萃恶,是吉凶忧愉之情,发于颜色者也。歌谣謸笑,哭泣啼号,是吉凶忧愉之情,发于声音者也。刍豢稻粱,酒醴餰鬻,鱼肉,菽藿、酒浆,是吉凶忧愉之情,发于食饮者也。卑绐、黼黻、文织,资粗、衰绖、菲繐、菅屦,是吉凶忧愉之情,发于衣服者也。疏房、檖䫉、越席、床笫、几筵,属茨、倚庐、席薪、枕块,是吉凶忧愉之情,发于居处者也。两情者,人生固有端焉。若夫断之继之,博之浅之,益之损之,类之尽之,盛之美之,使本末终始莫不顺比,足以为万世则,则是礼也,非顺孰修为之君子,莫之能知也。

故曰:"性者,本始材朴也,伪者,文理隆盛也。"无性则伪之无所加,无伪则性不能自美,性伪合,然后圣人之名一,天下之功于是就也。故曰:"天地合而万物生,阴阳接而变化起,性伪合而天下治。"天能生物,不能辨物也,地能载人,不能治人也,宇中万物生人之属,待圣人然后分也。《诗》曰:"怀柔百神,及河乔岳。"此之谓也。

丧礼者,以生者饰死者也,大象其生以送其死也。故如死如生,如亡如存,终始一也。始卒,沐浴、鬠体、饭晗,象生执也。不沐则濡栉,三律而止,不浴则濡巾,三式而止。充耳而设琪,饭以生稻,啥以槁骨,反生术矣。说亵衣,袭三称,缙绅而无钩带矣。设掩面儇目,鬙而不冠笄矣。书其名,置于其重,则名不见而柩独明矣。荐器则冠有鍪而毋纵,瓮庑虚而不实,有簟席而无床笫。木器不成斫,陶器不成物,薄器不成内,笙竽具而不和,琴瑟张而不均,舆藏而马反,告不用也。具生器以适墓,象徙道也。略而不尽,貌而不功,趋舆而藏之,金革辔靷而不入,明不用也。象徙道,又明不用也,是皆所以重哀也。故生器文而不功,明器貌而不用。凡礼,事生,饰欢也,送死,饰哀也,祭祀,饰敬也,师旅,饰威也;是百王之所同,古今之所一也,未有知其所由来者也。故圹垄其貌,象室屋也,棺椁其貌象版、盖、斯、象、拂也。无、帾、丝、歶、缕、翣,其貌,以象菲、帷、帱、尉也。抗折,其貌,以象槾茨、番、阏也。故丧礼者无它焉,明死生之义,送以哀敬,而终周藏也。故葬埋,敬藏其形也;祭祀,敬事其神也;其铭、诔、系世,敬传其名也。事生,饰始也,送死,饰终也,终始具,而孝子之事毕,圣人之道备矣。

刻死而附生谓之墨,刻生而附死谓之惑,杀生而送死谓之贼。大象其生以送其死,使死生终始,莫不称宜而好善,是礼义之法式也,儒者是矣。

三年之丧何也?曰:称情而立文,因以饰群别、亲疏、贵贱之节,而不可益损也。故曰,无适不易之术也。创巨者其日久,痛甚者其愈迟,三年之丧,称情而立文,所以为至痛极也。

齐衰、苴杖、居庐、食粥、席薪、枕块，所以为至痛饰也。三年之丧，二十五月而毕，哀痛未尽，思慕未忘，然而礼以是断之者，岂不以送死有已，复生有节也哉！凡生乎天地之间者，有血气之属必有知，有知之属莫不爱其类。今夫大鸟兽，则失亡其群匹，越月逾时，则必反铅过故乡，则必徘徊焉，鸣号焉，踯躅焉；踟蹰焉，然后能去之也。小者是燕爵，犹有啁噍之顷焉，然后能去之。故有血气之属，莫知于人，故人之于其亲也，至死无穷。将由夫愚陋淫邪之人与？则彼朝死而夕忘之，然而纵之，则是曾鸟兽之不若也，彼安能相与群居而无乱乎？将由夫修饰之君子与，则三年之丧，二十五月而毕，若驷之过隙，然而遂之，则是无穷也。故先王圣人安为之立中制节，一使足以成文理，则舍之矣。

然则何以分之？曰：至亲以期断。是何也？曰：天地则已易矣，四时则已遍矣，其在宇中者，莫不更始矣，故先王案以此象之也。然则三年何也？曰：加隆焉，案使倍之，故再期也。由九月以下何也？曰：案使不及也。故三年以为隆，缌小功以为杀，期九月以为闲。上取象于天，下取象于地，中取则于人，人所以群居和一之理尽矣。故三年之丧，人道之至文者也，夫是之谓至隆。是百王之所同，古今之所一也。"

君之丧，所以取三年，何也？曰：君者，治辨之主也，文理之原也，情貌之尽也，相率而致隆之，不亦可乎？《诗》曰："恺恺君子，民之父母。"彼君子者，固有为民父母之说焉。父能生之，不能养之，母能食之，不能教诲之。君者，已能食之矣，又善教诲之者也，三年毕矣哉！乳母，饮食之者也，而三月。慈母，衣被之者也，而九月。君，曲备之者也，三年毕乎哉！得之则治，失之则乱，文之至也。得之则安，失之则危，情之至也。两至者俱积焉，以三年事之，犹未足也，直无由进之耳。故社，祭社也；稷，祭稷也；郊者，并百王于上天，而祭祀之也。

三月之殡，何也？曰：大之也，重之也，所致隆也，所致亲也，将举错之，迁徙之，离宫室而归丘陵也。先王恐其不文也，是以繇其期，足之日也。故天子七月，诸侯五月，大夫三月，皆使其须足以容事，事足以容成，成足以容文，文足以容备，曲容备物之谓道矣。

祭者，志意思慕之情也，愅诡、唈僾而不能无时至焉。故人之欢欣和合之时，则夫忠臣孝子，亦愅诡而有所至矣。彼其所至者甚大动也，案屈然已，则其于志意之情者，惆然不嗛，其于礼节者，阙然不具。故先王案为之立文，尊尊亲亲之义至矣。故曰：祭者，志意思慕之情也，忠信爱敬之至矣，礼节文貌之盛矣，苟非圣人，莫之能知也。圣人明知之，士君子安行之，官人以为守，百姓以成俗。其在君子，以为人道也，其在百姓，以为鬼事也。故钟鼓、管磬、琴瑟、竽笙，《韶》《夏》《护》《武》、《汋》《桓》《箾》《象》，是君子之所以为愅诡，其所喜乐之文也。齐衰、苴杖、居庐、食粥、席薪、枕块，是君子之所以为愅诡，其所哀痛之文也。师旅有制，刑法有等，莫不称罪，是君子之所以为惮诡，其所敦恶之文也。卜筮视日，斋戒修涂，几筵、馈、荐、告祝，如或飨之。物取而皆祭之，如或尝之。毋利举爵，主人有尊，如或觞之。宾出，主人拜送，反易服，即位而哭，如或去之。哀夫敬夫，事死如事生，事亡如事存，状乎无形影，然而成文。

【译解】

礼是怎么生起的呢？是因为人生而有欲，欲而不能得，则不能不追求，追求没有限度，则不能纷争，有争则乱，有乱则穷。先王不愿意有乱，所以制礼义来分别，用来和养人欲，给予人之所求，使欲不穷于物，物不竭于欲，欲与物互相扶持，以相长养，这便是礼的起源。

所以礼是用来调养人的。刍豢稻粱，五味调和，是养口腹；椒兰芬苾，是养鼻嗅；雕琢刻镂，黼黻文章，是养目色；钟鼓管磬，琴瑟竽笙，是养耳声；疏房、檖䫉、越席、床笫、几筵，是养形体。所以礼是用来调养人的欲望的。

君子既得调养，又有辨别。什么叫作辨别？就是贵贱、长幼、贫富、显微都各有差异。所以天子坐大路之车，车上铺着蒲席，是所以养体的；旁边放着香草，是所以养鼻的；车前有刻画的横木，是所以养目的；车上有和鸾的铃声，铃声合乎《武》《象》《韶》《护》的节奏，是所以养耳的。龙旗九斿，是所以确认身份；寝兕、持虎、蛟韅、丝末、弥龙，是所以养尊威的；大路之马，必待驯良和顺之后，才用来驾车，是所以养安全的。谁知道为国出力，至死不悔，就是保养生命的呢？谁知道花费钱财就是用来生聚钱财的呢？谁知道恭敬辞让就是用来养安定的呢？谁知道礼义文理就是用来调养情性的呢？所以人要是只以求生为见，这样则必死；只以求利为见，这样必遇祸；只以怠惰偷懦为安，这样必危殆；只以情悦为乐，这样必灭亡。所以人只要有礼义，则礼义和性情都能得到；若只有性情，则性情和礼义都会丧失。所以儒者能让人礼义性情都得到，墨者全让人礼义性情都丧失，这便是儒、墨的分别。

礼有三本：天地是生人之本，先祖是种类之本，君师是治化之本。没有天地则不能生存，没有祖先则无所出，没有君师则不能治理；这三类少了一二，便没有安宁。所以礼，上以事天，下以事地，尊隆先祖君师，这便是礼的三本。

所以王者以祖配天，诸侯祧庙，大夫、士有常宗，所以分别始祖之贵贱，分别始祖之贵贱，是治德的根本。郊祭止于天子，立社至于诸侯，道祭及于大夫、士；所以分别尊者事尊，卑者事卑，应大则大，应小则小。所以有天下之人奉七世，有一国的奉五世，有五乘土地的奉三世，有三乘土地的奉二世，自食其力之人不得有宗庙，所以区别功绩大的流泽广大，功绩小的流泽狭小。

大飨合祭时，习尚用玄酒，俎里放置生鱼，用没有盐梅的大羹，这是尊重饮食的根本。四时享庙，习尚用玄酒，酌献酒醴，先陈黍稷，而后陈供稻粱，月祭进献大羹，多陈美味，既尊重饮食的本源，又接近日常的供养。尊重根本叫作文，亲自运用叫作理，文理合一，这叫作大隆。所以杯樽习尚用玄酒，俎案习尚用生鱼，要器先盛大羹，都是一个道理。代祭之人不喝光酒，祭祀剩下的祭品不吃，劝代祭者三次，代祭者不吃，也是一样的道理。大婚前尚未喝交杯酒，祭祀中代祭之人尚未就位，已死之人尚未换上寿衣，这三种情形的本质是一样的。大路车用素色的车帘，郊外祭天戴麻制的礼帽，居丧时先散乱地系上麻带，这三种情形的本质也是一样的。三年之丧，痛哭而无有曲折，清庙里的颂歌，一人领唱，三人咏叹。乐器只悬一口钟，使用拊搏与晕染红琴弦，打通瑟底之孔，这三种形式也是一样的道理。

礼始于疏略，进而形成文采，然后悦人心意；完备的礼，情文都能极尽，其次则情文代胜，其下得情，以归大一。天地因以合，日月因以明，四时因以序，星辰因以行，江河因以流，万物因以生，好恶因以节，喜怒因以得其所适。用以为治下则祥顺，用以为劝上则明达，万物虽变化而不混乱，离背礼就会丧亡，礼岂不是至极吗？圣人隆礼，以为极则，天下不能损益。本末相顺，终始相应，华美而曲尽其致，明察而富于辞令。天下服从的安治，不从的混乱，从者存，不从者亡，小人不能揣测。

礼的道理真是深啊，坚白同异的明察踏进了礼，就会陷溺;礼的道理真是大啊,擅作典制的僻陋学说,踏进去就会丧亡;礼的道理真是高啊,暴慢恣睢、轻俗以为高的,踏进去就堕毁了。所以绳墨诚陈,则不可欺以曲直;平衡诚悬,则不可欺以轻重;规矩诚设,则不可欺以方圆;君子诚明于礼,则不可欺以诈伪。绳是直的标准,衡是平的标准,规矩是方圆的标准,礼是人道的标准。不法乎礼,不足于礼的,这是无方的百姓;法礼重礼的,才是有方的士人。在礼中思索,叫作能虑;立于礼而不改易,叫作能固;能虑能固又能改善之,便是圣人。所以天是高的标准,地是低的标准,无穷是广大的标准,圣人是道德的标准,学是学做圣人,不是学做无方之民。

礼以财物为资用,以贵贱为表象,以多少为区别,以损益为要领。礼仪很复杂,情感却简单,这是丰厚的礼。礼仪很简单,情感却丰富,这是简省的礼。礼仪与情感相为内外表里,并行而杂,这就是礼的所用。所以君子上致礼之丰厚,下尽礼之简省,故能得礼之用,日常行动,都不外于礼,这就是君子的用心。人有礼,便是君子;失了礼,就是平民;如能在礼中悠游自得,便是圣人。厚重是礼的积淀,广大是礼的深度,高明是礼的丰厚,光明是礼的大旨。《诗经》说:"礼仪合法度,谈笑有收获。"就是这个意思。

礼是用来谨慎地处理生死问题的,生是人的开始,死是人的终结,终始都美善,人道就齐备了。所以君子敬始慎终,终始如一,这便是君子的大道,礼义的至美。丰厚其生而薄其死,恭敬知道的,欺慢不知道的,这是奸人的行为,背叛的心态。君子用背叛的心态对待奴婢,尚且认为羞耻,何况去对待他的至亲呢?人只能死一次,不可以有再,臣致重于君,子致重于父母,尽在这里了。事生不忠厚,不敬文,叫作野;送死不忠厚,不敬文,叫作瘠。君子以野为鄙贱,以瘠为可羞。天子的棺椁七重,诸侯五重,大夫三重,士二重,各自的衣服被褥都有多少厚薄的等差,又有装饰花纹的差别,用以恭敬其德。使生与死终始如一,满足人的愿欲,这便是先王的大道,忠臣孝子的极致。天子去世,哀动四海,合聚诸侯;诸侯去世,哀合一国,合聚大夫;大夫去世,哀动一国,合聚上士;上士去世,哀动一乡,合聚朋友;庶人去世,合聚族党,哀动州里。刑余罪人去世,不得合聚族党,独属于妻子;棺椁三寸,衣衾三领,不得文饰棺木,不得白天出殡;妻子著常日的服饰去掩埋,回家没有哭泣,没有衰麻之服,服丧没有亲疏月数的等差,各如平常一样,葬埋之后,如同没死,这才叫作至辱。

礼能谨慎地让吉凶之事互不相犯。用棉絮来试探鼻息的时候,忠臣孝子也知道亲人快要去世了,然而殡敛之具,却不急着去取,虽垂涕恐惧,幸望亲人复生之心,还没有止息,持养之事也没有完。等到亲人去世,才开始置办丧事,即便丧具齐备,也必过一日才入棺,三天才穿丧服,然后发讣告,办丧礼。停放灵枢,多不过七十天,少不减五十天,这是为什么呢?因为远方的亲人可以到来,用度能够充裕,诸事皆可成就。这样,忠节文理都已齐备,然后月初确定葬期,月末选定葬地,然后葬埋。在这时候,义所当止,谁敢行之?义所当行,谁能止之?所以三月而后葬埋,用生人来装点死者,并不是留下死者以安慰生者,是为了强调对亲人的思慕之情啊!

丧礼的大略,是亲亡而饰之,亲葬而远之,亲远而平之。所以送死的大道,不装饰的话,亲容则毁,毁则心不哀;葬得近了,则漫不经心,漫不经心则生厌烦,厌烦则遗忘,遗忘则不恭。一朝有父母之丧,而送葬却不哀不敬,就近于禽兽了。君子为此感到羞耻。所以亲亡而饰之,亲葬而远之,亲远而平之,可以灭恶、遂敬、优生。

礼,截长补短,损有余以补不足,明达爱敬的文节,养成为义的美行。文饰与粗恶,快乐与哭泣,恬愉与忧戚,是相反的,然而礼一并应用,按时而交替。文饰、快乐、恬愉,是平日里持养吉庆的;粗恶、哭泣、忧戚,是平日里预防艰危的。文饰不至于妖冶,粗恶不至于瘠薄自弃,快乐恬愉,不至于荒淫懒慢,哭泣哀戚,不至于忧愁伤生,这便是礼的中道。

所以情貌的变化,可以辨别吉凶,明白贵贱亲疏的分际,就可以了。过了便是奸邪,虽然难以做到,君子也不以为然。所以量食而吃饭,量腰而系带,毁伤身体而示其孝,这是奸人之心,不是礼义之道,不是孝子之情,是有目的的。所以快乐润泽、忧戚憔悴,是吉凶忧愉的情态,发现于颜色;歌谣笑傲、哭泣啼号,是吉凶忧愉的情态,发现于声音;刍豢稻粱、酒醴鱼肉、馈粥水浆,是吉凶忧愉的情态,发现于饮食;礼服礼帽、黼黻文衣、齐衰麻鞋,是吉凶忧愉的情态,发现于衣服;疏房檖貌越席、床第几筵、属茨倚庐、席薪枕块,是吉凶忧愉的情态,发现于居处。吉凶忧愉,人生而知之;至于使它们或存或断、或浅或深、或增或减,本末各以其类,充分发挥,终始莫不和顺,可做万世之法则,这就是礼了;不是有精深修为的君子,是不会知道的。

所以说:"性的本始是朴素的,用文礼来增饰之。"没有性,则伪无所用;没有伪,则性不能自美;性伪合一,可以成就圣人的美名,可以有齐天下的功勋。所以说:"天地相合,万物丛生;阴阳相接,变化自起;性伪合一,天下安治。"天能生物,不能辨物;地能载人,不能治人;天地中的人与物,必等待圣人,然后能有功德。《诗经》说:"怀柔百神,以至山河。"说的就是这个。

丧礼是以生饰死,象生送死,所以事死如生,事亡如存,终始一律。刚去世的时候,沐浴、束发、饭唅,是象其生道。如果不洗头,头发梳三遍,如果不洗澡,身体润三遍。充耳以玉,饭以生稻,唅以枯贝,这和出生时的做法相反。换上内衣、外衣三套,朝板插在腰带上,而不设带钩。脸上裹白绢,双眼遮黑丝,束发而不加冠笄。书名于旌,置于木牌,则名则不见,而柩独明。随葬之器,帽子不包丝巾,酒器虚而不实,有簟席而无床第。木器不加斫,陶器不成物,竹器不成用,笙竽虽具而不调,琴瑟上弦而不协,棺车随葬,马却牵回,表明不需要这些。备生时的用器,放在墓里,就像生时的搬家。这些东西略具其体而不完备,略具其形而不加工,驱车以藏于墓穴,但金、革、辔、靷不入其中,以明逝者不用这些。取象于搬家,又明示不用余物,这都是为了郑重其哀心。生前之器文饰而不加工,随葬之具貌似而不能用。大凡礼,事生是饰欢情,送死是饰哀情,祭祀是饰恭敬,师旅是饰威仪;这是百王所同,古今一般,没有人知其所来由。墓穴取象于室屋,棺椁取象于大车;棺饰取象于帷幄,墓顶取象于门户、墙垣。所以丧礼没有别的涵义,显明死生的大旨,送以哀敬,而终以安息。葬埋,是敬藏其形;祭祀,是敬事其神;铭诔系世,是敬传其名。事生是饰其始,送死是饰其终;终始完具,则孝子之事完具,圣王的大道也完备了。

　　损减死事,增益生事,叫作墨;损减生事,增益死事,叫作惑;以人而殉葬的,叫作贼。大象其生以送其死,死生终始,莫不得宜而称善,这是礼义的法式,儒者就是这样。

　　有三年的丧期,这是为什么呢?是根据人情而制礼,用以治理人群,分别亲疏贵贱,而不能损益。所以说:"这是到了何处也不能更改的。"创痛剧烈的,日久方能痊愈;三年之丧,称情立制,所以为至痛之极。齐衰苴杖,居庐食粥,卧薪枕块,这是饰痛用的。三年之丧,二十五月而毕,哀痛思慕虽未尽丧,然而礼止于此,这不正是表明送死有已时,服丧有尽期吗?天地间有血气之物,必有智识,有智识,则必爱其同类。大的鸟兽,失了匹俦,过了一月或若干时日,则必返其故宅;经过故乡,则必徘徊不定,鸣号踟蹰,然后才肯离去。小的燕雀,也要鸣叫一会,然后离开。有血气的动物,智无过于人,人对于亲属之情,是至死无穷的。由着那些愚陋淫邪之人的意思吗?亲人早上死了,晚上就忘了,放纵他们的私欲,简直连鸟兽都不如,他们怎么能群居而不相纷乱呢?要是顺着那些盛修饰之君子的意思呢?三年之丧,二十五月而毕,如同驷马过隙,安遂不以时除服,守丧没有了时。所以先王圣人,为一切人订立标准,使都能达成孝道,就可以了。

那么,怎么有只服丧一年的呢?答道:因为虽然是至亲,也应该一年即除服。这又是为什么呢?因为一年的时间,天地已改易,四时也经历了一遍,天地万物都开始另行发端,先王便以此为象。那么,为什么又叫作三年之丧呢?这是表示对父母恩情加厚,所以加倍期限。又有九个月以下的,又是为什么呢?那是对于关系比较远的亲人。所以以三年为最隆重,以三五个月的缌麻、小功为轻简,一年同九个月为两者之间。上取象于天,下取象于地,中取法于人,则人的群居和一之道就完备。所以三年之丧,是人道之中最隆重的,是百王之所同,古今皆一般的。

那么为君主服丧,要服满三年,这是为什么呢?因为君主是治理天下的主人,文理的本原,情貌的极致,全都去推隆他,难道不应该吗？《诗经》说："有道的君子，是百姓的父母。"君子已可被称为百姓的父母了，更何况君主呢？父亲能生而不能养，母亲能养而不能教，君主既能生养，又能教诲，服丧三年就够了吗？乳母不过供给饮食，尚有三月之丧；庶母不过料理衣被，尚有九月之丧；君主对于百姓，兼备饮食衣被，服三年丧就够了吗？天下得到他则安治，失去他则危乱，这是文明的极致。文明的极致，虽事以三年丧，尚不足以竭尽恩情，但没有法子增益啊！所以社祭祭社，禝祭祭稷，郊祭是合并百王、配于上天去祭祀的。

只要有三个月的停灵，这是为什么呢？这是为了推重丧事的意义。自己尊重亲爱倍至之人，将要离开宫室，迁于丘陵了，先王恐怕不够文明，所以使葬期延长，好做足准备。因此天子七月，诸侯五月，大夫三月，使迟速足以容事成文，让文饰备具，这就叫作道。

祭祀是发舒志意思慕之情的。感激愤郁，人所常有。欢欣和合之时，虽忠臣孝子，也不能不动情。情之所至，感动大兴，如不抒发，则胸中不畅，对于礼的欲望没有被满足。所以先王为之立礼，尊尊亲亲之情就能充分地表达了。所以说："祭祀是发舒志意思慕之情的。它是忠信爱敬、礼节文明的至盛，不是圣人是不能理解的。"圣人明白其理，士君子以此安行，官人以此为守，百姓以此成俗。祭礼之事，君子认为是大道，百姓只当成迷信。所以钟鼓管磬、琴瑟竽笙，《韶》《夏》

《护》《武》《汋》《桓》《箾》《象》,是君子用以表达感激愤郁之情的手段。齐衰、苴杖、居庐、吃粥、卧薪、枕砖,是君子用以表达其哀痛之心的手段。师旅有制,刑法有等,无有错判,是君子用以表达其怨憎情绪的手段。卜筮择日,斋戒清宫,几筵馈荐告祝,如同逝者真会来飨一般。每一件祭物,都让代祭之人亲自品尝,如同神有所尝一般。不让助食之人举杯,主人亲自举杯,献给代祭之人,如同神饮一般。祭毕宾出,主人拜送,易祭服而换丧服,即位而哭,如同神去了一般。如此之哀,如此之敬,事死如事生,事亡如事存,取象于无形,以成就文明。

乐论

　　前篇说过,礼是刑罚的补助维系,而乐却是礼的补助维系。无论任何音响,入了耳鼓,都要发生感应。"宓子贱治单父,弹琴身不下堂而治。"这是以乐感应百姓。"伯牙弹而驷马仰秣,子野挥而元鹤翔鸣,清角发而阳气亢,白云奏而风雨零。"这是以乐感应物类。"吕布诣袁绍,绍患布欲杀之,遣三十六兵,被铠迎布,使著帐边卧。布知之,使人帐中鼓筝,诸兵卧,布出帐去,兵不觉也。"这是以乐救自己的生命。由此可见,乐又不仅仅是礼的补助维系,它的功用,博大深远啊!

　　夫乐者,乐也,人情之所必不免也,故人不能无乐。乐则必发于声音,形于动静,而人之道,声音、动静、性术之变尽是矣。故人不能不乐,乐则不能无形,形而不为道,则不能无乱。先王恶其乱也,故制《雅》《颂》之声以道之,使其声足以乐而不流,使其文足以辨而不諰,使其曲直、繁省、廉肉、节奏,足以感动人之善心,使夫邪污之气,无由得接焉。是先王立乐之方也,而墨子非之,奈何!
　　故乐在宗庙之中,君臣上下同听之,则莫不和敬;闺门之内,父子兄弟同听之,则莫不和亲;乡里族长之中,长少同听之,则莫不和顺。故乐者,审一以定和者也,比物以饰节者也,合奏以成文者也，足以率一道，足以治万变，是先王立乐之术也，而墨子非之，奈何？

故听其《雅》《颂》之声，而志意得广焉；执其干戚，习其俯仰屈伸，而容貌得庄焉；行其缀兆，要其节奏，而行列得正焉，进退得齐焉。故乐者，出所以征诛也，入所以揖让也，征诛揖让，其义一也。出所以征诛，则莫不听从；入所以揖让，则莫不从服。故乐者，天下之大齐也，中和之纪也，人情之所必不免也。是先王立乐之术也，而墨子非之，奈何！

且乐者，先王之所以饰喜也，军旅铁铖者，先王之所以饰怒也。先王喜怒皆得其齐焉，是故喜而天下和之，怒而暴乱畏之，先王之道，礼乐正其盛者也，而墨子非之。故曰：墨子之于道也，犹瞽之于白黑也，犹聋之于清浊也，犹欲之楚而北求之也。

夫声乐之入人也深，其化人也速，故先王谨为之文。乐中平则民和而不流，乐肃庄则民齐而不乱，民和齐则兵劲城固，敌国不敢婴也。如是，则百姓莫不安其处，乐其乡，以至足其上矣。然后名声于是白，光辉于是大，四海之民，莫不愿得以为师，是王者之始也。乐姚冶以险，则民流僈鄙贱矣。流僈则乱，鄙贱则争，乱争则兵弱城犯，敌国危之，如是，则百姓不安其处，不乐其乡，不足其上矣。故礼乐废而邪音起者，危削侮辱之本也。故先王贵礼乐而贱邪音，其在序官也，曰修宪命，审诛赏，禁淫声，以时顺修，使夷俗邪音不敢乱雅，太师之事也。

墨子曰:"乐者,圣王之所非也,而儒者为之,过也。"君子以为不然。乐者,圣人之所乐也,而可以善民心,其感人深,其移风易俗,故先王导之以礼乐,而民和睦。

夫民有好恶之情,而无喜怒之应,则乱。先王恶其乱也,故修其行,正其乐,而天下顺焉。故齐衰之服,哭泣之声,使人之心悲;带甲婴軸,歌于行伍,使人之心伤;姚冶之容,郑、卫之音,使人之心淫;绅端章甫,舞《韶》歌《武》,使人之心庄。故君子耳不听淫声,目不视女色,口不出恶言。此三者,君子慎之。

凡奸声感人,而逆气应之,逆气成象,而乱生焉。正声感人,而顺气应之,顺气成象,而治生焉。唱和有应,善恶相象,故君子慎其所去就也。

君子以钟鼓道志,以琴瑟乐心,动以干戚,饰以羽旄,从以磬管。故其清明象天,其广大象地,其俯仰周旋有似于四时。故乐行而志清,礼修而行成,耳目聪明,血气和平,移风易俗,天下皆宁,美善相乐。故曰:乐者,乐也,君子乐得其道,小人乐得其欲。以道制欲,则乐而不乱,以欲忘道,则惑而不乐。故乐者,所以道乐也,金石丝竹,所以道德也,乐行而民乡方矣。故乐者,治人之盛者也,而墨子非之。

且乐也者,和之不可变者也。礼也者,理之不可易者也。乐合同,礼别异,礼乐之统,管乎人心矣。穷本极变,乐之情也;著诚去伪,礼之经也。墨子非之,几遇刑也。明王已没,莫之正也。愚者学之,危其身也。君子明乐,乃其德也。乱世恶善,不此听也。於乎哀哉!不得成也。弟子勉学,无所营也。

声乐之象:鼓大丽,钟统实,磬廉制,竽笙箫和,筦籥发猛,埙箎翁博,瑟易良,琴妇好,歌清尽,舞意天道兼,鼓,其乐之君邪?故鼓似天,钟似地,磬似水,竽笙、箫和、筦籥,似星辰日月,鞉、柷、拊、鞷、椌、楬,似万物。曷以知舞之意?曰:目不自见,耳不自闻也。然而治俯仰、诎信、进退、迟速,莫不廉制,尽筋骨之力,以要钟鼓俯会之节,而靡有悖逆者,众积意谆谆乎?

吾观于乡,而知王道之易易也。主人亲速宾及介,而众宾皆从之,至于门外。主人拜宾及介,而众宾皆入,贵贱之义别矣。三揖,至于阶,三让,以宾升,拜至献酬,辞让之节繁,及介省矣。至于众宾升受,坐祭立饮,不酢而降,隆杀之义辨矣。工人,升歌三终,主人献之;笙入三终,主人献之;闲歌三终,合乐三终。工告乐备,遂出,二人扬觯,乃立司正焉,知其能和乐而不流也。宾酬主人,主人酬介,介酬众宾,少长以齿,终于沃洗者焉,知其能弟长而无遗也。降,说屦,升坐,修爵无数。饮酒之节,朝不废朝,莫不废夕。宾出,主人拜送,节文终遂焉,知其能安燕而不乱也。贵贱明,隆杀辨,和乐而不流,弟长而无遗,安燕而不乱,此五行者,是足以正身安国矣。彼国安而天下安,故曰:吾观于乡,而知王道之易易也。

乱世之征:其服组,其容妇,其俗淫,其志利,其行杂,其声乐险,其文章匿而采。其养生无度,其送死瘠墨,贱礼义而贵勇力,贫则为盗,富则为贼。治世反是也。

【译解】
　　音乐就是快乐,人情所必不能免。人不能没有快乐,有快乐,则必发现于声音,表现于动静外貌,这是人道的自然,而性情心术的变化,也尽在于此。所以人不能没有快乐,有乐则不能没有形貌的表现,有形貌而没有礼节来引导,则不能不混乱。先王不愿意混乱,所以制《雅》《颂》的声音来引导大家,使众人的声音足以快乐,而不入于淫乱;使其乐章完尽变化,而不销息;使其声音的曲直、清浊、节奏,足以感发善心,使不好的邪污之气,不得接近,这是先王制乐的本旨,而墨子偏去诽毁,真是不可理喻!
　　所以乐在宗庙中鼓奏,君臣上下听之,则莫不和一恭敬;闺门以内,父子兄弟听之,则莫不和一亲爱;乡里族长中长少听之,则莫不和一顺循。乐审一律调,以调和声音,比附丝竹,以饰音曲的节奏,联合节奏,以成声音,足以统率大道,足以治理万变,这是先王制乐的方法,而墨子偏去诽毁,太不可理喻了!
　　所以听到《雅》《颂》的声音,志意可以广大。执持盾斧,习其俯仰屈伸,容貌可以庄凝。踏准舞位,会合节奏,行列可以整一,进退可齐。所以音乐之用,出可以征诛,入可以揖让,征诛揖让，意义是一样的。出以征诛，则没有不听从；入以揖让，则没有不服从。音乐是天下的大齐，中和的纲纪，人情所不能免，这便是先王制乐的方法，而墨子偏去诽毁，真是无话可说了！

音乐是先王用来饰喜的；军旅铁钺，是先王用来饰怒的。先王的喜怒，都能中节，喜而天下附和，怒而暴乱畏服。先王的大道，礼乐正是其盛处，而墨子偏去诽毁，譬如瞎子不辨黑白，聋子不明音声，想南往楚国，偏向北走一般。

音乐感化人是很深远的，所以先王谨慎地饰治它。音乐能得中平，则民和一，不流于淫；能肃庄，则民齐一不乱。民能和齐，则兵劲城固，敌国不敢来触犯，则百姓没有不安处乐乡，快意事上了。然后名声显白，光辉赫大，四海百姓，没有不愿以此国为师，这就王者的端绪。音乐要是妖艳险荡，则百姓淫僈鄙贱，淫僈则混乱，混乱则忿争，乱争则兵弱城敝，敌国就来危削，则百姓不能安处乐乡，不能快意事上了。所以礼乐废置，而邪音兴起，就是危削受侮辱的根本。所以先王贵视礼乐而贱视邪音，对于序列官爵，则修订宪命，审查诗章，禁止淫声，以时顺修，使夷俗邪音不能变乱《雅》《颂》，这是太师乐官的职事。

墨子说："音乐是圣王所非，儒者却刻意造作。"君子以为这议论不对。音乐是圣人所喜欢的，可以改善百姓心性；音乐感人至深，改移风俗也容易，所以先王以音乐来引导，而百姓和睦。

大凡百姓有好恶的情感,而没有喜怒的相应表达,则混乱;先王不愿意混乱,所以修行正乐,而天下和顺。齐衰的服饰,哭泣的声音,可以叫人悲哀;带甲系胄,歌于行伍,可以叫人敬惧;妖艳的容貌,郑、卫的歌舞,可以叫人淫邪;大带、玄服、殷冠,表演《韶》《武》的乐章,可以叫人庄凝。君子耳不听淫声,目不视美色,口不出恶言,这三者,是君子所谨慎的。

大凡奸邪的声音来感人,应会有逆气应和之,逆气成象于歌舞,则混乱产生。端正的声音来感人,就会有顺气应和之,顺气成象于歌舞,则安治产生。唱和相应,善恶相象,所以君子选择什么音乐,是很谨慎的。

君子以钟鼓引导意志,以琴瑟娱乐心性,动时以盾斧,又饰以羽旄,从以磬管。所以他的清明象天,广大象地,俯仰周旋,就像四时寒暑一样。是以其乐大行,而意志清洁;礼义修正,而美行可成;耳目聪明,而血气和平;移化风俗,使天下安宁,美善相乐。所以说:"音乐就是快乐。君子快乐得到大道,小人快乐得到欲望。"以大道来节制欲望,则快乐而不淫乱;只知快乐而遗忘大道,则悖惑而不快乐。所以音乐能引导快乐,金石丝竹能引导美德,音乐行,则百姓趋向方正。所以音乐是治人的最高手段,而墨子偏去诽毁它!

音乐是和之不可变,礼是理之不可易。音乐合同,礼有别异,礼乐的正统,可以燮理人心。穷根本,极变化,是乐的情;

明著忠诚,屏去诈伪,是礼的经。墨子以为非,是应当受刑的啊!但明王已没有了,没有人去纠正他,而愚人反去学,这可是要危殆自身的啊!君子明白乐情,这是君子之仁;混乱的时代,偏不从于此。唉!真是可悲哀啊!必不能成功的。弟子们且去勤勉学业,不要为墨子所鼓惑。

音乐的盛景:鼓高亢,钟洪亮,磬清朗。竽、笙、箫、和、筦、籥激昂,埙箎澎湃,琴瑟和易婉柔,歌声清悠,箫和舞蹈的情意,备象天道。鼓是音乐的首领吗?才能鼓象天,钟象地,磬象水,竽、笙、筦、籥象日月星辰,鞉、柷、拊、鞷、椌、楬象世间万物。怎样才能知道舞蹈的情意呢?自己所做的动作虽不能白闻白见,然而俯仰、屈伸、进退、迟速,莫不有法度;竭尽筋骨的能力,尽力符合钟鼓的节奏,而没有任何违背的地方,这些舞者真是太诚恳了!

我观察乡间的饮酒之礼,而知道行王道是很容易的。主人亲自召请贵宾及显客,而众宾一齐到了门前。主人揖拜贵宾及显客,而众宾都进去,这贵贱的礼就辨明了。贵宾三揖才到阶前,又三让然后才落座,主人拜谢他的驾临,献酒及辞让的礼节非常繁复;对于显客就减省些了;至于众宾,则登堂受酒,坐着祭神,站立而饮,酒不回敬,退下堂来,这隆重与简省的礼就辨明了。乐工进来,唱歌三篇,主人敬酒;吹笙的人进来,吹笙三章,主人敬酒;歌与笙轮奏三次,再合乐三次。乐工报告演奏完毕,就出去了。又使二人举觯帮助敬酒,然后设立监督行礼之人,这样就能知道席间的和乐不流僈。至此,然后贵宾谢主人,主人谢显客,显客谢众宾,长幼各以年齿相谢,而终于洗爵之人。从中可以知道他们敬长爱幼,没有遗弃。降而脱屦,升坐,依次不断地敬酒,饮酒的节仪,早不废朝事,暮不废晚事。宾客走了,主人拜送,而后节文大全,就能知道饮酒能安于燕乐,而不至乱。有此五种行为,足以修洁正身,安治国家了;国家安治,天下自然也安治了。所以说,观察乡间的饮酒之礼,就知道行王道是很容易的。

　　乱世的景象:服饰华侈,男子容貌如同女子;风俗淫乱,志向贪利,行为杂污;音乐险荡,文章邪慝而富文采;养生没有法度,送死则极苟简,没有文饰;贱视礼义,尊贵勇力;贫穷则做盗贼,富有则为奸邪。治世同这相反。

解蔽

　　人们的心灵,本是宁静的,被外界引诱和遮蔽,遂失去原有的功能。对于一件事,只见片面,而不能整个地了解,以至于是非颠倒,行为错乱。所以作者的意见,是要以心灵战胜外界的引诱与遮蔽,用虚壹宁静的工夫使心灵光明。心灵光明,就不会被外物遮蔽,而是非倒置了。

　　凡人之患,蔽于一曲而暗于大理,治则复经,两疑则惑矣。天下无二道,圣人无两心,今诸侯异政,百家异说,则必或是或非,或治或乱。乱国之君,乱家之人,此其诚心莫不求正而以自为也,妒缪于道,而人诱其所迨也,私其所积,唯恐闻其恶也,倚其所私以观异术,唯恐闻其美也,是以与治虽走,而是己不辍也,岂不蔽于一曲而失正求也哉?心不使焉,则白黑在前而目不见,雷鼓在侧而耳不闻,况于使者乎?德道之人,乱国之君非之上,乱家之人非之下,岂不哀哉!
　　故为蔽:欲为蔽,恶为蔽,始为蔽,终为蔽,远为蔽,近为蔽,博为蔽,浅为蔽,古为蔽,今为蔽。凡万物异则莫不相为蔽,此心术之公患也。
　　昔人君之蔽者,夏桀、殷纣是也。桀蔽于末喜、斯观,而不知关龙逢,以惑其心而乱其行。纣蔽于妲己、飞廉,而不知微子启,以惑其心而乱其行。故群臣去忠而事私,百姓怨非而不用,贤良退处而隐逃,此其所以丧九牧之地而虚宗庙之国也。桀死于亭山,纣悬于赤斾,身不先知,人又莫之谏,此蔽塞之祸也。成汤监于夏桀,故主其心而慎治之,是以能长用伊尹而身不失道,此其所以代夏王而受九有也。文王监于殷纣,故主其心而慎治之,是以能长用吕望而身不失道,此其所以代殷王而受九牧也。远方莫不致其珍,故目视备色,耳听备声,口食备味,形居备宫,名受备号;生则天下歌,死则四海哭,夫是之谓至盛。《诗》曰:"凤凰秋秋,其翼若干,其声若箫,有凤有凰,乐帝之心。"此不蔽之福也。

　　昔人臣之蔽者,唐鞅、奚齐是也。唐鞅蔽于欲权而逐载子,奚齐蔽于欲国而罪申生。唐鞅戮于宋,奚齐戮于晋。逐贤相而罪孝兄,身为刑戮,然而不知,此蔽塞之祸也。故以贪鄙、背叛、争权,而不危辱灭亡者,自古及今,未尝有之也。鲍叔、宁戚、隰朋,仁知且不蔽,故能持管仲,而名利福禄与管仲齐。召公、吕望,仁知且不蔽,故能持周公,而名利福禄与周公齐。传曰:"知贤之为明,辅贤之谓能,勉之强之,其福必长。"此之谓也,此不蔽之福也。

　　昔宾孟之蔽者,乱家是也。墨子蔽于用而不知文,宋子蔽于欲而不知得,慎子蔽于法而不知贤,申子蔽于势而不知知,惠子蔽于辞而不知实,庄子蔽于天而不知人。故由用谓之道,尽利矣;由俗谓之道,尽嗛矣;由法谓之道,尽数矣;由势谓之道,尽便矣;由辞谓之道,尽论矣;由天谓之道,尽因矣。此数具者,皆道之一隅也。夫道者,体常而尽变,一隅不足以举之。曲知之人观于道之一隅,而未之能识也;故以为足而饰之,内以自乱,外以惑人,上以蔽下,下以蔽上,此蔽塞之祸也。孔子仁知且不蔽,故学乱术,足以为先王者也。一家得周道,举而用之,不蔽于成积也。故德与周公齐,名与三王并,此不蔽之福也。

圣人知心术之患,见蔽塞之祸,故无欲无恶,无始无终,无近无远,无博无浅,无古无今,兼陈万物而中悬衡焉,是故众异不得相蔽,以乱其伦也。

何谓衡?曰:道。故心不可以不知道,心不知道,则不可道而可非道。人孰欲得恣,而守其所不可,以禁其所可?以其不可道之心取人,则必合于不道人,而不知合于道人。以其不可道之心与不道人论道人,乱之本也。夫何以知?曰:心知道,然后可道;可道,然后能守道以禁非道。以其可道之心取人,则合于道人,而不合于不道之人矣。以其可道之心,与道人论非道,治之要也。何患不知?故治之要,在于知道。

人何以知道?曰:心。心何以知?曰:虚壹而静。心未尝不臧也,然而有所谓虚;心未尝不满也,然而有所谓一;心未尝不动也,然而有所谓静。人生而有知,知而有志,志也者,臧也,然而有所谓虚,不以所已臧害所将受,谓之虚。心生而有知,知而有异,异也者,同时兼知之,同时兼知之,两也。然而有所谓一,不以夫一害此一,谓之壹。心卧则梦,偷则自行,使之则谋,故心未尝不动也。然而有所谓静,不以梦剧乱知,谓之静。未得道而求道者,谓之虚壹而静。作之,则将须道者之虚则人,将事道者之壹则尽,尽将思道者静则察。知道察,知道行,体道者也。虚壹而静,谓之大清明。万物莫形而不见,莫见而不论,莫论而失位。坐于室而见四海,处于今而论久远,疏观万物而知其情,参稽治乱而通其度,经纬天地而材官万物,制割大理而宇宙里矣。恢恢广广,孰知其极?睾睾广广,孰知其德?涫涫纷纷,孰知其形?明参日月,大满八极,夫是之谓大人,夫恶有蔽矣哉?

心者,形之君也,而神明之主也,出令而无所受令。自禁也,自使也,自夺也,自取也,自行也,自止也。故口可劫而使墨云,形可劫而使诎申,心不可劫而使易意,是之则受,非之则辞。故曰:心容其择也,无禁必自见,其物也杂博,其情之至也不贰。"《诗》云:"采采卷耳,不盈倾筐。嗟我怀人,寘彼周行。"顷筐易满也,卷耳易得也,然而不可以贰周行。故曰:心枝则无知,倾则不精,贰则疑惑,以赞稽之,万物可兼知也。身尽其故则美,类不可两也,故知者择一而壹焉。

农精于田,而不可以为田师;贾精于市,而不可以为贾师;工精于器,而不可以为器师。有人也,不能此三技,而可使治三官,曰:精于道者也,精于物者也。精于物者以物物,精于道者兼物物,使君子壹于道,而以赞稽物。壹于道则正,以赞稽物则察，以正志行察论，则万物官矣。

昔者舜之治天下也，不以事诏而万物成，处一危之，其荣满侧，养一之微，荣矣而未知。故《道经》曰："人心之危，道心之微。"危微之机，惟明君子而后能知之。故人心譬如盘水，正错而勿动，则湛浊在下而清明在上，则足以见鬓眉而察理矣。微风过之，湛浊动乎下，清明乱于上，则不可以得大形之正也。心亦如是矣。故导之以理，养之以清，物莫之倾，则足以定是非，决嫌疑矣。小物引之，则其正外易，其心内倾，则不足以决庶理矣。故好书者众矣，而仓颉独传者，壹也；好稼者众矣，而后稷独传者，壹也；好乐者众矣，而夔独传者，壹也；好义者众矣，而舜独传者，壹也。倕作弓，浮游作矢，而羿精于射。奚仲作车，乘杜作乘马，而造父精于御，自古及今，未尝有两而能精者也。曾子曰："是其庭可以搏鼠，恶能与我歌矣！"

空石之中有人焉，其名曰觙，其为人也，善射以好思，耳目之欲接则败其思，蚊虻之声闻则挫其精，是以辟耳目之欲而远蚊虻之声，闲居静思则通。思仁若是，可谓微乎？孟子恶败而出妻，可谓能自强矣。有子恶卧而焠掌，可谓能自忍矣，未及好也。辟耳目之欲，可谓能自强矣，未及思也。蚊虻之声闻则挫其精，可谓危矣，未可谓微也。夫微者，至人也。至人也，何强，何忍，何危？故浊明外景，清明内景。圣人纵其欲，兼其情，而制焉者理矣，夫何强，何忍，何危？故仁者之行道也，无为也；圣人之行道也，无强也。仁者之思也恭，圣人之思也乐，此治心之道也。

凡观物有疑，中心不定则外物不清，吾虑不清，则未可定然否也。冥冥而行者，见寝石以为伏虎也，见植林以为后人也，冥冥蔽其明也。醉者越百步之沟，以为跬步之浍也，俯而出城门，以为小之闺也，酒乱其神也。厌目而视者，视一以为两，掩耳而听者，听漠漠而以为哅哅，势乱其官也。故从山上望牛者若羊，而求羊者不下牵也，远蔽其大也。从山下望木者，十仞之木若箸，而求箸者不上折也，高蔽其长也。水动而景摇，人不以定美恶，水势玄也。瞽者仰视而不见星，人不以定有无，用精惑也。有人焉以此时定物，则世之愚者也。彼愚者之定物，以疑决疑，决必不当，夫苟不当，安能无过乎？

夏首之南有人焉，曰涓蜀梁，其为人也，愚而善畏。明月而宵行，俯见其影，以为伏鬼也，卬视其发，以为立魅也。背而走，比至其家，失气而死，岂不哀哉！凡人之有鬼也，必以其感忽之间、疑玄之时正之，此人之所以无有而有无之时也，而己以正事。故伤于湿而击鼓，鼓痹，则必有敝鼓丧豚之费矣，而未有俞疾之福也。故虽不在夏首之南，则无以异矣。

凡以知人之性也，可以知物之理也，以可以知人之性求可以知物之理，而无所疑止之，则没世穷年，不能遍也。其所以贯理焉虽亿万，已不足以浃万物之变，与愚者若一。学，老身长子，而与愚者若一，犹不知错，夫是之谓妄人。故学也者，固学止之也。恶乎止之？曰：止诸至足。曷谓至足？曰：圣也。

圣也者,尽伦者也;王也者,尽制者也;两尽者,足以为天下极矣。故学者以圣王为师,案以圣王之制为法,法其法,以求其统类,以务象效其人。向是而务,士也;类是而几,君子也;知之,圣人也。故有知非以虑是,则谓之惧;有勇非以持是,则谓之贼;察孰非以分是,则谓之篡;多能非以修荡是,则谓之知;辩利非以言是,则谓之詌。传曰:"天下有二,非察是,是察非。"谓合王制与不合王制也。天下有不以是为隆正也,然而犹有能分是非、治曲直者邪?若夫非分是非,非治曲直,非辨治乱,非治人道,虽能之,无益于人,不能,无损于人;案直将治怪说,玩奇辞,以相挠滑也;案强钳而利口,厚颜而忍诟,无正而恣睢,妄辨而几利。不好辞让,不敬礼节,而好相推挤,此乱世奸人之说也,则天下之治说者,方多然矣。传曰:"析辞而为察,言物而为辨,君子贱之。博闻强志,不合王制,君子贱之。"此之谓也。

为之,无益于成也,求之,无益于得也,忧戚之,无益于几也,则广焉能弃之矣。不以自妨也,不少顷干之胸中。不慕往,不闵来,无邑怜之心。当时则动,物至而应,事起而辨,治乱可否,昭然明矣。

周而成,泄而败,明君无之有也。宣而成,隐而败,暗君无之有也。故君人者,周则谗言至矣,直言反矣,小人迩而君子远矣。《诗》云:"墨以为明,狐狸而苍。"此言上幽而下险也。君人者,宣则直言至矣,而谗言反矣,君子迩而小人远矣。

《诗》曰:"明明在下,赫赫在上。"此言上明而下化也。

【译解】

　　大凡一个人的毛病,是蔽于一面,而不能明了通达的至理,安治之世,用礼义就可以回到经常的大道,不专一于正道,就多疑惑。天下没有两条道,圣人没有两种心,现在诸侯的政事,百家的学说,各不相同,这不同里面,有是有非,有治有乱。乱国的君主,乱家的人,他的心愿,莫不是求正人来自助,但是他嫉妒谬误于道,人因其性所爱好,而加以引诱,习惯于自私,唯恐听见自己的过恶,偏任私心,以察看别人的学术,唯恐看到别人的美,与治道背驰而自以为是,岂不是蔽于一面,而失去求正之心了吗?不用心于见闻,则虽白黑在前,而目不能见;大鼓在旁,而耳不能闻。有德的人,乱国之君,在上面说他不对;乱家之人,在下面说他不对;上下之人,全以他为非,岂不是很可哀的吗?

　　什么是蔽?欲、恶、始、终、远、近、博、浅、古、今,这十种皆滞于一面,所以壅蔽。大凡万物有所不同,就会有壅蔽,这是心术共同的毛病。

　　试说古时君主的壅蔽,夏桀、殷纣就是。桀为末喜同斯观所蔽,而不知关龙逢的忠直,被佞人迷惑其心,故行为乖乱。桀被妲己同飞廉所蔽,而不知微子殷的忠直,被坏人迷惑其心,故行为乖乱。群臣抛去忠正之心而自用私心,百姓怨恨而不护其上，贤良的人隐居逃避，失了九州之地，宗庙成丘墟。桀死在鬲山，纣的头被武王挂在旗上，他们自身不明白，又没有人劝谏，这就是蔽塞之祸啊！成汤看见夏桀的失败，专一心术，不受邪佞之诱，谨慎地治国，是以能长用伊尹，自身不失道，最终代替夏朝，接受九州。文王看见殷纣的失败，专一心术，不受邪佞之诱，谨慎地治国，是以能长用吕望，自身不失道，最终代替殷朝，接受九州。远方送出珍贵的物品，所有美好的颜色，全然欣赏，所有悦耳的声音，全然聆听，所有美味的食物，全然品尝，身体住在舒适的宫殿里，享受尊贵的名号。活在世上，天下的人快乐地歌唱；去世了，天下的人哀痛地号哭，隆盛莫过于此了！《诗经》说："凤凰锵锵然飞舞，凤凰羽翼如干楯，凤凰鸣声美如箫，有凤有凰帝心欢。"王者用贤，不为佞人所蔽，故有这种幸福。

再说古时人臣的壅蔽，唐鞅、奚齐就是。唐鞅因想权利，而驱逐载骥；奚齐因想为国君，而害其兄申生。唐鞅被戮于宋国，奚齐被戮于晋国；他们两人，驱逐贤相，杀害兄长，身被刑戮，而不知何以然，就因为利欲之心将他们蔽塞了。所以贪鄙背叛争权之人，而不危辱灭亡，从古到今，从来没有。齐大夫鲍叔、宁戚、隰朋三人，仁智而不蔽塞，共同扶翼管仲治齐，他们三人的名利福禄，也同管仲一样；周召公、吕望，仁智而不蔽塞，共同扶翼周公治周，他们两人的名利福禄，也同周公一样。古传说："知贤是明，辅贤是能。努力勉强，知贤辅贤，福禄绵长。"说的就是这个。他们知贤而不壅蔽,故有这种幸福。

　　要说学者的壅蔽,今天的各种学说就是。墨子想要上下勤力,而不知贵贱等级的文饰。宋子认为人们的情欲欲少不欲多,任其情欲,可以自治,而不知以中正之道调节之。慎子注重刑名,认为但得其法,虽无贤人,也可以安治,而不知道法要待贤人然后行。申子同慎子相仿,以为但得权势,就能以刑法治国,不知权势要待才智之人,然后方行。惠子但知虚辞,而不认实理。庄子纯任自然,凡事皆推之天,而不重视人力的作用。所以从勤力而谓之道,人但知求利;从情欲而谓之道,人但求快意;从刑名而谓之道,人但知方略;从权势而谓之道,人全逐便利;从虚辞而谓之道,人但知辩说;从纯任自然、推之于天而谓之道,人皆因任自然,没有治化。这几种皆是道之一端,大道之体有常,而变化无尽,仅以一端,不能包括大道的全体。曲学不通于大道之人,观道之一面,不能真实地认知;而自以为了解了,在内迷乱自心,在外误导他人,在上的蔽塞,不知臣下之忠佞,在下的于是壅蔽谄谀君上,这就是蔽塞的祸害。孔子仁智而不蔽,他多才多艺,能安治天下,足以继承先王之道。他一家得了周朝的治道,又能有所创新,不拘于成例。他的功业同周公一样,声名同三王相类;他心中没有壅蔽,故有这种幸福。

　　圣人知道心术的毛病,看见蔽塞的祸害,没有欲、恶、始、终、近、远、博、浅、古、今这十种壅蔽,并观万物,悬衡轻重,众类虽不同,不相蔽以乱理。

　　什么是衡?礼义大道便是。人心不可以不知大道,心不知大道,则不以大道为可,转而可非道了。人心想恣纵,却相信他以为不可之事,拒绝他以为可的事。以此不明大道之心取人,必同无道人相合,而不知合于有道者。以此不明大道之心,同无道小人论有道者,这是祸乱的根源。如何能知道呢?曰:心知大道,然后以道为可;以道为可,然后能守道而拒绝无道。以明道之心取人,必同有道者相合,而不合于无道小人。以明道之心同有道者讨论无道小人,这是安治的要道。何患不知道?安治的要道,在于能知有道者。

　　何以能知大道?在心无邪。心何以能知?在虚静专一。心未尝不包藏、收纳、感觉,却有所谓虚;心未尝不同时兼知一切,却有所谓专一;心未尝没有种种活动,然而有所谓静。人生而有知,有知就有记忆,记忆收纳在心里,就有所谓虚。不以心所既有而妨害其所后至,这就是虚。人心有知,知就能辨别形象之差异,差异纷杂,心能区分,不以彼一害此一,这就是专一。人心有所思,睡卧就有梦,懈怠心放纵,使用则能虑,心未尝不活动,然而却有静,不为想象嚣烦、淆乱知觉,这就是静。未能明道,而有求道之心,告之以虚一而静的法则;将求道者虚白其心,虚心而后能受纳;致力于道者专一一气,专气而后道无不尽;致思于道者修静其心,心静而后理无不明;既明于大道,又知而行道,就能不离于道。虚一而静,无有壅蔽,则心大清明。虚一而静,则能通于万物,有形体的全能看见,看见则能论说,论说而能得宜。坐于室内,见及四海,处于现代,能论久远。通观万事万物,而能知其情理;稽验治乱,而能明其制度。经纬天地,万物各当其任;裁制大道,宇宙皆得其理。恢恢广广,没有止极,睟睟旷旷,谁能知其功勋?涫涫纷纷,谁能知其法则?光明可参日月,广大满于八方极远之地,这就是大人,哪有什么可以壅蔽他的呢?

  心是形体的君主,神明的主宰,心出令以役使百体,而不为百体所役。禁、使、取、夺、行、止,这六种动作,全由心主宰。口可以力屈使沉默,形体可以力屈使屈伸,唯有心意,不能力屈使变易,是则接受,非则拒绝。所以说:"心能辨别一切,无所受令而主出令,事物虽杂博,精至则不贰。"《诗经》说:"我在采摘卷耳,还没盛满竹筐,心中忽有想念,竹筐放在道旁。"竹筐容易盛满,卷耳容易采得,然而不能因为怀人将竹筐放在道旁。所以说:"心思分散,则不能明;心思偏斜,则不能精;心不专壹,就多疑惑;以专壹不二辅助之,就可以通知万物了。"人尽力于一事,则可精,凡事不可有两端,智者精择于一道而专焉。

  农人精于治田,而不可以为田师;贾人精于商业,而不可以为市师;工人精于造器,而不可以为器师。有人没有这三种技能,却可以管理这三种人;因为他精于道,这三种人只精于物。精于物者,各治其一物;精于道者,能兼治万物。故君子专一于道,而兼治万物。专一于道,则意志方正;兼治万物,则能明察。志意方正,言论明察,万事万物,各赋其德。

从前舜治天下,委任贤人,不必亲自以事告人,而万物成就。他处事以专一,时加戒惧的心,故光荣满在他的左右。他心里明道,而养以专一,他幽微的心灵,不为凡人所知。所以《书经》说:"凡人治心,唯有戒惧;道人养心,极尽微妙。"戒惧同微妙之机,唯明君子能知。人心譬如一盘水,放正而不摇动,则污浊泥滓沉在下面,上面清洁鲜明,照见人的须眉,照见肌肤的文理,微风吹过,污浊泥滓鼓动于下,清洁鲜明被淆乱,就不能照见人的形貌了。人心同水一样,开导以理,不为外物所牵,涵养以冲和,可以定夺是非,可以判决嫌疑;为外物引诱而移,内心被牵动,就不能判决事理了。好书之人很多,而仓颉独传,因为他专一;好耕稼之人很多,而后稷独传,因为他专一;好音乐之人很多,而夔独传,因为他专一;好仁义之人很多,而舜独传,因为他专一。倕造弓,浮游造矢,他们不善射,而羿善于射。奚仲造车,桑杜造四马驾车法,他们不会驾车,而造父精于驾车。自古及今,没有并行两端而能精者。曾子说:"唱歌时以为节拍器可以打老鼠,怎么还能跟我一起唱歌呢?"

石洞里有一个人,名叫觙,他善于猜测,爱好思考。耳目接触外境,就破坏了他的思考,听见蚊虻的鸣声,就打断了他的精诚。于是屏除耳目之欲,远离蚊虻之声,闲居静思,不同外境接触,于是达到了很高超的境界。他要是思考仁义能像这样,一定能达到很高的水平吧!孟子怕妻子破坏他的道德,将妻子赶出家门，可算是勉力行道了。有子为防止嗑睡而烧灼手掌，可算是坚忍不拔了。但出于强制，不是真正的爱好道德。如石洞里的人，屏绝耳目的欲念，排除蚊虻的鸣声，这是能知戒惧的，然而不能算是微妙啊！只有圣人达到了微妙的境界，没有强忍同戒惧，故随世俯仰而内心清明。圣人即使从其所欲，亦能皆当于理，哪里用得着强忍同戒惧呢？所以仁者行道，无有所作，圣人行道，没有勉强。仁者之思恭敬，圣人之思快乐，这是治心的法门。

  观物心常有疑，心不定，则外物不清，智虑不清，则不能决定可否。暮夜而行路者，看见卧着的石头，以为是伏着的老虎；看见植立的树林，以为是直立的人，这是昏暮壅蔽了光明的缘故。喝醉酒的人，跨越百步宽的大沟，以为是半步狭的小沟；俯着头出城门，以为是宫中的小门，这是醉酒扰乱了精神。以手指按着眼睛而看，见一物以为两；掩着耳朵而听，没有声音，而听见喧哗，这是外物妨碍了感官。从山上望牛，牛如羊一般大，求羊之人并不下山来牵，因为距离遮蔽了牛的高大。从山下而望山上十仞之木，如同筷子一般高，求筷子的人并不上山，因为高山遮蔽了树的长度。水震动而影子摇动，人不以此时而辨定美恶，因为水势是眩乱的。瞽者仰起头而不见星，人不以他的眼光决定星的有无，因为他的眼睛是迷惑的。有人要以此时的判断来决定一切，那就是世上的愚者了。愚者以疑惑来判断疑惑，他的结论，必不恰当，既不恰当，哪能没有过错呢？

夏首之南有个人，叫涓蜀梁，愚笨而多畏。夜里在明月下走路，低头看见自己的影子，以为是伏着的鬼；仰头看见自己的头发，以为是立着的魅。背了身就跑，跑到了家，气绝而死，真可哀叹啊！大凡人以为有鬼，一定要在精神恍惚迷蒙的瞬间而正心诚意，这是人以有为无、以无为有的时候，正好用来端正心意。如果没有这样，就如同患风湿病的人，不去服药，而击鼓烹豚，不仅坏了鼓，失了豚，疾病也不能痊愈。世上类乎此的人，虽不住在夏首之南，同涓蜀梁也没有分别了。

能知物，是人之性；物能知，是物之理。以人可知之性，探寻物可知之理，如没有一定的准则，则终身不能遍知。通贯道理的方法虽然很多，如果不能运用自如，不能够周浃万物的变化，那同愚者还是一样的。学到自身老大，儿子长成，犹不知抛去这无益的学问，可算是愚妄的人了。所以学问要有准则。什么是准则？至高至善。什么是至高至善？就是圣人的大道。圣人备具物理，王者备具法度，物理法度俱全，可以为天下的标准。学者当以圣王为师，以圣王之制为法，效法其方略，以求其大端，进而学习圣王的为人。向此而修习者，是士人；修学而近似者，是君子；知其道理者，是圣人。有智慧，而不思虑圣王之制度，叫作怯懦；有勇气，而不护持圣王之制度，叫作破坏；明察是非，而不分辨圣王之制度，叫作篡逆；多才，而不充分发展圣王之制度，叫作小聪明；能言善辩，而不多加宣传圣王之制度，叫作胡说。古传说："天下有两种方法，以错误来观察正确，以正确来观察错误。"正确与错误的标准,就是合不合于圣王之制度。天下如果不把圣王之制度作为标准,人们还有可能分别是非、判断曲直吗?如果学问不能分别是非,不能判断曲直,不能明辨治乱,不能安治人道,虽然精通,也无益于人,不能精通,也无损于人。不过是治邪怪的学说,创奇异的言论,以相挠乱;强恶又有利口,厚颜而又无耻,没有端正的行为,而自矜夸,妄为辩说,而求利益;不好辞让,不重古礼节,好互相排挤,这是乱世奸人的学说,天下的学说像这样是很多的。古传说:"分析言辞,头头是道,谈论世情,如数家珍,君子鄙视之;博闻强志,而不合乎王制,君子鄙视之。"就是说的这个。

做了而无益于成,求来也无益于得,忧戚也无益于事,那就旷达地抛弃吧,不以无益妨害有益,不使片刻留在胸中。不追慕既往,不忧闵将来,弃无益之事,而无吝惜之心。看准时机,事物之来,随机而应,一事兴起,即能处理,治乱可否,昭然明白。

以隐秘而成功,以宣露而失败,明君没有这种事;以宣露而成功,以隐秘而失败,暗君也不会有这种事。君主要是隐秘,谗言就来了,正直的言语就没有了,小人来接近,君子却远避。《诗经》说:"君主以昏暗为明察,则臣下诳骗,黄狐狸变成深蓝。"这是说君上昏暗,则臣下奸佞。君主要是宣露光明,正直的言语就来了,谗言没有了,君子来接近,小人急远避。《诗经》说:"在下的有光明,在上的放光芒。"君主能昭明,臣下也就感化了。

成 相

这是篇有韵的文字,杂论君臣治乱之事迹。卢文弨说:"全篇与《诗三百》篇中韵同。"

请成相,世之殃,愚暗愚暗堕贤良。人主无贤,如瞽无相,何伥伥!

请布基,慎圣人。愚而自专事不治。主忌苟胜,群臣莫谏,必逢灾。论臣过,反其施。尊主安国尚贤义。拒谏饰非,愚而上同,国必祸。曷谓罢?国多私,比周还主党与施。远贤近谗,忠臣蔽塞,主势移。曷谓贤?明君臣,上能尊主爱下民。主诚听之,天下为一,海内宾。主之孽,谗人达,贤能遁逃国乃蹶。愚以重愚,暗以重暗,成为桀。世之灾,妒贤能,飞廉知政任恶来。卑其志意,大其园囿,高其台。武王怒,师牧野,纣卒易乡启乃下。武王善之,封之于宋,立其祖。世之衰,谗人归,比干见刳箕子累。武王诛之,吕尚招麾,殷民怀。世之祸,恶贤士,子胥见杀百里徙。穆公任之,强配五伯,六卿施。世之愚,恶大儒,逆斥不通孔子拘。展禽三绌,春申道缀,基毕输。

请牧基,贤者思,尧在万世如见之。谗人罔极,险陂倾侧,此之疑。基必施,辨贤罢,文武之道同伏戏。由之者治,不由者乱,何疑为?凡成相,辨法方,至治之极复后王。复慎、墨、季、惠,百家之说,诚不详。治复一,修之吉,君子执之心如结。众人贰之,谗夫弃之,形是诘。水至平,端不倾,心术如此象圣人。而有势,直而用抴,必参天。世无王,穷贤良,暴人刍豢,仁人糟糠。礼乐灭息,圣人隐伏,墨术行。治之经,礼与刑,君子以修百姓宁。明德慎罚,国家既治,四海平。治之志,后势富,君子诚之好以待。处之敦固,有深藏之,能远思。思乃精,志之荣,好而壹之神以成。精神相反,一而不贰,为圣人。治之道,美不老,君子由之佼以好。下以教诲子弟,上以事祖考。成相竭,辞不蹶,君子道之顺以达,宗其贤良,辨其殃孽。

请成相,道圣王,尧、舜尚贤身辞让。许由、善卷,重义轻利,行显明。尧让贤,以为民,泛利兼爱德施均。辨治上下,贵贱有等,明君臣。尧授能,舜遇时,尚贤推德天下治。虽有贤圣,适不遇世,孰知之?尧不德,舜不辞,妻以二女任以事。大人哉舜,南面而立,万物备。舜授禹,以天下,尚得推贤不失序。外不避仇,内不阿亲,贤者予。禹劳心力,尧有德,干戈不用三苗服。举舜甽亩,任之天下,身休息。得后稷,五谷殖,夔为乐正鸟兽服。契为司徒,民知孝弟,尊有德。禹有功,抑下鸿,辟除民害逐共工。北决九河,通十二渚,疏三江。禹傅土,平天下,躬亲为民行劳苦。得益、皋陶、横革、直成为辅。契玄王,生昭明,居于砥石迁于商,十有四世,乃有天乙,是成汤。天乙汤,论举当,身让卞随举牟光,道古贤圣,基必张。

愿陈辞,世乱恶善,不此治。隐讳疾贤良,由奸诈,鲜无灾。患难哉！阪为先，圣知不用愚者谋。前车已覆，后未知更，何觉时？不觉悟，不知苦，迷惑失指易上下。中不上达，蒙掩耳目，塞门户。门户塞，大迷惑，悖乱昏莫不终极。是非反易，比周欺上，恶正直。正直恶，心无度，邪枉辟回失道途。已无邮人，我独自美，岂独无故？不知戒，后必有，恨后遂过不肯悔。谗夫多进，反复言语，生诈态。人之态，不如备，争宠嫉贤利恶忌。妒功毁贤，下敛党与，上蔽匿。上壅蔽，失辅势，任用谗夫不能制。孰公长父之难，厉王流于彘。周幽、厉，所以败，不听规谏忠是害。嗟我何人，独不遇时，当乱世！欲衷对，言不从，恐为子胥身离凶。进谏不听，到而独鹿，弃之江。观往事，以自戒，治乱是非亦可识，托于成相，以喻意。

请成相，言治方，君论有五约以明。君谨守之，下皆平正，国乃昌。臣下职，莫游食，务本节用财无极。事业听上，莫得相使，一民力。守其职，足衣食，厚薄有等明爵服。利往卬上，莫得擅与，孰私得？君法明，论有常，表仪既设民知方。进退有律，莫得贵贱，孰私王？君法仪，禁不为，莫不说教名不移。修之者荣，离之者辱，孰它师？刑称陈，守其银，下不得用轻私门。罪祸有律，莫得轻重，威不分。

请牧祺，明有基。主好论议必善谋，五听修领，莫不理续，主执持。听之经，明其请，参伍明谨施赏刑。显者必得，隐者复显，民反诚。言有节，稽其实，信诞以分赏罚必。下不欺上，皆以情言，明若日。上通利，隐远至，观法不法见不视。耳目既显,吏敬法令,莫敢恣。君教出,行有律,吏谨将之无铍、滑。下不私请,各以宜,舍巧拙。臣谨修,君制变,公察善思论不乱。以治天下,后世法之,成律贯。

【译解】

请成这章曲辞,说说世间的祸殃,愚暗的人堕毁贤良。君主没有贤士,像瞽者没有士相,徘徊无所往。

我请称述基业,尔可谨慎听之。愚人好自专,事必不能治。君主猜忌又好胜,群臣又不去劝谏,必逢灾厄。言论臣下的过错,要看他的作为。尊敬君主,以安国家,礼贤下士。文过饰非,拒绝劝谏,国必多灾。什么叫作疲?国家多私门。比周朋党,营惑人主,贤人远去,谗人高张,忠臣蔽塞,君主权移。什么叫作贤?君臣职责能分明。尊主爱民,君主能听,天下为一,海内宾从。君主的灾孽,谗人显达,贤能逃避,国计日龎,愚暗更加愚暗,终必变成夏桀。世间的祸灾,妒忌贤能,飞廉执政,任用恶来,纣王志卑,大其园囿,游荡高台。武王发怒,攻纣牧野,纣兵自降,微子释放。武王知其善,封他在宋国,立其祖庙。商代衰亡,谗人高张,比干刳心,箕子囚累。武王诛伐,吕尚指挥,殷民来怀归。世间祸乱,厌恶贤士,伍子胥被杀,百里奚逃秦。秦穆公用之,富强五霸,设置六卿。世间愚暗,厌恶大儒,逆拒斥逐,不使孔子通,展禽见诎,春申被害,政治基业,尽行委地。

称说治基,贤者之思,尧在万世,如亲见之。小人无德,没有底线,败坏纲维。张大基业,先辨明贤。文、武之道,伏戏一样;由着它则安治,不由必混乱,这毫无疑问。大凡成相,方法要明,至治之极,当法后王。慎、墨、季、惠,百家之说,真是不祥。治国能一,修之则吉,君子执守,其心如结。众人叛之,谗人弃之,应该用刑。水势平,端不吹,心如此,像圣人。有权而正,如船接客,功高必成。世无王者,则贤良穷困,暴人食刍豢,仁人吃糟糠。礼乐灭息,圣人隐伏,墨术大行。政治纲领,礼乐刑罚,君子修礼,百姓畏刑。显明德行,慎用刑罚,国家治理,四海升平。治理国家,莫管权势,君子真诚,尽心对待。处事稳重,深谋远虑。思索能精,有志而荣,好之不二,通于神明,精神紧密,一而不贰,可成圣人。治国正道,经久不老,君子遵道,好上加好,下教子弟,上事祖考。成相已尽,话没说完,君子行此言,道路能通达,崇顺贤良,以除殃孽。

　　请我说一段,说圣明帝王。尧、舜尚贤能,便把帝王让,许由、善卷,重义轻利,德放光芒。尧能禅让,一心为民,仁爱利德,普施天下,协齐上下,贵贱有等,君臣分明。尧传舜位,舜能得时,崇尚贤德,天下平安。贤德虽在,而不得时,谁能知之?尧不以为恩,舜不加辞让,妻以二女,任以大事,舜真伟大,南面而立,万物齐备。舜让天下,让给大禹,尚德推贤,不失次序,外不避仇,内不阿亲,唯贤是举。禹劳心力,尧有贤德,不用干戈,三苗归服,选舜畎亩,以天下让,自身休息。得到后稷，五谷蕃熟，夔做乐正，鸟兽顺服，契做司徒，百姓孝悌，尊崇德行。禹抑洪水，驱逐共工，北决九河，通十二渚，疏通三江。禹治水土，一平天下，躬亲为民，多么辛苦，益、皋陶、横革、直成，成为其辅。契为玄王，生子昭明，先居砥石，后迁于商，十又四世，成汤为王。成汤让贤，卞随、务光，身效古贤，国基必张。

我接着说，世间恶善，不知安治，隐恶疾贤，任由奸诈，鲜能无灾。真是遭殃，邪道是向，不用圣智，愚人是谋，前车已覆，后车不改，何时转向？不能觉悟，不知痛苦，迷乱失旨，上下颠倒，忠不上达，耳目蒙蔽，门户不通。门户不通，悖乱迷惑，没有极限，是非颠倒，比周欺上，不喜正直。不喜正直，心无法度，邪枉僻回，迷失道路，莫怪他人，太过自负，就是错误。不知戒慎，后必有悔，坚执不改，不肯悔悟，谗人多用，搅乱黑白，欺瞒成风。臣子邪僻，不知为备，争宠嫉贤，互相猜忌，妒嫉功臣，毁谤贤人，下聚党羽，蔽匿君上。君上蔽匿，失去辅弼，任用奸谄，不能辖治。郭公长父，遭逢灾难，厉王天子，流窜到彘，周朝幽、厉，所以失败，不听谏诤，忠良是害。我独何人，不遇佳时，生当乱世，虽想倾诉，怕君不从，像伍子胥，身遭厄运，谏诤不听，赐剑自杀，抛尸江心。察观往事，以自警戒，治乱是非，可以认识，托于成相，以明我意。

请成这章，为治之方，君道有五，简约明白，君能谨守，在下平正，国家昌盛。臣下尽职，没有游闲，务本节用，财物无穷。做事听君，不自相使，集中民力，谨守职分，衣食自足。厚薄有等，爵服有制。财利仰上，不私相授，无有私得。君法显明，言论有常，表仪既设，百姓知方，官吏黜陟，合于法度，贵贱之柄，一在我王。君法为准，令行禁止，百姓悦服，名器不移，顺道有荣，违道多辱，毫无怀疑。量刑轻重，持守有度，下无私刑，私门自轻，犯罪有法，责罚在君，威严不分。

治国之基，贤明得福。君好议论，必善筹谋，五道通达，执持传统，君权不移。听政要领，明察事情，多方比对，谨施赏刑，显者更显，隐者能明，民返真诚。话有分寸，追求真实，真假不乱，赏罚必行，下不欺上，皆以情言，如日之明。君主通利，无处不明，无法见法，不明见明。耳目既通，吏敬法令，莫敢恣意，君教颁出，民行有律，官吏谨持，不敢偏斜。下无私请，各守所宜，不去苛求，巧拙自然。臣谨遵法，君制变化，公正察观，妥善思虑，伦常不乱，以治天下，后世法之，代代久传。

法行

这篇是荀子称述先哲的言语,弟子将其记录下来,故称为"法行"。篇中所称述,皆可作为士君子之法则。

公输不能加于绳,圣人莫能加于礼。礼者,众人法而不知,圣人法而知之。

曾子曰:"无内人之疏而外人之亲,无身不善而怨人,无刑已至而呼天。内人之疏而外人之亲,不亦远乎?身不善而怨人,不亦反乎?刑已至而呼天,不亦晚乎?《诗》曰:'涓涓源水,不壅不塞。毂已破碎,乃大其辐。事已败矣,乃重大息。'其云益乎!"

曾子病,曾元持足。曾子曰:"元志之,吾语汝。夫鱼鳖鼋鼍,犹以渊为浅而堀其中。鹰鸢犹以山为卑而增巢其上,及其得也必以饵。故君子苟能无以利害义,则耻辱亦无由至矣。"

子贡问于孔子曰:"君子之所以贵玉而贱珉者,何也?为夫玉之少而珉之多邪?"孔子曰:"恶!赐,是何言也?夫君子岂多而贱之,少而贵之哉?夫玉者,君子比德焉。温润而泽,仁也;栗而理,知也;坚刚而不屈,义也;廉而不刿,行也;折而不桡,勇也;瑕适并见,情也;扣之,其声清扬而远闻,其止辍然,辞也。故虽有珉之雕雕,不若玉之章章。《诗》曰:'言念君子,温其如玉。'此之谓也。"

曾子曰:"同游而不见爱者,吾必不仁也;交而不见敬者,吾必不长也;临财而不见信者,吾必不信也。三者在身,曷怨人?怨人者穷,怨天者无识。失之己而反诸人,岂不亦迂哉?"

南郭惠子问于子贡曰:"夫子之门,何其杂也?"子贡曰:"君子正身以俟,欲来者不距,欲去者不止。且夫良医之门多病人,檃栝之侧多枉木,是以杂也。"

孔子曰:"君子有三恕:有君不能事,有臣而求其使,非恕也;有亲不能报,有子而求其孝,非恕也;有兄不能敬,有弟而求其听令,非恕也。士明于此三恕,则可以端身矣。"

孔子曰:"君子有三思,而不可不思也:少而不学,长无能也;老而不教,死无思也;有而不施,穷无与也。是故君子少思长,则学,老思死,则教,有思穷,则施也。"

【译解】

公输虽巧,不能超乎绳墨之外;圣人道高,不能超乎礼法之上。礼众人只知效法,而不知其所以然;圣人效法礼,而知其所以然。

曾子说:"不要疏远亲人而亲近外人;不要自己不好而怨恨他人;不要等到刑罚加身而怨天尤人。疏远亲人而亲近外人,不是失之太远吗?自己不好而怨恨他人,不是反背了吗?刑罚加身而怨天尤人,不是太晚了吗?《诗经》说:'涓涓源水,不壅不塞;车毂已破,广大其辐;事情已败,才去叹息。'这能有益处吗?"

曾子病了,曾元抓着他的足,曾子说:"元,你记着我说的话,鱼鳖鼋鼍,以为渊水犹浅,尚要在里面掘穴;鹰鸢以为高山犹卑,而要在上面筑巢;但还是给人擒获,只是因为诱饵。君子能够不以利害义,耻辱就无从到来了。"

子贡问孔子说:"君子为什么贵玉而贱珉,是因为玉少珉多吗?"孔子说:"你这是什么话?君子岂会因为多就轻贱,少就尊贵呢?玉,君子是用来比拟道德的。温润而有光泽,似仁;坚硬而有文理,似智;坚刚而不屈,似义;廉直而不伤物,似德行;摧折而不屈服,似勇;瑕瑜并见,似情;敲击而声音清扬,远处可以听见,声音终止,辍然有余音,似辞。故珉的文采,不及玉的光明。《诗经》说:'君子温润,同玉一般。'就是这个意思。"

曾子说:"同人交游而人不爱,我必不仁爱;同人交好而人不敬,我必不尊重;处理钱财而不被信任,我必不可信。三者在身,就不必埋怨他人了。怨人穷困,怨天没有见识;自己失去了,反去责备他人,岂不太可笑了吗?"

南郭惠子问子贡说:"夫子门下之人,何以这样庞乱?"子贡说:"君子修正自己,等待别人,愿来则来,愿去不止。良医门前人多病,檃栝旁边木不直,故夫子门人,庞杂不齐。"

孔子说:"君子行三恕:有君不能事奉,有臣而求其为我用,这不是恕;有父母不能孝养,有子女而求其孝养,这不是恕;有兄不能恭敬,有弟而求其听我命,这不是恕。士人能明了三恕,就可以端正自己了。"

孔子说:"君子有三思,不可以不思:少小不学,长大无能;老而不教,死无所怀;有余不施,穷无所与。所以君子少小思长大,则学;衰老思死后,则教;有余思贫困,则施。"

性恶

人性善和人性恶,为自来我国学术上议论最为纷歧。扬子云以性为善恶混,韩文公以为性有上、中、下三品,苏东坡以为性未有善恶。宋以后的学者,多信从孟子性善的思想而荀子性恶的思想,湮没而无人附和。儒者多以荀子的思想为偏驳不正,《荀子》的注者杨倞说:"作者生当战国之时,人多贪乱,不修仁义,作者虽明于治道,又不能得势位,发展他的才能,所以激愤而作此篇。"杨氏以本篇文字,是出于激愤而作,不能代表荀子的根本思想,这个说法,也未始没有理由。

人之性恶,其善者伪也。

今人之性,生而有好利焉,顺是故争夺生而辞让亡焉;生而有疾恶焉,顺是故残贼生而忠信亡焉;生而有耳目之欲,有好声色焉,顺是故淫乱生而礼义文理亡焉。然则从人之性,顺人之情,必出于争夺,合于犯分乱理而归于暴。故必将有师法之化,礼义之道,然后出于辞让,合于文理而归于治。用此观之,然则人之性恶明矣,其善者伪也。

故枸木必将待檃栝、烝、矫然后直,钝金必将待砻、厉然后利,今人之性恶,必将待师法然后正,得礼义然后治。今人无师法,则偏险而不正,无礼义,则悖乱而不治。古者圣王以人之性恶，以为偏险而不正，悖乱而不治，是以为之起礼义，制法度，以矫饰人之情性而正之，以扰化人之情性而导之也，使皆出于治，合于道者也。今之人化师法，积文学，道礼义者，为君子，纵性情，安恣睢而违礼义者，为小人。用此观之，然则人之性恶明矣，其善者伪也。

孟子曰："人之学者其性善。"曰：是不然。是不及知人之性，而不察乎人之性伪之分者也。凡性者，天之就也，不可学，不可事。礼义者，圣人之所生也，人之所学而能，所事而成者也。不可学，不可事而在人者，谓之性；可学而能，可事而成之在人者，谓之伪，是性伪之分也。今人之性，目可以见，耳可以听。夫可以见之，明不离目，可以听之，聪不离耳，目明而耳聪，不可学明矣。

孟子曰："今人之性善，将皆失丧其性故也。"曰：若是则过矣。今人之性生而离，其朴离，其资必失而丧之。用此观之，然则人之性恶明矣。所谓性善者，不离其朴而美之，不离其资而利之也，使夫资朴之于美，心意之于善，若夫可以见之，明不离目，可以听之，聪不离耳，故曰：目明而耳聪也。

今人之性，饥而欲饱，寒而欲暖，劳而欲休，此人之情性也。今人饥，见长而不敢先食者，将有所让也；劳而不敢求息者，将有所代也。夫子之让乎父，弟之让乎兄，子之代乎父，弟之代乎兄，此二行者，皆反于性而悖于情也。然而孝子之道，礼义之文理也，故顺情性则不辞让矣，辞让则悖于情性矣。用此观之，然则人之性恶明矣，其善者伪也。

问者曰："人之性恶，则礼义恶生？"应之曰：凡礼义者，是生于圣人之伪，非故生于人之性也。故陶人埏埴而为器，然则器生于工人之伪，非故生于人之性也。故工人斫木而成器，然则器生于工人之伪，非故生于人之性也。圣人积思虑，习伪故，以生礼义而起法度，然则礼义法度者，是生于圣人之伪，非故生于人之性也。若夫目好色，耳好声，口好味，心好利，骨体肤理好愉佚，是皆生于人之情性者也，感而自然，不待事而后生之者也。夫感而不能然，必且待事而后然者，谓之生于伪，是性伪之所生，其不同之征也。

故圣人化性而起伪，伪起而生礼义，礼义生而制法度，然则礼义法度者，是圣人之所生也。故圣人之所以同于众，其不异于众者，性也，所以异而过众者，伪也。夫好利而欲得者，此人之情性也。假之人有弟兄资财而分者，且顺情性，好利而欲得，若是，则兄弟相拂夺矣；且化礼义之文理，若是，则让乎国人矣。故顺情性，则弟兄争矣；化礼义，则让乎国人矣。

凡人之欲为善者，为性恶也。夫薄愿厚，恶愿美，狭愿广，贫愿富，贱愿贵，苟无之中者，必求于外。故富而不愿财，贵而不愿势，苟有之中者，必不及于外。用此观之，人之欲为善者，为性恶也。今人之性固无礼义，故强学而求有之也，性不知礼义，故思虑而求知之也。然则生而已，则人无礼义，不知礼义、人无礼义则乱，不知礼义则悖，然则生而已，则悖乱在己。用此观之,人之性恶明矣,其善者伪也。

孟子曰:"人之性善。"曰:是不然。凡古今天下之所谓善者,正理平治也;所谓恶者,偏险悖乱也,是善恶之分也已。今诚以人之性,固正理平治邪?则有恶用圣王,恶用礼义矣哉?虽有圣王礼义,将曷加于正理平治也哉?今不然,人之性恶,故古者圣人以人之性恶,以为偏险而不正,悖乱而不治,故为之立君上之势以临之,明礼义以化之,起法正以治之,重刑罚以禁之,使天下皆出于治,合于善也。是圣王之治,而礼义之化也。今当试去君上之势,无礼义之化,去法正之治,无刑罚之禁,倚而观天下民人之相与也。若是,则夫强者害弱而夺之,众者暴寡而哗之,天下之悖乱而相亡,不待顷矣。用此观之,然则人之性恶明矣,其善者伪也。

故善言古者,必有节于今;善言天者,必有征于人。凡论者,贵其有辨合,有符验,故坐而言之,起而可设,张而可施行。今孟子曰"人之性善",无辨合符验,坐而言之,起而不可设,张而不可施行,岂不过甚矣哉?故性善则去圣王,息礼义矣,性恶则与圣王,贵礼义矣。故檃栝之生,为枸木也;绳墨之起,为不直也;立君上,明礼义,为性恶也。用此观之,然则人之性恶明矣,其善者伪也。

直木不待檃栝而直者,其性直也;枸木必将待檃栝烝矫然后直者,以其性不直也;今人之性恶,必将待圣王之治,礼义之化,然后皆出于治,合于善也。用此观之,然则人之性恶明矣,其善者伪也。

问者曰:"礼义积伪者,是人之性,故圣人能生之也。"应之曰:是不然。夫陶人埏埴而生瓦,然则瓦埴岂陶人之性也哉?工人断木而生器,然则器木岂工人之性也哉?夫圣人之于礼义也,辟则陶埏而生之也,然则礼义积伪者,岂人之本性也哉?凡人之性者,尧、舜之与桀、跖,其性一也,君子之与小人,其性一也。今将以礼义积伪为人之性邪?然则有曷贵尧、禹,曷贵君子矣哉?凡所贵尧、禹君子者,能化性,能起伪,伪起而生礼义。然则圣人之于礼义积伪也,亦犹陶埏而生之也。用此观之,然则礼义积伪者,岂人之性也哉?所贱于桀、跖、小人者,从其性,顺其情,安恣睢以出乎贪利争夺。故人之性恶明矣,其善者伪也。

天非私曾、骞、孝己而外众人也,然而曾、骞、孝己,独厚于孝之实,而全于孝之名者,何也?以綦于礼义故也。天非私齐、鲁之民而外秦人也,然而于父子之义,夫妇之别,不如齐、鲁之孝具敬父者,何也?以秦人之从情性,安恣睢,慢于礼义故也。岂其性异矣哉?

涂之人可以为禹,曷谓也?曰:凡禹之所以为禹者,以其为仁义法正也,然则仁义法正,有可知可能之理。然而涂之人也,皆有可以知仁义法正之质,皆有可以能仁义法正之具,然则其可以为禹明矣。今以仁义法正为固无可知可能之理邪?然则唯禹不知仁义法正,不能仁义法正也。将使涂之人,固无可以知仁义法正之质,而固无可以能仁义法正之具邪？然则涂之人也,且内不可以知父子之义,外不可以知君臣之正。不然,今涂之人者,皆内可以知父子之义,外可以知君臣之正,然则其可以知之质,可以能之具,其在涂之人明矣。今使涂之人者,以其可以知之质,可以能之具,本夫仁义之可知之理,可能之具,然则其可以为禹明矣。今使涂之人,伏术为学,专心一志,思索孰察,加日悬久,积善而不息,则通于神明,参于天地矣。故圣人者,人之所积而致也。

曰:"圣可积而致,然而皆不可积,何也?"曰:可以而不可使也。故小人可以为君子,而不肯为君子,君子可以为小人,而不肯为小人。小人、君子者,未尝不可以相为也,然而不相为者,可以而不可使也。故涂之人可以为禹,则然;涂之人能为禹,未必然也。虽不能为禹,无害可以为禹。足可以遍行天下,然而未尝有能遍行天下者也。夫工匠、农、贾,未尝不可以相为事也,然而未尝能相为事也。用此观之,然则可以为,未必能也,虽不能,无害可以为。然则能不能之与可不可,其不同远矣,其不可以相为明矣。

尧问于舜曰:"人情何如?"舜对曰:"人情甚不美,又何问焉?妻子具而孝衰于亲,嗜欲得而信衰于友,爵禄盈而忠衰于君。人之情乎?人之情乎！甚不美,又何问焉?唯贤者为不然。"

有圣人之知者,有士君子之知者,有小人之知者,有役夫之知者。多言则文而类,终日议其所以,言之千举万变,其统类一也,是圣人之知也。少言则径而省,论而法,若佚之以绳,是士君子之知也。其言也诎,其行也悖,其举事多悔,是小人之知也。齐给便敏而无类,杂能旁魄而无用,析速粹孰而不急,不恤是非,不论曲直,以期胜人为意,是役夫之知也。

有上勇者,有中勇者,有下勇者。天下有中,敢直其身;先王有道,敢行其意;上不循于乱世之君,下不俗于乱世之民;仁之所在无贫穷,仁之所亡无富贵;天下知之,则欲与天下同苦乐之;天下不知之,则傀然独立天地之间而不畏,是上勇也。礼恭而意俭,大齐信焉而轻货财;贤者敢推而尚之,不肖者敢援而废之,是中勇也。轻身而重货,恬祸而广解苟免,不恤是非然不然之情,以期胜人为意,是下勇也。

繁弱、钜黍,古之良弓也,然而不得排㯳,则不能自正。桓公之葱,太公之阙,文王之录,庄君之吻,阖闾之干将、莫邪、钜阙、辟闾,此皆古之良剑也,然而不加砥厉则不能利,不得人力则不能断。骅骝、骐骥、纤离、绿耳,此皆古之良马也,然而必前有衔辔之制,后有鞭策之威,加之以造父之驭,然后一日而致千里也。夫人虽有性质美而心辩知,必将求贤师而事之,择良友而友之。得贤师而事之,则所闻者尧、舜、禹、汤之道也;得良友而友之,则所见者忠信敬让之行也,身日进于仁义而不自知也者,靡使然也。今与不善人处,则所闻者欺诬诈伪也,所见者污漫淫邪贪利之行也,身且加于刑戮而不自知者,靡使然也。传曰:"不知其子,视其友;不知其君,视其左右。"靡而已矣! 靡而已矣!

【译解】

人的本性是恶的,所以为善,是后天的作为。

人生而好利,顺着好利之心,就有争夺之事,而辞让消失。人生而嫉妒恶恨,顺着嫉恶之心,就有残毁贼害,而忠信消失。人生而有耳目之欲,爱好声色,顺着欲爱之心,就有淫乱之事,而礼义文理消失。放纵人的本性,顺着人的情欲,必定出现争夺之事,扰乱礼义文理,终久归于凶暴。所以,要有师法来教化,礼义来引导,然后人能出于辞让,合乎文理,而终久归于安治。照这样看来,人的本性是恶的,毫无疑问,善是由于后天的作为。

曲的木头,必要矫正然后能挺直,钝金必要打磨然后能锋利,人之性恶,必要待师法然后能端正,得礼义然后能安乐。今人没有师法,就偏险而不端正,没有礼义,就悖乱而不安乐。古时的圣王,以人性偏险而不端正,悖乱而不安乐,于是造出礼义法度,以矫饰人的情性,使之端正,以驯化人的情性,而引导之,使全至于安乐,合乎大道。现在的人有所师法,熟悉文化,能行礼义的,就是君子;放纵情性,安于恣睢,而违犯礼义的,就是小人。照这样看来,人的本性是恶的,毫无疑问,所以善者,是由于后天的作为。

孟子说:"人要学习,由于天性善良。"这样说不对。他不懂真正的人性,有先天本性和后天作为的区分。先天本性,不能学习,不能造作;礼义是圣人制造的,人们只是学习和效仿。不能学习,不能造作,人所原有,这叫先天本性;可以学习和效仿的,是人的后天作为,这就是先天本性和后天作为的分别。人的本性,眼睛可以看见,耳朵可以听到,可以看见的光亮,不能离开人的目光,可以听到的响声,不能离开人的耳朵,目明而耳聪,不是由学而得,这是显而易见的。

孟子说:"人性本善,失其本性,所以变恶。"这样说不对。所谓性善,是不离自然的质朴而显得美,不离自然的资质而显得好,使质朴之美、资质之好,如同可以看见的明亮不离目光,可以听见的响声不离耳朵一样。所以人的本性之善,就如目明而耳聪。今天的人,生来一天一天离开纯朴的资质,而至于残贼淫乱。由这样看来,人之性恶,很显而易见的。

人的本性,饿了想吃,冷了想暖,劳苦了想休息,这是正常人的情性。今人饥饿了,见父兄而不敢先食,因为要有辞让;劳苦而不敢休息,因为要代替尊长。儿子让父亲,兄弟让哥哥,儿子代替父亲做事,兄弟代替哥哥做事,这两种行为,皆是反乎本性,违背人情,然而这是孝子的要道,礼义的条理。所以要顺从人的性情,就不必辞让,辞让就是违背性情。由这样看,人性恶是明显而易见的,善者是后天的作为。

有人问道:"人性本恶,礼义从何而生?"答道:"礼义是圣人的作为,不来自人的本性。"陶人黏土而成器具,器具生于陶人的作为,非生于陶人之本性。工人斫木而成器具,器具生于工人的作为,非生于工人之本性。圣人积累思虑,熟悉民风,这样造出礼义法度,所以礼义法度,是圣人的造作,非来自于人的本性。如目好美色,耳好美声,口好美味,心好利益,骨体皮肤好愉逸,这才是人的情性,自然感知如此,不必学才知道的。自然感知不如此,必待学而后能知,这是后天的作为,这就是先天本性同后天作为显出的差别。

所以圣人变化本性,而专注后天,由后天而生礼义,由礼义而制法度,礼义法度,是圣人造就的。圣人与众人相同,没有过人之处的,是他的本性,所以异于众人、高过众人的,在后天的作为。好利而欲得,这是人的情性。假使兄弟有财产而分割,顺着好利欲得的情性,就是兄弟也要觥然争夺;要为礼义所化,虽疏远如一国之路人,也不会争夺,而相谦让了。所以,顺人情性,弟兄相争;化于礼义,国人可让,就是这个道理。

人想为善,是因为本来性恶。薄就想厚,恶就想美,狭就想广,贫就想富,贱就想贵,只要本来没有,必求之于外。既富之后,就不会再想钱财,既贵之后,就不会再想势力,只要已经拥有,必不再求之于外。由此看来,人想为善,是因为本性恶啊!人的本性,原没有礼义,勉强学问而有礼义;生性不知礼义,所以思想而求知道。顺从人性的自然,则人没有礼义,也不知道礼义。没有礼义,就乱杂,不知道礼义,就昏悖;顺从人性的自然，就是昏悖乱杂。由此看来，人性恶是显而易见的，善是后天的作为。

孟子说："人性善。"这不对。古今天下所称为善者，是正理平治，所称为恶者，是偏险悖乱，善恶的分别就在这。假如人性本是正理平治的，又何必要圣王和礼义？虽有圣王和礼义，于正理平治何补？人性是恶的啊！圣人因为以人本性是恶，偏险而不正，悖乱而不治，所以立君主来管理，明礼义以教化，起法度以平治，重刑罚来禁止，使天下之人，皆能够平治良善，这是圣王的平治，礼义的教化。如果没有君主的管理，没有礼义的教化，没有法度的平治，没有刑罚的禁止，而旁观天下百姓的举动，就一定会有强大的危害弱小，霸占而抢夺之，众多的陵暴寡少，而使之分裂，天下的悖乱灭亡，不必等到片刻。由此看来，人性恶是显而易见的，善不过是后天的作为。

善于谈论古事，必有征于现代，善于谈论天事，必有验于人间。议论贵有征验，如符信一般，坐着谈论，站起来就可以实践，扩大了而能通行。今孟子说："人性善。"不能如符信一般有征验，坐着谈论，站起来不能实践，扩大了更行不通，岂不是言之过甚吗？如果人性本善，就应当去圣王，息礼义；人性本恶，就应当从圣王，贵礼义。檃栝的产生，因为有弯曲的木头；绳墨的出现，是为了改变不直的形状；建立君主，昭明礼义，是因为人性本恶啊！由此看来，人性恶是显而易见的，善是后天的作为。

直的木头，不用檃栝而自然直，是它本来挺直；曲的木头，要用檃栝烝矫才能直，是它本来不直。人性本恶，要用圣王来安治，礼义来教化，然后可以平治良善。由此看来，人性恶是显而易见的，善是后天的作为。

有人问道："礼义虽出于后天，也是人本性中有礼义，所以圣人能生出礼义。"答道："这不对。像陶人黏土而成瓦，黏土同造瓦，岂是陶人的本性吗？也是出于造作的。工人斫木而成器具，斫木造器具，岂是工人的本性吗？圣人对于礼义，就好比陶人黏土而成器，难道礼义的造作，也是人的本性？人的本性，尧、舜同桀、跖一样，君子同小人一样。以礼义的造作为人性所本有，又何必尊敬尧、禹和君子呢？所以尊敬尧、禹君子，以他们能变化人性，能有作为，有作为而生礼义。圣人能变化本性，使之合于礼义，也就如同陶人圥土而成瓦。照此看来，礼义的作为，岂是来自人的本性？所以轻贱桀、跖小人，是因为他们放纵本性，顺从欲望，安于恣睢，贪利争夺。所以，人性恶是显而易见的，善是后天的作为。

天并不偏爱曾参、闵子骞、孝己而疏斥众人，然而曾参、闵子骞、孝己，独厚于孝之实，而成全孝之名，是为何呢？以他三人能厚于礼义之故。天并不偏爱齐、鲁之人，而疏斥秦国之人，然而秦人对于父子的大义、夫妇的分别，不如齐、鲁之人能具孝道、敬而有文，这是为什么呢？因为秦人顺从情性、安于恣睢、悖慢礼义的缘故啊，岂是他们性情不同！

"市井之人,皆可以成为禹,这是什么意思?"答道:"禹所以为禹,以其能行仁义法正,仁义法正,人人皆可知皆可行。市井之人,皆有可以知仁义法正的材质,皆有可以行仁义法正的材具,岂不是人人皆可以为禹吗?如果仁义法正不可知,不可能,虽是禹也不能知仁义法正,不能行仁义法正了。如果市井间人没有知仁义法正的材质,没有行仁义法正的材具,那市井间人,在内就不知父子之义,在外就不知君臣之礼。但事实不是如此,市井间人,人人皆内可以知父子之义,外可以知君臣之礼,则其能知仁义法正,能行仁义法正,是很清楚明白的。今使市井间人,以其可知可能的本质,去践行可知可能的道理,则成为禹是很容易的。如果市井之人,能致力为学,专心一志,思索审察,加以长久的时间,积善而不休,就能通于神明,参乎天地。由此可见,圣人,也就是市井之人积善而成就的。

"圣人是积善而成的,然而人全不积善,这是为什么?"答道:"他们虽有可能的材质,而不为。小人可以为君子,而不肯为君子;君子也可以为小人,而不肯为小人。小人同君子,未尝不可以互换,然而不互换者,是可以为而不为。所以说,市井间人,可以为禹,是对的;说市井间人,皆能成为禹,就不对了。虽不能成为禹,仍无害可以为禹;足可以遍行天下,然而未尝有人遍行天下。做工匠的,未尝不可做农贾,然而未有能这样的。照如此看来,凡事可以为,而未必去为;虽不去为,仍旧可以为。能不能同可不可,相差很远,不可以混淆,也是显而易见的。

尧问于舜道:"人情何如?"舜对道:"很不美,您何必问呢?有了妻子儿女,而孝亲的心就衰微了!达到嗜欲,而对朋友的信实就衰微了!爵禄盈满,而忠敬君主的心就衰微了!这是人情吗?这是人情啊!人情很不美,您又何必问?唯有贤者,稍有不同。"

有圣人的智慧,有士君子的智慧,有小人的智慧,有贱者的智慧。言论广博,表现得文采而美善,终日议论事理之所以然,千头万绪,纲领一贯。这是圣人的智慧。言论不多,直率简略,既有伦次,又有法度,就像绳墨比着的那样。这是士君子的智慧。说话滔滔不绝,行为悖乱无礼,做事异常暧昧。这是小人的智慧。嘴尖舌快而语无伦次,偏才不少而不符实用,分析疾速,著作精熟而不急于事情,不顾是非,不论曲直,总希望胜过别人,才算称心如意。这是贱者的智慧。

有上勇之人,有中勇之人,有下勇之人。天下有中正的所在,敢于直起自己的身躯;先王有通明的大道,敢于施行自己的意志。上不遵从于乱世之君,下不习染于乱世之民。仁道所在之处,没有贫穷;仁道所无之处,没有富贵。天下知道自己,就和天下人同甘共苦;天下不知道自己,就巍然独立在天地之间,而毫无畏惧。这便是上勇之人。礼节恭谨而意志谦逊,崇高忠信而轻鄙财货,对于贤者,敢于表示推崇,对于不贤者,敢于同他绝交。这便是中勇之人。轻鄙身躯而注重财货,幸灾乐祸而任意解说，不顾虑是否可否，总希望胜过别人，才算称心如意。这便是下勇之人。

繁弱、钜黍，都是古代的好弓，得不到正弓器的排压，就不能够自然周正。齐桓公的葱、齐太公的阙、周文王的录、楚庄王的昐、吴王阖闾的干将、莫邪、钜阙、辟闾，都是古代的好剑，不加以磨砺，就不能够锐利，得不到人力，就不能够断物。骅骝、騹骥、纤离、绿耳，都是古代的好马，然而前面须有御辔的控制，后面有鞭策的威胁，再加上造父的驾驭，然后才能一日千里。一般的人，虽然具有美好的性质，而且具有明辨的心怀，必定要寻求到可以事奉的明师，选择到可以交结的好友。得以事奉明师，所听到的都是尧、舜、禹、汤的道术；得以交结好友，所见到的都是忠信敬让的行为；自己一天天地趋于仁义，可是自己并觉察不出来；这是由于耳鬓厮磨而如此的。如果和不善人在一起，所听到的都是欺诬诈伪的举动，所见到的都是污慢淫邪贪利的行为，自己将要受到刑罚和杀戮，可是自己并觉察不出来；这也是由于耳鬓厮磨而如此的。古传上说："不了解这个人，就看看他的朋友；不了解这个君主，就看看他的左右。"就是由于耳鬓厮磨啊！就是由于耳鬓厮磨啊！